21 世纪高职高专校企合作新形态系列教材

INVESTMENT AND FINANCIAL MANAGEMENT

投资理财

蓝晓宁 ◎主　编
兰紫悠 ◎副主编

ZHEJIANG UNIVERSITY PRESS
浙江大学出版社
·杭州·

图书在版编目（CIP）数据

投资理财 / 蓝晓宁主编. —杭州：浙江大学出版社，2023.1（2025.2 重印）
ISBN 978-7-308-23279-1

Ⅰ.①投… Ⅱ.①蓝… Ⅲ.①投资—教材 Ⅳ.①F830.59

中国版本图书馆 CIP 数据核字（2022）第 216878 号

内容简介

本书根据高职教育的特点，遵循学生职业素养与能力培养的基本规律，结合当前投资理财的特点，整合优化学习内容，设计学习型工作任务，融"教、学、做"于一体。同时配以知识巩固与实践性较强的实训，培养学生正确的投资理财意识与实际分析能力，提升学生投资理财的职业能力，为投资理财工作与经济生活打下坚实的基础。

本书包括九大项目：投资理财基本认知、股票、债券、基金、金融衍生品、保险、外汇、黄金、家庭（个人）理财规划。本书结构严谨、目标明确，使学生能够由浅入深、从点到面地学习投资理财的具体内容，培养学生的投资理财素养与职业能力。

本书适用于高等职业院校、高等专科学校、成人高校、中等职业院校的财经商贸类专业与其他相关专业财商素养类课程的教学，以及投资理财培训，亦可作为在职人员和自学者的参考读物。

投资理财
TOUZI LICAI

蓝晓宁　主编

责任编辑　傅宏梁
文字编辑　沈巧华
责任校对　汪丽荣
封面设计　春天书装
出版发行　浙江大学出版社
（杭州市天目山路 148 号　邮政编码 310007）
（网址：http://www.zjupress.com）
排　　版　杭州好友排版工作室
印　　刷　广东虎彩云印刷有限公司绍兴分公司
开　　本　787mm×1092mm　1/16
印　　张　14.25
字　　数　321 千
版 印 次　2023 年 1 月第 1 版　2025 年 2 月第 2 次印刷
书　　号　ISBN 978-7-308-23279-1
定　　价　39.00 元

浙江大学出版社市场运营中心联系方式：（0571）88925591；http://zjdxcbs.tmall.com

前　言

投资理财是一项重要的经济活动，随着社会经济的不断发展，投资理财的内容越来越丰富，作用也越来越显著。党的二十大吹响了全面建设社会主义现代化国家、全面推进中华民族伟大复兴的奋进号角。为了更好地服务新时期国家人才发展战略，编写团队深入学习领会党的教育方针，融合先进理论，优化内容设计，编写了《投资理财》教材，力求更好地落实立德树人根本任务，担当为党育人、为国育才重要使命。《投资理财》集理论与实践于一体，围绕投资理财基本认知、股票、债券、基金、金融衍生品、保险、外汇、黄金、家庭（个人）理财规划的知识方法和操作技能，结合实际经济工作，合理设计任务，注重培养学生分析问题与解决实际问题的能力。

通过教学，培养学生正确的投资理财意识、职业操守和良好的创新精神，使学生掌握股票、债券、基金、金融衍生品、保险、外汇、黄金、家庭（个人）理财规划的基本知识和操作技能，为经济工作和经济生活打下坚实的基础，也为市场经济发展和共同富裕，培养投资理财服务的高素质复合型专门人才。

本书有以下特点：

(1)校企合作，工学结合。教材编写联合金融行业专家，对接行业新标准，融入最新投资理财理念、方法和技术，引入实际工作任务和典型案例，提升教材前瞻性和时效性，激发学生学习主动性和实践应用能力，工学结合特色鲜明。

(2)古今思政，立德树人。在“名言”栏目中，引入春秋、战国、西汉、宋、明等不同朝代的理财名言，例如明代丘濬《大学衍义补》中的名句“有以生之，而财之源生生不穷；有以理之，而财之流陈陈相因”引导学生树立正确的理财观念。通过“情境导入”“加油站”“工作任务”等栏目，有机融入对学生家国情怀、严谨的学习工作态度、风险合规意识的培养。

(3)项目进阶，任务驱动。根据投资理财独有特点，设计“三模块九项目”，从“基本认知”——风险与收益，到“单项投资”——股票、债券、基金、金融衍生品、保险、外汇、黄金，进阶到“理财应用”——家庭（个人）理财规划。在讲解投资理财基本方法的基础上，展示不同投资品种的特点与方法，引入真实工作情境，按理财工作过程有序引导学生完成具体任务，以完成家庭（个人）理财规划任务为主线，培养其认知水平和实际应用能力。

(4)资源丰富,满足多元需求。本书作为新形态教材,微课视频、典型案例、思维导图、课后任务等资源丰富,涵盖投资理财基本方法、股票、债券、基金、金融衍生品、保险、外汇、黄金、家庭(个人)理财规划等方面,力求使学生对投资理财内容与方法有相对全面的了解,以满足学生多元化的学习需求。

本书由蓝晓宁(衢州职业技术学院)任主编,兰紫悠(衢州职业技术学院)任副主编,参编人员包括浙江泰隆商业银行股份有限公司方捷、浙江泰隆商业银行股份有限公司汪正玺、浙江稠州商业银行股份有限公司张琪、中国人寿财产保险股份有限公司郑慧俊、东方财富证券投资者教育基地杨仲宁。具体分工如下:项目一由蓝晓宁编写,项目二由蓝晓宁编写,项目三由张琪编写,项目四由方捷、汪正玺编写,项目五由杨仲宁编写,项目六由郑慧俊编写,项目七由杨仲宁编写,项目八由蓝晓宁编写,项目九由兰紫悠编写。

本书在编写过程中得到了高职兄弟院校、金融界专家的大力支持,并参考了不少专著和教材,也吸收了国内外有关专家、学者的最新成果,在此一并表示感谢!

由于编者水平有限,书中难免有疏漏之处,敬请广大读者批评指正,以便再版时改正。

编　者

目　录

项目一　投资理财基本认知

【名　　言】

有以生之，而财之源生生不穷；有以理之，而财之流陈陈相因。

——〔明〕丘濬《大学衍义补》

【思维导图】

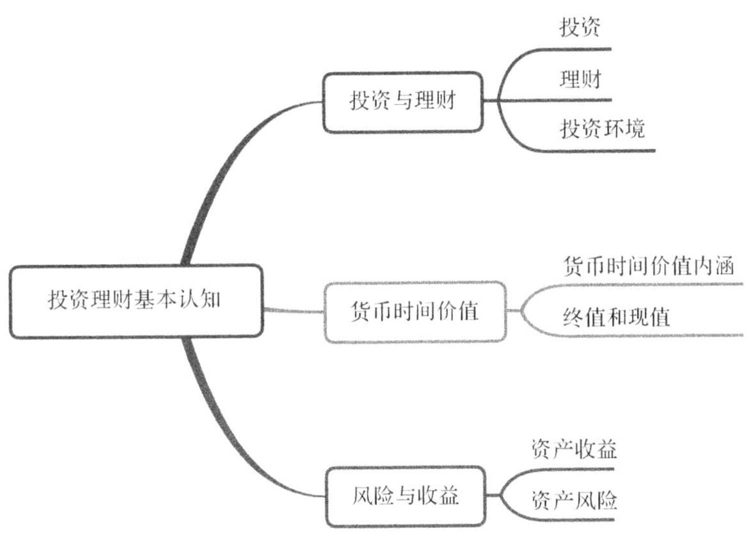

【学习目标】

能力目标	(1)能正确认知投资与理财； (2)能计算不同计息方式下的货币时间价值； (3)能衡量风险与收益。
知识目标	(1)掌握投资与理财的内涵； (2)掌握货币资金时间价值计算方法、风险与收益衡量方法； (3)理解货币资金时间价值、风险与收益； (4)了解投资环境的构成要素。
素质目标	(1)树立正确的投资理财与风险意识； (2)具有团队合作精神； (3)自觉塑造劳动精神，树立社会主义核心价值观。

【情境导入】

大一女生刘某，在一次聚会时听说帮网店刷单可以赚钱，便想尝试一下，于是在网上搜索“刷单赚钱”的相关信息并找到了一个“信誉度很高”的网址。通过网页上的QQ号联系上对方，对方称刷一笔单子可以得到5%的返利。刘某心动了，就按照页面上的订单指示刷单，一共刷了两笔，合计2600元。刷完后，对方称单子没成功，让她激活一下，并需再交1000元保证金。此时，刘某才发现自己已被骗。

作为当代大学生，如何正确认知投资理财？应该如何保护自己的权益呢？

子项目一　投资与理财

一、投资

（一）投资内涵

投资是指经济主体为获取预期收益而投入各种经济要素，以形成资产的经济活动。投资既指为获得预期收益而投入的一定量的资金及其他经济要素，也指这种预期收益的实现过程。

投资必须具备的基本要素包括投资主体、投资客体、投资目的和投资方式，这些要素缺一不可。①投资主体。在现实经济生活中，投资主体既可以是法人，也可以是自然人。个人、家庭、厂商、金融部门、政府以及其他社会团体都可以作为投资的主体，只不过不同投资主体的投资目的有一定差异。②投资客体是指投资对象、目标或标的物。投资客体既可以是资金直接投入的建设项目，也可以是有价证券及其他对象。③投资目的是指投资者投资的意图以及所要获得的效果（或效益）。④投资方式是指资金运用的形式与方法。投资可以运用多种方法，可以把资金直接投入建设项目，形成实物资产或投入生产经营活动，也可以通过购买有价证券等进行投资。此外，古玩、字画、珠宝、邮票等既有收藏价值，也有投资价值；住房有自住与投资两种功能。这两类投资都是近些年来随着我国市场经济的发展和人们投资意识的增强，逐渐形成规模的投资类型。实物投资要求投资者必须了解或熟悉所投资的领域，如以购买名贵艺术品作为投资方式，则必须具备相应的鉴赏能力，对投资者有较高的要求，对于这种投资本书不作讨论。

（二）投资分类

1. 根据投资直接程度，分为直接投资和间接投资

直接投资是指投资者将货币资金直接投入投资项目，形成实物资产或者直接对现有企业进行投资。通过直接投资，投资者便可以拥有全部或一定数量的企业资产及经营的所有权，直接进行或参与投资的经营管理，从而对投资企业有全部或较大的控制力。直接投资包括对厂房、机械设备、交通工具、存货等各种有形资产的投资和对专利、商标、非专利技术等无形资产的投资。

间接投资是指投资者通过购买债券、股票等各种有价证券，以获取一定收益的投

资，由于其投资形式主要是购买各种各样的有价证券，因此也被称为证券投资。

直接投资与间接投资同属于投资者对预期所带来收益的资产的购买行为，但两者有着实质性的区别：直接投资是资金所有者和资金使用者的合一，是资产所有权和资产经营权的统一运动，会形成实物资产；而间接投资是资金所有者和资金使用者的分解，是资产所有权和资产经营权的分离运动，投资者对企业资产及其经营没有直接的所有权和控制权，其目的只是取得资本收益或保值。

2. 根据投资对象，分为实物投资和金融投资

实物投资是指投资于具有实物形态的资产，如厂房、机器设备、黄金、房地产、文物古玩、珠宝玉石等。一般来说，实物投资所涉及的是人与物，而且实际资产能看、能摸、能用，用途广泛，价值稳定，投资收益不低。

金融投资则是指投资于用货币价值形态表示的金融领域的资产，如股票、债券、银行存款、外汇等。金融资产是一种无形的抽象资产，具有投资收益高、价值不稳定的特点。

3. 根据投资主体，分为国家投资、企业投资和个人投资

国家投资是指中央政府和地方各级政府所进行的投资，通常表现为财政投资。它可由国家直接拨款进行，也可以委托管理投资的专业银行或投资公司实行贷款，有偿使用。

企业投资是指企业作为投资主体所进行的投资。这里的企业包括国营、集体、个体、私营、企业集团、跨国公司及其子公司、金融组织及海外分支机构等各种类型的企业，其投资范围涉及社会生产和社会生活的各个方面。

个人投资是指个人凭手中的资金进行投资以获利。值得注意的是，这里的个人并不是指个体企业，应将两者加以区分。个人投资的实质是劳动者将自己的资金转化为投资，在个人获得收益的同时也增加了社会的积累。

4. 根据投资领域，分为生产性投资和非生产性投资

生产性投资是指对生产、建设等物质生产领域的投资，其最终成果是各种生产性资产。非生产性投资是指对非生产领域的投资，其最终成果是各种非生产性资产，主要用于满足人们的物质文化生活需要。非生产性投资又可以分为两部分：一部分是纯消费性投资，没有盈利，投资不能收回，其再投资依靠社会积累，如对学校、国防安全、社会福利设施等的投资；另一部分是可转化为无形商品的投资，有盈利，可以收回投资，甚至可以实现增值和积累。

二、理财

（一）理财内涵

理财，可以从不同角度对其进行理解，对从事工商业活动的主体而言，理财即为“公司理财”“企业理财”；对社会最小的活动单元——个人或家庭来说，理财即为“个人理财”“家庭理财”。

(二)公司理财

1. 公司理财内涵

公司理财是指根据资金的运动规律,对公司生产经营活动中资金的筹集、使用和分配,进行预测、决策、计划、控制、核算和分析,提高资金运用效果,实现资本保值增值的管理工作。公司理财是企业管理的重要组成部分,是以价值形式进行的管理,其目的是分散经营风险和财务风险,实现公司价值的最大化。这里的公司不包括银行、信托投资及证券类公司,而专指本身没有金融职能的从事工商业的公司。

2. 公司理财目标

公司理财的目标是指公司进行财务活动所要达到的根本目的,是一切财务活动的出发点和归宿,也是评价各项财务决策是否正确的有效标准,决定了公司理财的基本方向。在充分研究财务活动客观规律的基础上,根据实际情况和未来变动趋势,确定理财目标,是必须首先解决的一个问题。确定合理的理财目标,在理论和实践上都有重要的意义。公司理财目标的确定有如下几种具有代表性的原则。

(1)利润最大化

利润最大化是指通过对企业财务活动的管理,不断增加企业利润,使利润达到最大。利润代表了资产利用的高低和经济效益的大小,利润直接反映了经营者的经营业绩,公司理财的目标是利润最大化。利润最大化是典型的传统公司财务管理目标原则。利润最大化目标的主要优点是:企业追求利润最大化,就必须讲求经济核算,加强管理,改进技术,提高劳动生产率,降低产品成本,这些措施都有利于企业资源的合理配置,有利于企业整体经济效益的提高。利润最大化目标的主要缺点是:没有考虑利润实现时间和资金时间价值;没有考虑风险问题;没有反映创造的利润与投入资本之间的关系;可能导致企业短期财务决策倾向,影响企业长远发展。

(2)股东财富最大化

股东财富最大化是指通过财务上的合理经营,为股东带来尽可能多的财富。在股份经济条件下,股东财富由其所拥有的股票数量和股票市场价格两方面决定。在股票数量一定时,股票价格达到最高,股东财富也就达到最大。股东财富最大化目标的主要优点是:考虑了风险因素;在一定程度上能避免企业短期行为;对上市公司而言,股东财富最大化目标比较容易量化,便于考核和奖惩。股东财富最大化目标的主要缺点是:通常适用于上市公司,非上市公司难以应用;股价受众多因素影响,不能完全准确反映企业财务管理状况;强调股东利益,而对其他相关者的利益重视不够。

(3)公司价值最大化

公司价值最大化是指通过公司财务上的合理经营,采用最优的财务政策,充分考虑资金的时间价值和风险与报酬的关系,在保证公司长期稳定发展的基础上使公司总价值达到最大。企业价值可以理解为企业所有者权益和债权人权益的市场价值,或者是企业所能创造的预计未来现金流量的现值。公司价值最大化目标的主要优点是:考虑了取得报酬的时间和资金时间价值;考虑了风险与报酬的关系;将企业长期、稳定的发展和持续的获利能力放在首位,能克服企业的短期行为;用价值代替价格,避免了过多外界市场因素的干扰，有效地规避了企业的短期行为。公司价值最大化目标的主要缺点是：过于理论化，不易操作；对于非上市公司而言，只有对企业进行专门的评估才能确定其价值，而在评估企业的资产时，由于受评估标准和评估方式的影响，很难做到客观和准确。

(4)相关者利益最大化

在现代企业是多边契约关系的总和的前提下，要确立科学的理财目标，需要考虑哪些利益关系会对企业发展产生影响。在市场经济中，企业的理财主体更加细化和多元化。股东作为企业所有者，在企业中拥有最高的权力，并承担着最大的义务和风险，但是债权人、员工、企业经营者、客户、供应商和政府也为企业承担着风险。企业的利益相关者不仅包括股东，还包括债权人、企业经营者、客户、供应商、员工、政府等，在确定理财目标时，不能忽视这些相关利益群体的利益，而应使相关者利益最大化。相关者利益最大化目标的主要优点是：体现了前瞻性和现实性的统一；有利于企业长期稳定发展，在发展过程中考虑并满足各利益相关者的利益关系；体现了合作共赢的价值理念，有利于实现企业经济效益和社会效益的统一；较好地兼顾了各利益主体的利益，将企业财富这块“蛋糕”做到最大的同时，保证每个利益主体所得的“蛋糕”更多。

(三)个人理财

1. 个人理财内涵

关于个人理财，目前有不同的定义。根据美国理财师资格鉴定委员会的定义，个人理财是指制定合理利用财务资源、实现客户个人人生目标的程序。具体而言，个人理财是在对个人收入、资产、负债等数据进行分析整理的基础上，根据个人对风险的偏好和承受能力，结合预定目标运用诸如储蓄、保险、证券、外汇、收藏、住房投资等多种手段管理资产和负债，合理安排资金，从而在个人风险可以接受范围内实现资产增值的最大化的过程。个人理财包括个人生活理财和个人投资理财。

个人生活理财是指通过制订财务计划对个人消费性财务资源的适当管理，并不断调整计划以追求财务安全和财务自由的经济活动。生活理财主要通过设计将个人整个生命周期考虑在内的终身生活及其财务计划，将个人未来的职业选择、子女及自身的教育、购房、保险、医疗、企业年金和养老、遗产及事业继承，以及生活中个人所需面对的各种税收等各方面的事宜进行妥善安排，使个人在不断提高生活品质的同时，即使到年老体弱以及收入锐减的时候，也能保持自己所设定的生活水平，最终达到终生财务安全和自由。生活理财的核心在于根据个人的消费性资源状况和消费偏好来实现个人的人生目标。

个人投资理财是指通过制订财务计划对个人的投资性财务资源的适当管理，并不断调整计划以追求财务安全和财务自由的经济活动。投资理财指在个人现有生活目标达到以后，追求投资于股票、债券、金融衍生工具、黄金、外汇、不动产及艺术品等各种投资工具获得的最优回报，加速个人、家庭资产增长，从而提高家庭的生活水平和质量。投资理财的核心在于根据个人的投资性资源状况和风险偏好来实现个人的人生目标。

总而言之，个人生活理财侧重于对现有消费性资源的规划和管理，而个人投资理财侧重于对现有投资性资源的规划和管理，满足未来消费需求和人生目标。随着人们生活水平的提高，市场化的投资工具越来越多，个人投资理财也越来越得到人们的重视和青睐。

2. 个人理财的意义

(1)个人理财有利于提高个人素质，增强个人竞争力

在现代市场竞争中，只有高素质的人才，才能立于不败之地。若想在竞争中获胜，必须重视人才素质的提高。从呱呱坠地的婴儿，到长大成人成才，需要大量的智力投资与其他物质投资；“为人父”“为人母”者必须全盘而合理地规划孩子成长期间的财务收支；步入社会的个人则时时面对激烈的市场竞争。因此，每个人都会面临在个人素质提高方面所必须面对的理财问题。

(2)个人理财有利于抵御风险和灾害

古人云“天有不测风云，人有旦夕祸福”。一个人、一个家庭在日常生活中经常会遇到一些意想不到的问题，如生病、受伤、残废、死亡、自然灾害、失窃、失业等，这些都将使个人财产蒙受损失。为抵御这些不测与灾害，应进行科学理财，合理安排收支，以求在遭遇不测与灾害时，有足够的财力支持，顺利渡过难关；而在没有出现不测与灾害时，也能够建立“风险基金”，并使之增值。

(3)个人理财有利于积累资本，为增长财富打基础

我国有句古话“吃不穷穿不穷，不会理财一世穷”，当下的说法是“你不理财，财不理你”。一般而言，个人资产在达到小康水平后，理财的作用甚于生财的作用，如果不善于管理，个人资产就可能在不知不觉间缩水，而如果管理得当，则会得到保值和增值。

(4)个人理财为未来美好生活奠定良好基础

心理学家马斯洛的需要层次理论告诉我们，人类的需求有层级之分，而满足这些需求，必须建立在不匮乏的财务条件之上。只有根据自己的年龄、职业、家庭等不同的情况，建立自己的理财理念与心路，设立长远规划的方案，形成自己独特的理财风格，才可能创造财富。个人的一生是在赚钱与花钱中度过的，人从独立生活起，就面临理财的挑战。学习理财，树立正确的理财观，掌握理财的知识，应成为人生必修的课程之一，为自己及家人的未来美好生活奠定良好基础。

3. 个人理财目标

个人理财追求两大目标——财务安全和财务自由。

财务安全是个人理财所追求的第一层次目标，只有实现财务安全，才能达到人生各阶段收入和支出的基本平衡。不同的理财观下，财务安全的内涵也不同。

从生活理财角度看，财务安全就是指现有的财务资源足以应对现在和未来的生活支出。衡量一个人或家庭的财务安全，一般通过以下内容来进行：是否有稳定、充足的收入；个人是否有发展潜力；是否有充足的现金准备；是否有适当的住房；是否购买了适当的财产和人身保险；是否有适当的、收益稳定的投资；是否享受社会保障；是否有额外的养老保障计划。

从投资理财角度看，财务安全就是指保障个人财务资源原有价值不受损失。一个

人或家庭的财务安全、个人投资性资产保值的能力，主要通过财务安全度指标来判断。如果财务安全度大于100%，则表示个人投资性资产保值能力较强；反之，则表示个人投资性资产保值能力较弱。

$$财务安全度=\frac{投资性资产市场价值}{投资性资产原值}\times 100\%$$

财务自由，是表示个人在不用为一份薪水而工作的前提下，其财务资源就可以满足个人生活所需的状态，但并不是指个人拥有大笔的实际物质财富才能达到。财务自由是个人理财所追求的第二层次目标，个人财务自由的程度一般用财务自由度指标来判断。如果财务自由度大于100%，则表示个人财务自由度较大；反之，则表示个人财务自由度较小。

$$财务自由度=\frac{投资性收入(非工资收入)}{日常消费支出}\times 100\%$$

财务自由度是个人理财中很重要的指标，若一个人靠购买基金和股票的收益完全可以应付家庭日常支出，工资可以基本不动，那这个人的财务自由度就高，即使以后失业了也不会对家庭生活造成太大影响。如果一个人除了工资之外几乎没有任何理财收入，那么只能完全依赖工资生活了，其财务自由度相对较低。因此，要想提高家庭财务自由度，就要及早树立理财意识。

【案例1-1】新青年的理财——月薪四千五，三年攒十万

张小姐今年24岁，工作近一年，月收入4500元左右，在单位附近与朋友合租了一间公寓，分担月租600元，除去生活费1800元，每月能余2100元，单位缴纳社保。她现有存款5000元，想在三年内积攒100000元，以备结婚之用。

如果不考虑紧急用钱的情况，坚持每月存款，张小姐三年后可存钱80600元，离目标还有20%左右的差距。张小姐该如何理财？

张小姐的理财目标是在三年内积攒100000元以备结婚之用。按目前的社会消费水平，她今后结婚、购房、抚养孩子、赡养老人、自己养老等都需要更多的支出，所以应从现在起就建立理财意识，为自己规划理财人生。

(1)根据量入为出原则，生活的支出要尽量控制在工资收入的1/3。张小姐最好将支出控制在1500元左右，严格控制不必要的支出，有计划地购买物件，最大限度地节流。这样张小姐每月有2400元的盈余。

(2)巧用基金定投，促使自己养成理财习惯并长期坚持下去。基金定投不仅可以起到强制储蓄的功效，而且可以摊薄投资成本，降低投资风险，获得较高的投资回报，随着时间的推移，复利效果也将越来越明显。张小姐若将每月定存金额设为1900元，假如基金的年收益率达到12%，那么三年后她基本可实现积攒82000元的理财目标。

(3)每个月余下的500元,可以作为日常生活的备用金,以备不时之需。这部分资金建议张小姐可选择流动性极佳的货币型基金进行投资。同时,根据张小姐日常支出情况,张小姐的日常备用金只需5000元左右,张小姐也可以开通银行自动转存功能,每个月将超过5000元的部分自动转为三个月的定期存款。三年后,每月余款(未计投资收益)累计已经有13000元,再加上原先已有存款5000元,有18000元。而货币型基金投资或银行定存收益稳定,张小姐还能从这两种投资渠道获得额外的稳定收益。

(4)只要张小姐持之以恒,就有望在三年后实现存款100000元的目标。

三、投资环境

(一)投资环境内涵

投资环境是指投资活动的外部条件。环境因素对投资主体的确定、投资决策、投资管理、投资风险和投资收益有着极大的影响,是投资者必须重视的内容。环境因素包括一系列与投资有关的政治、经济、文化、自然、社会等方面的因素,这些因素相互独立但又相互影响,共同构成有机的整体。

(二)实业投资环境

1. 社会环境

社会环境是指投资地区的社会秩序、社会信誉和社会服务条件。社会秩序是指投资地区的社会政治秩序和经济生活秩序,包括社会的稳定性与安全性,当地居民对本地经济发展的参与感、对外来经济的认同感等。社会信誉是由公共道德水准和法律双向支撑的,是维系社会发展的基石,其内容既包括合同履约的信誉,也包括社会承诺的信誉。作为投资者,在考察投资环境时,首先要考虑的就是当地的社会秩序、社会信誉与社会服务条件,尤其是当地政府在有关企业投资与发展方面的政策是否具有连续性。

2. 经济环境

经济环境是影响投资决策的最重要、最直接的要素。经济环境要素包括的内容很多,主要有宏观经济环境、市场环境、财务环境和资源环境等。宏观经济环境是一个地区的总体经济环境,包括地区经济状况、社会消费水平和消费能力、经济政策、财政政策和金融政策等。市场环境是指投资面临的市场状况,包括市场现状及未来趋势,如市场供应量的现状及未来估计、市场购买力的分布状况等。财务环境是指投资面临的资金、成本、利润和税收等环境条件,主要包括金融环境和经营环境,如融资成本,以及投资费用、经营成本、税费负担、优惠条件、同类项目的社会平均收益水平和盈利水平等。资源环境则包括人力资源、土地资源、原材料及能源等的投资环境。

3. 法律环境

法律环境主要包括法律的完整性、法制的稳定性和执法的公正性。法律的完整性主要指投资项目所依赖的法律条文的覆盖面、主要的法律法规是否齐全。法制的稳定性主要指法规是否变动频繁，是否有效。执法的公正性是指法律纠纷、争议仲裁过程的客观性、公正性。

4. 文化环境

狭义的文化是指社会的意识形态，如风俗习惯、语言文字、宗教信仰、价值观念、文化传统和教育水平、道德水准、人文素质等。文化环境直接决定消费需求的形式和内容，并直接影响投资经营，制约投资方案和投资决策。一般来说，可以从文化的同质性、稳定性和复杂性等方面具体分析社会文化环境的优劣及其对投资的影响。

5. 自然地理环境

自然地理环境是指投资所在地域的自然和地理特征。由于自然地理环境是投资者无法轻易改变的一种客观物质环境，具有相对不变和长久稳定的特点，而固定资产投资又具有地理位置的固定性和不可逆性的特点，因此投资者应重视自然地理环境分析。

6. 基础设施环境

基础设施环境是投资项目的“硬环境”，是保证生产经营顺利进行的必要条件。其涉及的内容广泛，包括能源供应系统、给排水系统、交通系统、通信系统、防灾防护系统、环境卫生系统和生活服务系统等。

（三）金融投资环境

从金融投资的角度看，投资环境包括经济、文化、制度、法律、基础设施等多个方面。由于金融与经济的关系更为密切，金融市场的发达程度与经济发达程度密切相关，因此，金融投资者进行金融投资时应更加关注金融市场的内部结构及发达程度。

1. 金融市场组织

金融市场组织是金融投资环境的重要构成要素，其完善程度主要从市场层次、市场交易机构和市场交易机制等方面进行分析。

①市场层次，一般包括一级市场和二级市场。以证券市场为例，一级市场属于发行市场，在这个市场上，投资者可以购买发行的各种证券，发行人可以筹集到所需要的资金。二级市场属于交易市场，即股票等有价证券的流通市场。在这个市场上，投资者可以根据自己对有价证券价格走势的判断买进或卖出，买卖价格由交易双方决定。

②市场交易机构，主要是指机制健全的证券交易所、期货交易所等。发达的金融市场首先需要有良好的交易机构，虽然存在大规模的场外交易，但交易所是必不可少的，这是投资人进行金融投资的重要环境。

③市场交易机制，主要包括竞价方式和成交原则、完善的市场制度、高效率的交易指令及报价方式、报价系统等。

2. 市场投资工具

在现代经济中，金融市场投资主体已经实现了多元化，其对金融产品的需求也是多样化的。家庭、政府、企业、机构投资者、券商和中央银行等对金融产品的需求既有规模上的要求，也有结构上的要求，这就需要市场能够提供多种多样的金融产品。若想满足不同投资者的需求，金融市场的各类金融产品应品种齐全，金融资产不仅规模要足够大，保证满足投资者的规模需求，而且产品要丰富，包括传统的和衍生的，风险大的和风险小的，短期的和长期的，以满足投资者的投资结构需求。

3. 金融法律制度

金融法律制度是国家权力机关和行政机关制定的各种金融规范性文件的总称，是调整金融关系的法律规范。金融关系是银行或者其他金融机构在从事金融管理和金融经营活动过程中，与其他政府机构、市场主体和社会个人之间发生的经济关系。金融法律制度调整的金融关系一般可分为两类：一类是金融管理关系，主要指在中央银行对各类金融机构和各种金融活动实施的监督、管理过程中，以及金融机构内部管理中发生的经济关系；另一类是金融经营关系，主要指以金融企业为中心的在金融市场的各项融资活动中发生的经济关系。金融法律制度由金融法律、金融法规、金融类规章、金融类司法解释构成。完善的金融法律制度是金融投资环境的重要方面，对建立和发展统一、高效的金融投资市场，维护市场秩序，保护投资者的合法权益和社会公共利益，促进社会经济发展具有重要意义。

子项目二　货币时间价值

一、货币时间价值内涵

货币时间价值是指一定量货币资本在不同时点上的价值量差额。货币的时间价值来源于货币进入社会再生产过程后的价值增值。通常情况下，它是指没有风险也没有通货膨胀情况下的社会平均利润率，是利润平均化规律发生作用的结果。根据货币具有时间价值的理论，可以将某一时点的货币价值金额折算为其他时点的价值金额。

【加油站】复利的威力

有一个古老的故事，它显示了复利的巨大威力。国王要重赏大臣，大臣的要求是：在棋盘的第 1 个格子里放 1 粒麦粒，在第 2 个格子里放 2 粒麦粒，在第 3 个格子里放 4 粒麦粒，在第 4 个格子里放 8 粒麦粒，以此类推，以后每一个格子里放的麦粒数都是前一个格子里放的麦粒数的 2 倍，直到放满 64 个格子就行了。国王同意了，但很快发现，即使将国库所有的粮食都给大臣，也不足百分之一。尽管起点十分低，但是经过多次乘方，形成了庞大的数字。

复利的威力来源于每年的收益率和持有的时间。不管初始的本金有多少，只要每年保持一定的收益率，持续地坚持，最终结果相对于初始本金会大得惊人。

每个投资者都应该牢牢地记住复利的有关原则。

①耐心：复利的威力需要通过很长的时间来体现，在这个过程中，投资者要有耐心，不要拔苗助长。

②稳健：复利的威力如此之大，投资者不必追求过高的回报率就可以实现自己的投资目标，而追求高回报可能招致过高的风险，最后弄巧成拙。

③尽早：要知道时间的强大，尽早投资，哪怕复利很低，如果时间够长，作用也很大。一旦你开始投资，时间就成了你最大的盟友。

二、终值和现值

终值，也称将来值，是指现在一定量的货币折算到未来某一时点所对应的金额，通常记作 F。现值是指未来某一时点上一定量的货币折算到现在所对应的金额，通常记作 P。

现值和终值是一定量货币在前后两个不同时点上对应的价值，其差额即为货币的时间价值。现实生活中计算利息时所称本金、本利和的概念相当于货币时间价值理论中的现值和终值，利率（用 i 表示）可视为货币时间价值的一种具体表现；现值和终值对应的时点之间可以划分为 n 期（$n\geqslant1$），相当于计息期。

为计算方便，假定有关字母符号的含义如下：I 为利息，F 为终值，P 为现值，A 为年金值，i 为利率（折现率），n 为计算利息的期数。

（一）单利的终值和现值

单利是指按照固定的本金计算利息的一种计息方式。按照单利计算的方法，只有本金在贷款期限中获得利息，不管时间多长，所生利息均不加入本金重复计算利息。

1. 单利终值

单利终值是指一定量的货币，按单利计算的若干期后的本利总和。计算公式如下：

$$F=P(1+n\times i)$$

式中，$(1+n\times i)$ 为单利终值系数。

【任务 1-1】

小张将 10000 元存入银行，在银行存款利率 2%的情况下，按单利计算，5 年后可以从银行取出多少金额？

【任务分析】

$$F=P(1+n\times i)=10000\times(1+5\times2\%)=11000(\text{元})$$

小张将 10000 元存入银行，若银行存款利率为 2%，按单利计算，5 年后可以从银行取出 11000 元。

2. 单利现值

单利现值是指未来某期的一定量的货币，按单利计算的现在价值。计算公式如下：

$$P=F/(1+n\times i)$$

式中，$1/(1+n\times i)$为单利现值系数。

【任务 1-2】

小张为了 5 年后能从银行取出 10000 元，若银行存款利率为 2%，目前应存入银行的金额是多少？

【任务分析】

$$P=F/(1+n\times i)=10000\times(1+5\times2\%)\approx9091(\text{元})$$

小张为了 5 年后能从银行取出 10000 元，在银行存款利率 2%的情况下，按单利计算，目前应存入银行 9091 元。

(二)复利的终值和现值

复利是指不仅对本金计算利息，还对利息计算利息的一种计息方式。根据“经济人”假设，人们都是理性的，会用赚取的收益进行再投资。因此，一般按照复利方式计算货币的时间价值。复利计算方法是指每经过一个计息期，要将该期所派生的利息加入本金再计算利息，逐期滚动计算，俗称“利滚利”。这里所说的计息期，是指相邻两次计息的间隔，如年、月、日等。除非特别说明，计息期一般为一年。

1. 复利终值

复利终值指一定量的货币，按复利计算的若干期后的本利总和。计算公式如下：

$$F=P(1+i)^n$$

式中，$(1+i)^n$ 为复利终值系数，记作$(F/P,i,n)$，参见附表 1。

【任务 1-3】

小张将 10000 元存入银行，若银行存款利率为 2%，按复利计算，5 年后可以从银行取出多少金额？

【任务分析】

$$F=P(1+i)^n=10000\times(1+2\%)^5=10000\times(F/P,2\%,5)=11041(\text{元})$$

小张将 10000 元存入银行，在银行存款利率 2%的情况下，按复利计算，5 年后可以从银行取出 11041 元。

2. 复利现值

复利现值是指未来某期的一定量的货币，按复利计算的现在价值。计算公式如下：

$$P=F/(1+i)^n$$

式中，$1/(1+i)^n$ 为复利现值系数，记作$(P/F,i,n)$，参见附表 2。

注意：①复利终值和复利现值互为逆运算；②复利终值系数$(1+i)^n$ 和复利现值系数 $1/(1+i)^n$ 互为倒数。

【任务 1-4】

小张为了 5 年后能从银行取出 10000 元，若银行存款利率为 2%，按复利计算，目前应存入银行的金额是多少?

【任务分析】

$$P=F/(1+i)^n=10000/(1+2\%)^5=10000\times(P/F,2\%,5)=9057(\text{元})$$

小张为了5年后能从银行取出10000元,在银行存款利率2%的情况下,按复利计算,目前应存入银行9057元。

(三)年金终值和现值

年金(annuity)是指间隔期相等的系列等额收付款,其具有两个特点:一是金额相等;二是时间间隔相等。

年金包括普通年金(后付年金)、预付年金(先付年金)、递延年金、永续年金等形式。普通年金是年金的最基本形式,它是指从第一期起,在一定时期内每期期末等额收付的系列款项,也称为后付年金。预付年金是指从第一期起,在一定时期内每期期初等额收付的系列款项,也称先付年金或即付本金。预付年金与普通年金的区别仅在于收付款时间的不同,普通年金发生在期末,而预付年金发生在期初。递延年金是指隔若干期后才开始发生的系列等额收付款项。永续年金是指无限期收付的年金,即一系列没有到期日的等额现金流。在年金中,系列等额收付的间隔期间只需要满足"相等"的条件即可,间隔期间可以不是一年,例如每季末等额支付的债务利息也是年金。

1. 年金终值

(1)普通年金终值

普通年金终值是指一定时期内,每期期末等额收付的系列款项的终值。普通年金终值的计算实际上就是已知年金A,求终值F。

根据复利终值的计算方法,年金终值的计算公式如下:

$$F_A=A+A(1+i)+A(1+i)^2+\cdots+A(1+i)^{n-1}$$

两边同时乘以$(1+i)$得:

$$F_A(1+i)=A(1+i)+A(1+i)^2+A(1+i)^3+\cdots+A(1+i)^n$$

两者相减得:

$$F_A\times i=A(1+i)^n-A=A[(1+i)^n-1]$$

$$F_A=A\times\frac{(1+i)^n-1}{i}=A(F/A,i,n)$$

式中,$\frac{(1+i)^n-1}{i}$为普通年金终值系数,记作$(F/A,i,n)$,参见附表3。

【任务1-5】

小张是位热心公益事业的人,自2022年12月底开始,她每年都要向一位失学儿童捐款。小张向这位失学儿童每年捐款10000元,从这位失学儿童小学一年级开始,帮助他读完九年义务教育。若银行存款利率为2%,则小张9年的捐款在第9年末相当于多少钱?

【任务分析】

$$F_A=A(F/A,i,n)=10000\times(F/A,2\%,9)=10000\times9.7546=97546(\text{元})$$

若银行存款利率为 2%，小张 9 年的捐款在 2030 年底相当于 97546 元。

(2)预付年金终值

预付年金终值是指一定时期内，每期期初等额收付的系列款项的终值。计算公式如下：

$$F_A = A(1+i) + A(1+i)^2 + A(1+i)^3 + \cdots + A(1+i)^n$$

$$F_A = A \times \frac{(1+i)^n - 1}{i} \times (1+i) = A(F/A, i, n) \times (1+i) = A[(F/A, i, n+1) - 1]$$

【任务 1-6】

为给孩子上大学准备资金，王爸爸连续 6 年于每年初存入银行 5000 元。若银行存款利率为 2%，则王爸爸在第 6 年末能一次取出本利和多少元？

【任务分析】

$$\begin{aligned} F_A &= A[(F/A, i, n+1) - 1] = 5000 \times [(F/A, 2\%, 7) - 1] \\ &= 5000 \times (7.4343 - 1) = 32171.5(\text{元}) \end{aligned}$$

若银行存款利率为 2%，王爸爸在第 6 年末能一次取出 32171.5 元。

(3)递延年金终值

递延年金的终值计算与普通年金的终值计算一样，计算公式如下：

$$F_A = A(F/A, i, n)$$

注意，式中 n 表示的是 A 的个数，与递延期无关。

2. 年金现值

(1)普通年金现值

普通年金现值是指将在一定时期内，按相同时间间隔，在每期期末收付的相等金额折算到第一期期初的现值之和。

根据复利现值的计算方法，年金现值的计算公式如下：

$$P_A = A(1+i)^{-1} + A(1+i)^{-2} + A(1+i)^{-3} + \cdots + A(1+i)^{-n}$$

两边同时乘以$(1+i)$得：

$$P_A(1+i) = A + A(1+i)^{-1} + A(1+i)^{-2} + \cdots + A(1+i)^{-(n-1)}$$

两者相减得：

$$P_A = A \times \frac{1-(1+i)^{-n}}{i} = A(P/A, i, n)$$

式中，$\frac{1-(1+i)^{-n}}{i}$为年金现值系数，记作$(P/A, i, n)$，参见附表 4。

【任务 1-7】

M 投资项目于今年初动工，假设当年投产，从投产之日起每年末可得收益 50000 元。按年利率 5%计算，计算预期 10 年收益的现值。

【任务分析】

$$P_A = A(P/A, i, n) = 50000 \times (P/A, 5\%, 10) = 50000 \times 7.7217 = 386085(\text{元})$$

M 投资项目预期 10 年收益的现值为 386085 元。

(2)预付年金现值

预付年金现值是指将在一定时期内，按相同时间间隔，在每期期初收付的相等金额折算到第一期初的现值之和。计算公式如下：

$$P_A = A + A(1+i)^{-1} + A(1+i)^{-2} + A(1+i)^{-3} + \cdots + A(1+i)^{-(n-1)}$$

$$P_A = A \times \frac{1-(1+i)^{-n}}{i} \times (1+i) = A \times [(P/A, i, n-1) + 1]$$

【任务 1-8】

M 公司打算购买一台设备，有两种付款方式：一是一次性支付 500 万元；二是每年初支付 180 万元，3 年付讫。由于资金不充裕，公司计划向银行借款用于支付设备款。若银行借款利率为 5%，按复利计息。

请通过现值比较的方式，判断采用哪种付款方式更有利。

【任务分析】

通过现值比较的方式，判断哪种支付方式更有利，其中每年初支付 180 万元，3 年付讫的方式现值计算如下：

$$\begin{aligned} P_A &= A \times [(P/A, i, n-1) + 1] = 180 \times [(P/A, 5\%, 2) + 1] \\ &= 180 \times (1.8594 + 1) \approx 514.69(\text{万元}) \end{aligned}$$

可见，分期支付的现值大于一次性支付，因此，一次性支付 500 万元更有利。

(3)递延年金现值

递延年金现值是指间隔一定时期后，每期期末或期初收付的系列等额款项，按照复利计息方式折算的现时价值，即间隔一定时期后每期期末或期初等额收付资金的复利现值之和。递延年金的计算方法有三种。

方法一：先将递延年金视为 n 期普通年金，求出在递延期期末的普通年金现值，然后折算到现在，即第 0 期价值。

$$P_A = A \times (P/A, i, n) \times (P/F, i, m)$$

式中，m 为递延期；n 为连续收支期数，即年金期。

方法二：先计算 $m+n$ 期年金现值，再减去 m 期年金现值。

$$P_A = A \times [(P/A, i, m+n) - (P/A, i, m)]$$

方法三：先求递延年金终值，再折现为现值。

$$P_A = A \times (F/A, i, n) \times (P/F, i, m+n)$$

【任务 1-9】

M 公司向银行借入一笔款项，银行贷款的年利率为 6%，每年复利一次。银行规定前 10 年不用还本付息，但从第 11 年至第 20 年每年末偿还本息 5000 元，请问这笔款项的现值是多少？

【任务分析】

方法一：$\begin{aligned} P_A &= A \times (P/A, 6\%, 10) \times (P/F, 6\%, 10) \\ &= 5000 \times 7.3601 \times 0.5584 \approx 20549.40(\text{元}) \end{aligned}$

方法二：$P_A = A \times [(P/A, 6\%, 20) - (P/A, 6\%, 10)]$

$=5000\times(11.4699-7.3601)=20549$(元)

方法三：$P_A=A\times(F/A,6\%,10)\times(P/F,6\%,20)$

$=5000\times13.181\times0.3118\approx20549.18$(元)

三种计差结果略有不同，是由货币时间价值系数的小数点位数保留造成的。

(4)永续年金现值

永续年金的现值可以看成是 n 趋向于无穷大时普通年金的现值，永续年金现值计算如下：

$$P_A(n\to\infty)=A\frac{1-(1+i)^{-n}}{i}=A/i$$

当 n 趋向于无穷大时，由于 A、i 都是有界量，$(1+i)^{-n}$趋向于无穷小，因此 $P_A(n\to\infty)=A\frac{1-(1+i)^{-n}}{i}$趋向于 A/i。

【任务 1-10】

企业家王先生想支持家乡建设，特地在祖籍所在县设立奖学金。奖学金每年发放一次，奖励每年高考优秀且愿意回家乡工作的学生，共 20000 元。奖学金的基金保存在中国银行该县支行。若银行一年的定期存款利率为 2%。请问王先生要投资多少钱作为奖励基金？

【任务分析】

由于每年都要拿出 20000 元，因此奖学金的性质是永续年金，其现值应为：

$$P_A=20000/2\%=1000000(\text{元})$$

因此，王先生要存入 1000000 元作为基金，才能保证这一奖学金的成功运行。

3. 年偿债基金

年偿债基金是指为了在约定的未来某一时点清偿某笔债务或积聚一定数额的资金而必须分次等额提取的存款准备金。年偿债基金的计算，实际上是已知普通年金终值 F_A，求年金 A。

$$A=F_A\times\frac{i}{(1+i)^n-1}$$

式中，$\frac{i}{(1+i)^n-1}$为偿债基金系数，记作$(A/F,i,n)$。

注意：①年偿债基金和普通年金终值互为逆运算；②偿债基金系数$\frac{i}{(1+i)^n-1}$和普通年金终值系数$\frac{(1+i)^n-1}{i}$互为倒数。

【任务 1-11】

小张拟在 5 年后还清 80000 元债务，从现在起每年末等额存入银行一笔款项。若银行存款利率为 2%，请问每年需存入多少金额？

【任务分析】

$$A=F_A\times\frac{i}{(1+i)^n-1}=80000\times\frac{2\%}{(1+2\%)^5-1}$$

$$=80000\times(A/F,2\%,5)\approx15373(\text{元})$$

小张拟在5年后还清80000元债务，若银行存款利率为2%，则每年需存入15373元。

4. 年资本回收额

年资本回收额是指在约定年限内等额回收初始投入资本的金额。年资本回收额的计算，实际上是已知普通年金现值 P_A，求年金 A。

$$A=P_A\times\frac{i}{1-(1+i)^{-n}}$$

式中，$\frac{i}{1-(1+i)^{-n}}$ 为资本回收系数，记作 $(A/P,i,n)$。

注意：(1)年资本回收额与普通年金现值互为逆运算；(2)资本回收系数与普通年金现值系数互为倒数。

【任务1-12】

小张借得100万元的贷款，在10年内以年利率6%等额偿还，则每年应付的金额为多少？

【任务分析】

$$A=P_A\times\frac{i}{1-(1+i)^{-n}}=100\times\frac{6\%}{1-(1+6\%)^{-10}}=100\times(A/P,6\%,10)\approx13.59(\text{万元})$$

小张借得100万元的贷款，在10年内以年利率6%等额偿还，则每年应付13.59万元。

【加油站】名义利率与实际利率

名义利率是指票面利率，实际利率是指投资者得到利息回报的真实利率。

1. 一年多次计息时的名义利率与实际利率

如果以"年"为基本计息期，每年计算一次复利，则实际利率等于名义利率。如果按照短于一年的计息期计算复利，则实际利率高于名义利率。名义利率与实际利率的换算关系如下：

$$i=(1+r/m)^m-1$$

式中，i 为实际利率，r 为名义利率，m 为每年复利计息次数。

【案例1-2】

假设年利率为12%，按季复利计息，请问实际利率是多少？

$$i=(1+r/m)^m-1=(1+12\%/4)^4-1=1.1255-1=12.55\%$$

2. 通货膨胀情况下的名义利率与实际利率

名义利率，是央行或其他提供资金借贷的机构所公布的未调整通货膨胀因素的利率，即利息(报酬)的货币额与本金的货币额的比率，即指包括补偿通货膨胀(包括通货紧缩)风险的利率。实际利率是指剔除通货膨胀率后储户或投资者得到利息回报的真实利率。

名义利率与实际利率之间的关系如下：

$$1+名义利率=(1+实际利率)\times(1+通货膨胀率)$$

所以，实际利率的计算公式为：

$$实际利率=\frac{1+名义利率}{1+通货膨胀率}-1$$

【案例 1-3】

假设我国商业银行一年期存款年利率为3%，假设通货膨胀率为1%，请问实际利率为多少？

$$实际利率=\frac{1+3\%}{1+1\%}-1=1.98\%$$

子项目三　风险与收益

一、资产收益

(一)资产收益内涵

资产收益是指资产的价值在一定时期内的增值。一般情况下，可以用收益额或收益率来衡量资产收益水平。

资产收益额，是资产价值在一定期限内的增值量，该增值量来源于两部分：一是期限内资产的净收入；二是期末资产的价值(或市场价格)相对于期初价值(价格)的升值。前者多为利息、红利或股息收益，后者称为资本利得。

资产收益率或报酬率，是资产增值量与期初资产价值(价格)的比值，该收益率也包括两部分：一是利息(股息)的收益率；二是资本利得的收益率。

显然，收益额与期初资产的价值(价格)相关，不利于不同规模资产之间收益的比较，收益率则便于不同规模资产收益的比较和分析。所以，通常情况下用收益率来衡量资产的收益。

另外，为了便于比较和分析，对于计算期限短于或长于一年的资产，在计算收益率时一般要将不同期限的收益率转化成年收益率。因此，如果不作特殊说明，资产收益率指的是资产年收益率。

单期资产的收益率计算方法如下：

$$\begin{aligned}单期资产的收益率&=资产价值(价格)的增值/期初资产价值(价格)\\&=[利息(股息)收益+资本利得]/期初资产价值(价格)\\&=利息(股息)收益率+资本利得收益率\end{aligned}$$

【任务 1-13】

Q 股票一年前的价格为 18 元，一年中的税后股息为 0.38 元，现在的市价为 26 元。那么，在不考虑交易费用的情况下，该股票年收益率是多少？

【任务分析】

$$\text{股票年收益}=0.38+(26-18)=8.38(\text{元})$$

其中，股息收益为 0.38 元，资本利得为 8 元。

$$\text{股票收益率}=(0.38+26-18)\div 18=2.11\%+44.44\%=46.55\%$$

其中，股利收益率为 2.11%，资本利得收益率为 44.44%。

(二)资产收益率的类型

1. 实际收益率

实际收益率表示已经实现或者确定可以实现的资产收益率，为已实现或确定可以实现的利息(股息)率与资本利得收益率之和。当然，当存在通货膨胀时，扣除通货膨胀率的影响后，才是真实的收益率。

2. 预期收益率

预期收益率也称为期望收益率，是指在不确定的条件下，预测的某资产未来可能实现的收益率。对期望收益率的直接估算，有以下三种方法。

方法一：首先描述影响收益率的各种可能情况，然后预测各种可能发生的概率，以及在各种可能情况下的收益率，那么预期收益率就是各种情况下收益率的加权平均，权数是各种可能情况发生的概率。计算公式如下：

$$\text{预期收益率 } E(R)=\sum P_i \times R_i$$

式中，$E(R)$ 为预期收益率，P_i 表示情况 i 可能出现的概率；R_i 表示情况 i 出现时的收益率。

【任务 1-14】

小张半年前以 10000 元购买某股票，一直持有至今尚未卖出，预计未来半年内不会发放红利，且未来半年后市值达到 11000 元的可能性为 50%，市价达到 12000 元的可能性也是 50%。请问预期收益率是多少？

【任务分析】

$$\begin{aligned}\text{预期收益率 } E(R) &= [50\%\times(11000-10000)+50\%\times(12000-10000)]\div 10000\\ &=15\%\end{aligned}$$

方法二：首先收集事后收益率(即历史数据)，将这些历史数据按照不同的经济状况分类，并计算发生在各类经济状况下的收益率观测值的百分比，将所得百分比作为各类经济情况可能出现的概率，然后计算各类经济情况下所有收益率观测值的平均值，并将其作为该类情况下的收益率，最后计算各类情况下收益率的加权平均数就得到预期收益率。

【任务 1-15】

假定收集了历史上的 100 个收益率的观测值，在这 100 个历史数据中，发生在经济良好情况下的有 30 个，发生在经济一般和经济较差情况下的各有 50 个和 20 个，那么可估计经济情况出现良好、一般和较差的概率分别为30%、50%和20%。然后，将经济良好情况下的所有30个收益率观测值的平均值(假如为10%)作为经济良好情况下的收益率，同样，计算另两类经济情况下的观测值的平均值(假如分别是8%和5%)，请问预期收益率是多少?

【任务分析】

预期收益率 $E(R)=30\%\times10\%+50\%\times8\%+20\%\times5\%=8\%$。

方法三：首先收集能够代表预测期收益率分布的历史收益率的样本，假定所有历史收益率的观察值出现的概率相等，那么预期收益率就是所有数据的简单算术平均值。

【任务1-16】

假定K公司股票的历史收益率数据如表1-1所示，请用算术平均值计算其预期收益率。

表1-1 K公司股票近年收益率统计

年度	1	2	3	4	5	6
收益率	23%	11%	16%	27%	21%	12%

【任务分析】

预期收益率 $E(R)=(23\%+11\%+16\%+27\%+21\%+12\%)/6=18.33\%$

3. 必要收益率

必要收益率也称最低必要报酬率或最低要求的收益率，表示投资者对某资产合理要求的最低收益率。必要收益率与认识到的风险有关，人们对资产的安全性有不同的看法。如果某公司陷入财务困难的可能性很大，也就是说投资该公司股票产生损失的可能性很大，那么对投资于该公司股票将会要求有较高的收益率，所以该股票的必要收益率就会较高。相反，如果某项资产的风险较小，那么，对这项资产要求的必要收益率也就小。因此，必要收益率由两部分构成。

(1)无风险收益率

无风险收益率也称无风险利率，它是指无风险资产的收益率，它由纯粹利率(资金的时间价值)和通货膨胀补偿率两部分组成。无风险资产一般满足两个条件：一是不存在违约风险；二是不存在再投资收益率的不确定性。实际上，满足这两个条件的资产几乎是不存在的，一般用与所分析的资产的现金流量期限相同的国债来表示。因此，一般用国债的利率表示无风险利率，该国债应该与所分析的资产的现金流量有相同的期限。一般情况下，为了方便起见，通常用短期国债的利率近似地代替无风险收益率。

(2)风险收益率

风险收益率是指某资产持有者因承担该资产的风险而要求的超过无风险利率的额外收益率。风险收益率衡量了投资者将资金从无风险资产转移到风险资产而要求得到的“额外补偿”，它的大小取决于风险的大小、投资者对风险的偏好。

二、资产风险

(一)风险内涵

风险是指收益的不确定性。虽然风险的存在可能意味着收益的增加,但人们考虑更多的则是损失发生的可能性。各种难以预料或无法控制的因素的作用,使投资的实际收益与预计收益发生背离,从而增加蒙受经济损失的可能性。风险具有客观性、广泛性、期限性和双重性等特点。风险具体包括系统风险和非系统风险。

【加油站】机会的选择

有个小孩,随祖父进林子里去捕鸟。祖父教他用一种捕猎机,它像一只箱子,用木棍支起,木棍上系着的绳子一直接到隐蔽的灌木丛中。只要小鸟受撒下的鸟食的诱惑,一路啄食,就会进入箱子,然后他只要一拉绳子就会大功告成。他支好箱子,躲在隐蔽的地方,不久,就飞来一群小鸟,共有9只。大概是饿久了,不一会儿就有6只小鸟进了箱子。

如果你是那个小孩,你会如何选择?

他正要拉绳子,又觉得另外3只也会进去的,再等等吧。等了一会儿,那3只非但没进去,反而飞出来3只。他后悔了,对自己说,哪怕再有一只进去就拉绳子。机会就像一只小鸟,如果不抓住,它就会飞得无影无踪。接着,又有两只飞了出来。如果这时拉绳,还能套住一只,但他对失去的好运不甘心,心想总该有些要回去吧。最终连最后那一只也飞出来了。结果他连一只小鸟也没能捉到,还搭上不少鸟食。

从上面的故事,可以看到机会稍纵即逝,小孩不仅错过了最佳的捕鸟时机,还搭上了鸟食。

系统风险,也被称为市场风险或不可分散风险,是影响所有资产的、不能通过资产组合而消除的风险。这部分风险是由影响整个市场的风险因素所引起的,包括政策风险、经济周期风险、利率风险、购买力风险等。尽管绝大部分企业和资产都不可避免地受到系统风险的影响,但并不意味着系统风险对所有资产或所有企业有相同的影响。有些资产受系统风险的影响较大,而有些资产受的影响较小。

非系统性风险,也被称为可分散风险,它是指由于某种特定原因对某特定资产收益率造成影响的可能性,是可以通过资产组合而分散掉的风险。它是特定公司或特定行业所特有的,与政治、经济和其他影响所有资产的市场因素无关。非系统性风险包括信用风险、经营风险和财务风险。

信用风险,也称违约风险,是指交易对方不履行到期债务的风险。它是借款人、证券发行人或交易对方因种种原因,不愿或无力履行合同条件而构成违约,致使银行、投资者或交易对方遭受损失的可能性。

经营风险是指因生产经营方面的原因带来不利影响的可能性,如原材料供应地的政治经济情况变动、新材料的出现等因素带来的供应方面的风险，生产组织不合理带来的生产方面的风险，销售决策失误带来的销售方面的风险等。

财务风险，也称筹资风险，是指由于财务结构不合理、融资不当而带来的可能影响。举债经营，全部资金中除自有资金外还有一部分借入资金，这会对自有资金的获利能力造成影响；同时，借入资金需还本付息，一旦无力偿付到期债务，企业便会陷入财务困境甚至破产。

（二）风险衡量

资产风险是指资产收益率的不确定性，其大小可用资产收益率的离散程度来衡量。离散程度是指资产收益率的各种可能结果与预期收益率的偏差。衡量风险的指标主要有收益率的方差、标准差和标准离差率等。

1. 概率分布

在现实生活中，某一事件在完全相同的条件下可能发生也可能不发生，既可能出现这种结果又可能出现那种结果，我们称这类事件为随机事件。概率就是用百分数或小数来表示随机事件发生可能性及出现某种结果可能性大小的数值。用 X 表示随机事件，X_i 表示随机事件的第 i 种结果，P_i 为出现该种结果的相应概率。若 X_i 出现，则 $P_i=1$；若不出现，则 $P_i=0$，同时，所有可能结果出现的概率之和必定为 1。因此，概率必须符合下列两个要求：

①$0 \leqslant P_i \leqslant 1$；

②$\sum_{i=1}^{n} P_i = 1$。

将随机事件各种可能的结果按一定的规则进行排列，同时列出各结果出现的相应概率，这一完整的描述称为概率分布。

概率分布有两种类型，一种是离散型分布，也称不连续的概率分布，其特点是概率分布在各个特定的点（指 X 值）上。另一种是连续型分布，其特点是概率分布在连续图像的两点之间的区间上。两者的区别在于，离散型分布中的概率是可数的，而连续型分布中的概率是不可数的。

2. 期望值

期望值是一个概率分布中的所有可能结果，以各自相应的概率为权数计算的加权平均值，通常用符号 $\bar{E}$ 表示。期望收益反映预计收益的平均化，在各种不确定性因素影响下，它代表着投资者的合理预期。期望值可以按预期收益率的计算方法计算，计算公式如下：

$$\bar{E} = \sum_{i=1}^{n} X_i P_i$$

【任务 1-17】

M 公司有 X、Y 两个投资项目，两个投资项目的收益率及其概率分布如表 1-2 所示，请问两个项目的期望收益率分别是多少？

表 1-2　X 项目和 Y 项目投资收益率概率分布

市场状况	概率	收益率	
		X 项目	Y 项目
繁荣	0.4	32%	40%
一般	0.4	17%	15%
衰退	0.2	−3%	−15%

【任务分析】

X 项目的期望投资收益率＝32%×0.4＋17%×0.4＋(−3%)×0.2＝19%

Y 项目的期望投资收益率＝40%×0.4＋15%×0.4＋(−15%)×0.2＝19%

从计算结果可以看出，两个项目的期望投资收益率都是 19%。但是否可以就此认为两个项目是等同的呢？我们还需要了解概率分布的离散情况，即标准离差和标准离差率。

3. 离散程度

离散程度是用以衡量风险大小的统计指标。一般说来，离散程度越大，风险越大；离散程度越小，风险越小。反映随机变量离散程度的指标包括平均差、方差、标准离差、标准离差率和全距等，这里主要介绍方差、标准离差和标准离差率。

(1)方差

方差是用来表示随机变量与期望值之间的离散程度的数值。计算公式如下：

$$\sigma^2 = \sum_{i=1}^{n}(X_i - \bar{E})^2 P_i$$

(2) 标准离差

标准离差，也叫均方差，是方差的平方根。计算公式如下：

$$\sigma = \sqrt{\sum_{i=1}^{n}(X_i - \bar{E})^2 P_i}$$

标准离差以绝对数衡量决策方案的风险，在期望值相同的情况下，标准离差越大，风险越大；反之，标准离差越小，则风险越小。

【任务 1-18】

M 公司有 X、Y 两个投资项目，请分别计算任务 1-17 中 X、Y 两个项目投资收益率的方差和标准离差。

【任务分析】

X 项目的方差：

$$\begin{aligned}\sigma^2 &= \sum_{i=1}^{n}(X_i - \bar{E})^2 P_i \\ &= (32\% - 19\%)^2 \times 0.4 + (17\% - 19\%)^2 \times 0.4 + (-3\% - 19\%)^2 \times 0.2 \\ &= 0.0166\end{aligned}$$

X 项目的标准离差：

$$\sigma = \sqrt{\sum_{i=1}^{n}(X_i - \bar{E})^2 P_i} = \sqrt{0.0166} = 0.1288$$

Y 项目的方差：

$$\sigma^2 = \sum_{i=1}^{n}(X_i - \bar{E})^2 P_i$$
$$= (40\% - 19\%)^2 \times 0.4 + (15\% - 19\%)^2 \times 0.4 + (-15\% - 19\%)^2 \times 0.2$$
$$= 0.0414$$

Y 项目的标准离差：

$$\sigma = \sqrt{\sum_{i=1}^{n}(X_i - \bar{E})^2 P_i} = \sqrt{0.0159} = 0.1261$$

以上计算结果表明 Y 项目的风险要高于 X 项目的风险。

(3) 标准离差率

标准离差率是标准离差同期望值之比，通常用符号 V 表示。计算公式如下：

$$V = \frac{\sigma}{\bar{E}} \times 100\%$$

标准离差率是一个相对指标，它以相对数反映决策方案的风险程度。方差和标准离差作为绝对数，只适用于期望值相同的决策方案风险程度的比较。对于期望值不同的决策方案，评价和比较其各自的风险程度只能借助于标准离差率这一相对数值。在期望值不同的情况下，标准离差率越大，风险越大；反之，标准离差率越小，风险越小。

【任务 1-19】

M 公司有 X、Y 两个投资项目，请分别计算任务 1-17 中 X、Y 两个项目投资收益率的标准离差率。

【任务分析】

X 项目的标准离差率：

$$V = \frac{\sigma}{\bar{E}} \times 100\% = \frac{0.1288}{0.19} \times 100\% \approx 68\%$$

Y 项目的标准离差率：

$$V = \frac{\sigma}{\bar{E}} \times 100\% = \frac{0.2035}{0.19} \times 100\% \approx 107\%$$

虽然在此任务中 X 项目和 Y 项目的期望投资收益率是相等的，可以直接根据标准离差来比较两个项目的风险水平，但是如果两个项目的期望收益率不同，则一定要计算标准离差率才能进行比较。另外，环境因素的多变、管理人员估计技术的限制等，均会造成估计的结果不够可靠、不够准确。因此，通常会综合采用各种定量方法，并结合管理人员的经验等估计风险大小。

通过上述方法将决策方案的风险加以量化后，决策者便可据此作出决策。对于单个方案而言，决策者可根据其标准离差（率）的大小，将其同设定的可接受的此项指标最高限值对比，看前者是否低于后者，然后作出取舍。对于多方案择优而言，应选择低风险高收益的方案，即选择标准离差率最低、期望收益最高的方案。然而高收益往往伴有高风险，低收益方案其风险程度往往也较低，究竟选择何种方案，就要权衡期望收益与风险，而且还要视决策者对风险的态度而定。

（三）风险对策

1. 规避风险

当风险所造成的损失不能由该项目可能获得的利润予以抵消时，避免风险是最可行的简单方法。如拒绝与不守信用的公司业务往来、放弃可能明显导致亏损的投资项目等。

2. 减少风险

减少风险主要有两方面含义：一是控制风险因素，减少风险的发生；二是控制风险发生的频率和降低风险损害程度。如进行准确地预测，进行汇率预测、利率预测、债务人信用评估等；对决策进行多方案优选和相机替代；及时沟通获取政策信息；在投资前，充分进行调研；选择有弹性的、抗风险能力强的方案，并采用可靠的保护和安全措施；采用多领域、多地域、多项目、多品种的投资，短长兼顾，“不要把鸡蛋放在一个篮子里”，以分散风险。

3. 转移风险

转移风险指以一定代价（如保险费、赢利机会、担保费和利息等），采取某种方式（如参加保险、信用担保、租赁经营、套期交易等），将风险损失转嫁给他人，以避免可能带来的灾难性损失。如向专业性保险公司投保；采取合资、联营等措施实现风险共担；通过技术转让、特许经营、战略联盟、租赁经营和业务外包等实现风险转移。

4. 接受风险

接受风险包括风险自担和风险自保。风险自担是指风险损失发生时，直接将损失摊入成本或费用，或冲减利润。风险自保是指公司预留风险金或有计划地计提减值准备，个人则预留备用金，以防范自己或家人可能面临的突发事件等。

（四）风险偏好

风险偏好是指为了实现目标，投资者在承担风险的种类、大小等方面的基本态度。风险就是一种不确定性，投资者面对这种不确定性所表现出的态度、倾向便是其风险偏好的具体体现。

根据人们效用函数的不同，可以按照其对风险的偏好分为风险回避者、风险追求者和风险中立者。

1. 风险回避者

当预期收益率相同时，风险回避者偏好于具有低风险的资产；而对于同样风险的资产，他们则会钟情于具有高预期收益的资产。当面临以下这样两种资产时，他们的选择就取决于他们对待风险的不同态度：一项资产具有较高的预期收益率同时也具有较高的风险；而另一项资产虽然预期收益率低，但风险水平低。风险回避者在承担风险时，就会因承担风险而要求额外收益，额外收益要求的多少不仅与所承担风险的大小有关（风险越高，要求的风险收益就越大），还取决于他们的风险偏好。对风险回避的愿望越强烈,要求的风险收益就越高。

2. 风险追求者

与风险回避者恰恰相反,风险追求者主动追求风险,对收益波动的喜欢胜于收益稳定。他们选择资产的原则是当预期收益相同时,选择风险大的,因为这会给他们带来更大的效用。

3. 风险中立者

风险中立者既不回避风险,也不主动追求风险。他们选择资产的唯一标准是预期收益的大小,而不管风险状况如何,这是因为所有预期收益相同的资产将给他们带来同样的效用。

课后任务

【知识巩固】

一、单选题

1. 按照投资行为的直接程度,投资可以分为(　　)。

A. 直接投资和间接投资　　B. 实物投资和金融投资

C. 生产性投资和非生产性投资　　D. 国家投资、企业投资和个人投资

2. 按照投资对象的不同,投资可以分为(　　)。

A. 生产性投资和非生产性投资　　B. 国家投资、企业投资和个人投资

C. 直接投资和间接投资　　D. 实物投资和金融投资

3. 按照投资主体不同,投资可分为(　　)。

A. 直接投资和间接投资　　B. 实物投资和金融投资

C. 国家投资、企业投资和个人投资　　D. 生产性投资和非生产性投资

4. 按照投资领域的不同,投资可分为(　　)。

A. 直接投资和间接投资　　B. 实物投资和金融投资

C. 生产性投资和非生产性投资　　D. 国家投资、企业投资和个人投资

5. 必要收益率由(　　)构成。

A. 无风险收益率和实际收益率　　B. 无风险收益率和风险收益率

C. 无风险收益率和预期收益率　　D. 实际收益率和风险收益率

6. 影响所有资产的、不能通过资产组合而消除的风险是(　　)。

A. 非系统风险　　B. 可分散风险

C. 系统风险　　D. 公司风险

7. 可以通过资产组合而分散掉的风险是(　　)。

A. 非系统风险　　B. 市场风险

C. 系统风险　　D. 不可分散风险

8. 非系统性风险,包括(　　)。

A. 市场风险和财务风险　　B. 经营风险和市场风险

C. 经营风险和财务风险　　D. 不可分散风险和财务风险

二、多选题

1. 个人理财的意义是(　　)。

A. 提高个人素质,增强竞争力　　B. 抵御风险和灾害

C. 积累资本,为增长财富打基础　　D. 个人追求丰富人生

2. 从生活理财角度看,可以通过(　　)来衡量一个人或家庭的财务是否安全。

A. 是否有稳定、充足的收入　　B. 是否有充足的现金准备

C. 是否有适当的住房　　D. 是否享受社会保障

3. 风险对策包括(　　)。

A. 规避风险　　B. 减少风险

C. 转移风险　　D. 接受风险

4. 属于减少风险对策的是(　　)。

A. 控制风险因素　　B. 风险自担

C. 控制风险发生的频率　　D. 降低风险损害程度

5. 属于风险回避者行为的是(　　)。

A. 当预期收益率相同时,偏好于具有低风险的资产

B. 对于同样风险的资产,偏好于高预期收益的资产

C. 当预期收益率相同时,偏好于具有高风险的资产

D. 对于同样风险的资产,偏好于低预期收益的资产

三、简答题

1. 请谈谈你如何理解货币时间价值。

2. 面对风险,有哪些对策?

3. 你认为自己是风险回避者、风险追求者,还是风险中立者?面对不同的收益与风险,你会如何选择?

【实训一】

1. 实训目标

培养学生投资理财意识,训练货币时间价值计算技能。

2. 实训内容

(1)小王为了5年后能从银行取出100000元,在复利年利率2%的情况下,当前应存入多少金额?

(2)小王拟购置一处房产,目前有两种付款方案:

方案A:从现在起,每年初支付20万元,连续付10次,共200万元。

方案B:从第5年开始,每年初支付25万元,连续支付10次,共250万元。

假设资本成本率为10%,小王应选择哪个方案?

【实训二】

1. 实训目标

培养学生风险防范意识,训练风险衡量技能。

2. 实训内容

G公司准备投资新项目，现有甲、乙两个项目可供选择，经预测，甲、乙两个项目的收益率及其概率分布如表1-3所示。

表1-3 甲项目和乙项目投资的收益率及其概率分布

项目 情况	该种情况出现的概率		投资收益率	
	甲项目	乙项目	甲项目	乙项目
好	0.20	0.30	15%	20%
一般	0.60	0.40	10%	15%
差	0.20	0.30	0	−10%

(1)请计算甲、乙两个项目的期望收益率；

(2)请计算甲、乙两个项目收益率的标准差；

(3)请计算甲、乙两个项目收益率的标准离差率；

(4)请比较两个项目风险的大小，并作出决策。

项目二　股票项目

【名　　言】

生财有大道，生之者众，食之者寡，为之者疾，用之者舒，则财恒足矣。

——春秋《大学》

【思维导图】

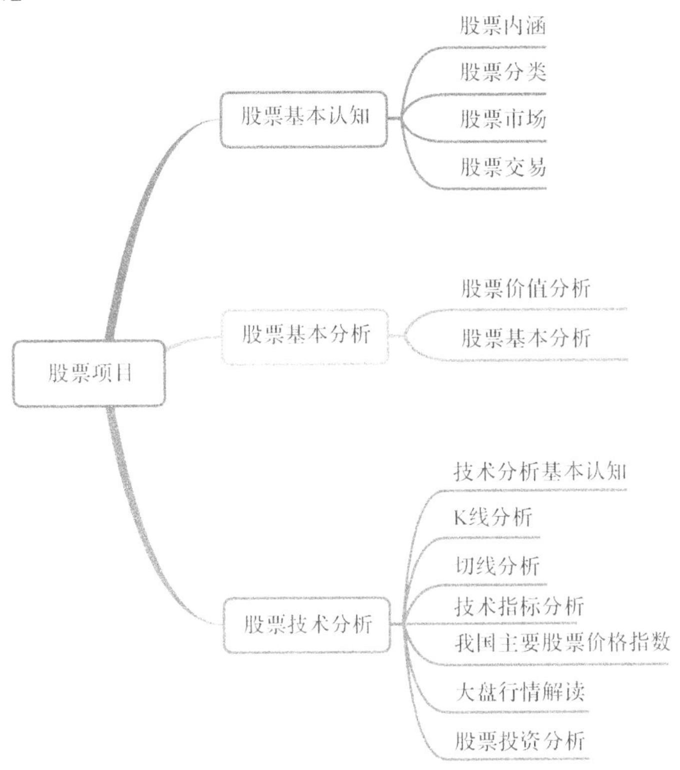

【学习目标】

能力目标	(1)正确认知股票； (2)能对股票投资进行分析。
知识目标	(1)掌握股票概念、特征及分类； (2)理解股票基本分析内容、股票技术分析方法； (3)理解股票价值分析、股票操作策略； (4)了解股票市场、交易规则。

续表

素质目标	(1)树立正确的投资理财与风险意识； (2)具有团队合作精神； (3)增强文化自信； (4)自觉塑造劳动精神，树立社会主义核心价值观。

【情境导入】

栉风沐雨，春华秋实。1983 年 7 月 22 日，深圳市宝安县委、县政府批准深圳市宝安县联合投资公司发行股票，面向全国招股筹资，这是新中国第一次公开招股。1984 年 11 月 18 日，上海飞乐音响股份有限公司向社会发行 1 万股，这只股票没有期限限制，不能退股，可以转让流通，被视为真正意义上的股票，也成为新中国第一只公开发行的股票。1984 年 11 月 18 日发行的电真空 B 股是新中国第一次发行的 B 股。1990 年 11 月 26 日上海证券交易所成立，1990 年 12 月 1 日深圳证券交易所成立，2021 年 9 月 3 日北京证券交易所成立。股市历经跌宕起伏后，在 2021 年末，上证指数收于 3639.8 点，较 2020 年末上涨 166.7 点，涨幅为 4.8%；深证成指收于 14857.4 点，较 2020 年末上涨 386.7 点，涨幅为 2.7%。两市全年成交额为 258.0 万亿元，同比增长24.7%。几十年来，中国股市从无到有，吸引了无数人投身其中逐浪淘金。

股票为什么具有如此吸引力，能够让那么多的投资者进行投资？如何才能通过量、价、时、空分析，在股票投资中进行理性选择呢？

子项目一　股票基本认知

一、股票内涵

(一)股票概念

股票是有价证券的一种主要形式。根据我国《公司法》的规定，股票是指股份有限公司签发的、证明股东所持股份的凭证。从这个意义上说，股票的签发主体是股份有限公司，股票的基本功能是证明股东持有的股份。股份有限公司将筹集的资本划分为股份，每一股的金额相等，份额以一股为一个单位。购买股票的投资者即成为公司的股东。股票实质上代表了股东对股份公司的所有权，每个股东所拥有的公司所有权份额的大小，取决于其持有的股票数量占公司总股本的比重。股东凭借股票可以定期获得公司的股息和红利，参加股东大会并行使自己的权利，同时，也承担相应的责任与风险。

(二)股票特征

1. 收益性

投资购买股票的目的在于获取收益，投资股票可能得到的收益包括两部分。一部分来自股份公司。认购股票后，持有者对发行该股票的公司就享有经济权益，这种经济权益的实现方式是从公司领取股息和分享公司的红利。股息、红利的大小取决于股份公司的经营状况和盈利水平。另一部分来自股票流通。股票持有者可以持股票到市场上进行交易，当股票的市场价格上涨到高于当初投资的买入价格时，卖出股票就可以赚取差价收益。

2. 流通性

股票的流通性是指股票在不同投资者之间的可交易性。股票持有者虽然不能直接向股份公司退股，但可以在股票交易市场很方便地卖出股票来兑现。从通过股票的流通和股价的变动，可以看出人们对于相关行业和上市公司的发展前景及盈利潜力的判断。那些在流通市场上吸引大量投资者、股价不断上涨的行业和公司，可以通过增发股票，不断吸收大量资本进行生产经营活动，取得优化资源配置的效果。

3. 不可偿还性

股票是一种无期限的法律凭证，投资者购买了股票就不能退股。股票的有效期与股份公司的存续期相联系，两者是并存的关系。这种关系实质上反映了股东与股份公司之间比较稳定的经济关系。股票代表着股东的永久性投资，而对于股份公司来说，由于股东不能要求公司退股，所以通过发行股票筹集到的资金，在公司存续期间是一笔稳定的自有资本。

4. 参与性

股票持有者是股份公司的股东，具有相应的权利和义务。股东的权利有很多内容，其中很重要的一项权利是可以参与公司的经营决策。当然，这种参与不一定是亲自作出决议或者指挥经营，而是有一定的途径。参与经营决策的基本方式是出席股东大会，通过选举公司董事来履行其参与权。股东参与公司经营决策权利的大小取决于其持有股票份额的多少。在实践中，某股东持有的股票数额达到决策所需的有效数额时，就有实际的最大决策权，就能实质性地影响公司的经营方针。

5. 风险性

股票在交易市场上作为交易对象，同商品一样，有自己的市场行情和市场价格。由于股票价格会受到诸如公司经营状况、供求关系、银行利率和大众心理等多种因素的影响，其波动有很大的不确定性。正是这种不确定性，有可能使股票投资者遭受损失。价格波动的不确定性越大，投资风险也越大。因此，股票是一种高风险的金融产品。

二、股票分类

根据不同的分类标准，股票有不同的类别和特点，具体如表 2-1 所示。

三、股票市场

股票市场包括股票发行市场和股票交易市场，股票发行市场是股票交易市场的基础和前提，股票交易市场是股票得以持续扩大发行的必要条件。股票市场的变化与整个市场经济的发展是密切相关的，股票市场在市场经济中始终发挥着经济状况晴雨表的作用。

表 2-1　我国现行股票类型

分类依据	股票类别	特点
股东享有权利与承担风险	普通股	股东拥有公司经营决策参与权、收益分配权、剩余资产分配权、优先认股权等；有效性与股份公司的存续期间一致；最普通、最重要、发行量最大；风险较大
	优先股	优先于普通股东分派股息和清偿剩余资产；股票可由公司赎回；约定股息率；股东一般无表决权；风险相对较小
票面是否记名	记名股票	股票票面和股东名册上记载股东姓名
	不记名股票	股票票面和股东名册不记载股东姓名
票面是否表明金额	面额股票	股票票面标明金额
	无面额股票	股票票面不标明金额，注明股份数量或占公司股本总额的比例
股票业绩	蓝筹股	由所属行业中占据重要地位、业绩优异、交易活跃、红利丰厚的大公司发行的股票，收益较为稳定
	成长股	由目前处于发展阶段但未来前景较好的公司发行的股票，整体波动性较强，稳定性相对较弱
	垃圾股	由业绩较差的公司发行；股票交投不活跃，收益差甚至亏损
发行地及交易币种	A 股	境内公司在境内发行，人民币标明面值，以人民币交易
	B 股	境内公司在境内发行，人民币标明面值，沪市用美元、深市用港币交易
	S 股	境内公司在新加坡(Singapore)发行，以外币交易
	N 股	境内公司在美国纽约(New York)发行，以美元交易
	H 股	境内公司在中国香港(Hong Kong)发行，以港币交易

(一)股票发行市场

股票发行市场又称为“一级市场”或“初级市场”，是发行人以筹集资金为目的，按照一定的法律规定和发行程序，向投资者出售新股票所形成的市场。股票发行市场把众多的社会闲散资金聚集起来转变成资本，集中体现了股票市场筹集资金的功能，为资金供给者提供了股票投资的机会，形成资金流动的收益导向机制。股票发行市场由三个主体因素相互联结而成，包括股票发行者、股票承销商和股票投资者。

股票发行的分类：①根据股票的发行时间，可分为初次(首次)发行和再次发行(新股增资发行)；②根据股票的发行对象，可分为公开发行与不公开发行；③根据股票的销售方式，可分为直接发行与间接发行。

股票发行市场的特点：①直接融资市场，股票发行市场联结了资金需求者和资金供给者，将社会闲散资金转化为生产建设资金，实现了直接融资的目标；②无形市场，股票发行市场通常不存在具体的市场形式和固定场所。③不可逆转性，股票只能由发行人流向投资者，资金只能由投资者流向发行人，不可逆向流转。

(二)股票交易市场

股票交易市场是已经发行的股票按时价进行转让、买卖和流通的市场，包括场内交易市场和场外交易市场两部分。

1. 场内交易市场

场内交易市场是指在一定的场所、一定的时间，按一定的规则集中买卖已发行证券而形成的市场，是整个证券市场的核心。场内交易通常在证券交易所进行，是股票交易市场最重要的组成部分，也是交易所会员、证券自营商或证券经纪人在证券市场内集中买卖上市股票的场所。我国有上海证券交易所、深圳证券交易所、北京证券交易所等。证券交易所有固定的交易场所和交易时间，证券交易采取经纪制，交易对象为上市证券，采用公开竞价方式决定交易价格，实行“公开、公平、公正”原则，成交速度快、成交率高。

2. 场外交易市场

场外交易市场，也称店头市场或柜台市场，它与交易所共同构成一个完整的证券交易市场体系。场外交易市场实际上是由千万家证券商行组成的抽象的证券买卖市场。在场外交易市场，证券商行大多同时具有经纪人和自营商双重身份，随时与买卖证券的投资者通过直接接触或电话等现代通信网络进行交易。随着信息技术的发展，证券交易的方式逐渐演变为通过网络系统将订单汇集起来，再由电子交易系统处理，场内交易市场和场外交易市场的物理界限逐渐模糊。

四、股票交易

(一)开户

股票开户是指投资者在证券交易市场上买卖股票之前在证券公司开设证券账户和资金账户，并与银行建立业务关系的过程。随着证券交易的发展，股票开户分为现场开户与非现场开户，其中现场开户指投资者在证券公司营业部柜台办理开户的过程；非现场开户包括见证开户、网上开户及中国结算公司认可的其他非现场开户方式。

(二)股票交易基本规则

1. 竞价方式

目前，我国证券交易所采用两种竞价方式：集合竞价方式和连续竞价方式。所谓集合竞价，是指对在规定的一段时间内接受的买卖申报一次性集中撮合的竞价方式。集合竞价的所有交易以同一价格成交。集合竞价中未能成交的委托，自动进入连续竞价。

连续竞价是指对买卖申报逐笔连续撮合的竞价方式。连续竞价阶段的特点是，每一笔买卖委托输入计算机自动撮合系统后，当即对其判断并进行不同的处理。能成交者予以成交，不能成交者等待机会成交。

2. 交易时间

我国证券交易所连续竞价交易时间是 9:30—11:30、13:00—15:00，大宗交易平台的交易时间可以持续到15:30。证券交易所都在开市前9:15—9:25实施开盘集合竞价形成开盘价，其中9:15—9:20期间的委托可以撤单，9:20之后的委托不可撤单。

3. 交易单位与报价单位

我国股票交易的单位为“股”。与所有的交易所交易机制一样，股票交易委托时要进行标准化委托，一般以“手”为单位。A股交易时，100股=1手，委托买入数量必须为100股或其整数倍。对于B股，上海证券交易所以1000股为1个交易单位，采用的报价和结算币种为美元；深圳交易所以100股为1个交易单位，报价和结算币种为港币。股票以“股”为报价单位，A股的交易委托价格最小变动单位为人民币0.01元，上海B股的最小变动单位为0.001美元，深圳B股的最小变动单位为0.01港币。

4. 竞价原则

股票竞价采用价格优先、时间优先的原则。价格较高的买进委托优先于价格较低买进委托，价格较低卖出委托优先于较高的卖出委托；同价位委托，则按时间进行排序。

5. 涨跌幅限制

在一个交易日内，除新股上市、股改实施后第一个交易日、暂停上市后恢复上市的股票外，正常交易的每只股票的交易价格相对上一个交易日收市价的涨跌幅度有一定限制，超过涨跌限价的委托为无效委托。

6. 股票的交收

在我国证券市场中，投资者当天买入的股票不能在当天卖出，需待第二天进行自动交割过户后方可卖出。在资金使用上，当天卖出股票的资金回到投资者账户上可以用来买入股票，但不能当天提取，必须交收后才能提款，即A股为T+1交收，B股为T+3交收，“T”表示交易当天。

7. 分红派息

现行证券交易所上市公司分红派息的方式有送红股、派现金息和转增红股。投资者领取上市公司红股、股息无须到证券公司办理任何手续，只要股权登记日当日收市时仍持有该种股票，就享有分红派息的权利。送红股、转增红股和现金派息都会自动转入投资者的证券账户。所分红股在红股上市日到达投资者账户；所派股息需上市公司划款到账后方可自动转入投资者资金账户内。

8. 除权除息

投资者在股权登记日后的第一天购入的股票不再享有此次分红派息及配股的权利。但投资者在股权登记日当天购入股票，第二天抛出股票，仍然享有分红派息及配股的权利。在沪市行情显示中，在证券名称前标记“XR”表示该股除权，“XD”表示除息，“DR”表示除权除息。

9. 委托交易

委托申报，以委托单为例，委托指令的基本要素包括：证券账号、日期、品种（证券的全称、简称和代码）、买卖方向、数量、价格、时间、有效期、签名、委托人的身份证号码、资金账号等。委托买卖股票的价格，是委托能否成交和盈亏的关键，一般分为市价委托和限价委托。市价委托是指投资者向股票经纪商发出买卖某种股票的委托指令时，要求证券经纪商按证券交易所内当时的市场价格买进或卖出股票。限价委托是指投资者要求证券经纪商在执行委托指令时，必须按限定的价格或比限定价格更有利的价格买卖股票，即必须以限价或低于限价买进股票，以限价或高于限价卖出股票。在实行价格涨跌幅限制的情况下，委托买卖价格还要符合相应股票的价格涨跌幅的限制，否则为无效申报。在委托未成交之前，客户有权变更或撤销委托。变更委托，视同重新办理委托。

10. 股票交易费用

股票交易费用是指在委托买卖股票时应支付的各种税费的总和，交易费用通常包括交易佣金、交易监管费、交易经手费、印花税等。

交易佣金，是投资者在委托买卖成交后所需支付给券商的费用。目前，券商一般实行"一费制"，所收佣金实际包含了交易所费用和印花税。佣金标准为不得高于成交金额的3‰，也不得低于代收的证券交易监管费和证券交易经手费，起点为5元。

印花税，是专门针对股票交易发生额征收的、在投资者买卖成交后支付给税务部门的税种。从2008年9月19日起，证券交易印花税改为单边征收，由卖方按实际成交金额的1‰支付，此税收由券商代扣后由交易所统一代缴。

子项目二　股票基本分析

一、股票价值分析

股票是一种有价证券，股票的有价性体现在两个方面：股票能定期给持有者带来股利收入；股票代表着股份公司的资产所有权，本身也体现公司资产的价值。股票的内在价值即理论价值，也即股票未来收益的现值。股票的内在价值是决定股票市场价格的基础，股票的市场价格总是围绕其内在价值进行波动。

（一）内在价值法

内在价值法是按照未来现金流的贴现对公司的内在价值进行评估的方法。具体包括股利贴现模型、自由现金流量贴现模型、经济附加值模型，此处主要介绍股利贴现模型。股票给持有者带来的未来现金流入包括两部分：股利收入和出售时的收入。其基本计算公式是：

$$P=\sum_{i=1}^{n}\frac{D_i}{(1+r)^i}+\frac{P_n}{(1+r)^n}$$

式中，P 为股票价值，D_i 为第 i 年的股利收入，P_n 为第 n 年的股票价格，r 为折现率。

1. 股利固定模型

假设投资者无限期持有股票，那么 $n\to\infty$，$\frac{P_n}{(1+r)^n}\to 0$，则股票价值为：

$$P = \sum_{i=1}^{\infty} \frac{D_i}{(1+r)^i}$$

假设各年股利收入不变，恒为常数 D，其支付过程是一个永续年金，则股票价值为：

$$P = \frac{D}{r}$$

2. 股利固定增长模型

从理论上看，企业的股利不应当是固定不变的，而应当不断增长。假设投资者无限期持有股票，且各年股利按照固定比例增长，则股票价值为：

$$P = \sum_{i=1}^{\infty} \frac{D_0 (1+g)^i}{(1+r)^i}$$

式中，g 为股利每年增长率。

假设 $g < r$，用 D_1 表示第一年股利，则上式可简化为：

$$P = \frac{D_1(1+g)}{r-g} = \frac{D_1}{r-g}$$

3. 三阶段模型

在现实生活中，很多公司的股利可能既不是一成不变的，也不一定按照固定比率持续增长，而会不规则变化，比如预计未来一段时间内股利高速增长，接下来的时间正常固定增长或者固定不变，则可以分别计算高速增长、正常固定增长、固定不变各阶段未来收益的现值，各阶段现值之和就是非固定增长股利的股票价值。

P＝股利高速增长阶段现值＋正常固定增长阶段现值＋固定不变阶段现值

【任务 2-1】

(1)A 公司预计将在来年分派 1.2 元股利，预计股利增长率为 6%，必要投资报酬率为 10%，请问 A 公司股票的内在价值为多少？

(2)B 公司股票未来三年股利为零增长，每年股利为 1.5 元，预计从第四年起转为正常增长，增长率为 6%，折现率为 16%，请问 B 公司股票的价值为多少？

【任务分析】

(1)A 公司股票内在价值 P＝1.2/(10%－6%)＝30(元)

(2)B 公司股票内在价值 P＝1.5×(P/A,16%,3)＋[1.5×(1＋6%)]/(16%－6%)×(P/S,16%,3)＝1.5×2.2459＋15.9×0.6407≈13.56(元)

上面分析了股票的价值，也就是股票理论上的价格，但在实际中，只要存在交易，都有一个实际交易的价格，这个价格由供求关系决定，受诸多因素影响。

(二)相对价值法

相对价值法是使用一家上市公司的市盈率、市净率等指标与其竞争者进行对比，以确定该公司价值的方法。

1. 市盈率

市盈率，也称“价格收益比”或“本益比”，是每股价格与每股收益之间的比率，其计算公式为：

$$市盈率=\frac{每股价格}{每股收益}$$

在一定的假设条件下，股票持有者预期的回报率恰好是本益比的倒数。市盈率越高意味着回报率越低。这种方法不仅可以用于新股发行定价，还可以评估市场上已发行股票价格是否偏高或偏低，从而帮助投资者对买卖时机进行决策。

2. 市净率

市净率，也称"净资产倍率"，是每股价格与每股净资产之间的比率，其计算公式为：

$$市净率=\frac{每股价格}{每股净资产}$$

式中，"每股净资产"也称"账面价值"，是每股股票所含的实际资产价值，是支撑股票市场价格的物质基础，也代表公司解散时股东可分得的权益，通常被认为是股票价格下跌的底线。每股净资产的数额越大，表明公司内部积累越雄厚，抵御外来因素影响的能力越强。市净率反映的是相对于净资产，股票当前市场价格是处于较高水平还是较低水平。市净率越高，说明股价处于较高水平；市净率越低，说明股价处于较低水平。市净率与市盈率相比，前者通常用于考察股票的内在价值，多为长期投资者所重视；后者通常用于考察股票的供求状况，更为短期投资者所关注。

二、股票基本分析

股票基本分析是利用丰富的统计资料，运用多种多样的经济指标，从研究宏观经济的大气候开始，逐步分析行业兴衰，进而根据微观的公司经营、盈利的现状和前景，对公司所发行的股票作出客观的评价，并尽可能预测其未来的变化。

(一)宏观经济分析

股票基本分析的第一步就是要分析和判断投资的宏观经济环境。经济状况对投资有着极其重要的影响，当经济稳步增长时，投资者对未来前景看好，纷纷入市，市场资金流动充足，表现为股票市场一片繁荣；反之，当经济形势下滑时，投资者对未来发展失去信心，纷纷撤资离场，表现为市场成交量下降，市场低迷。投资者应通过经济分析，判断经济运行所处的阶段，预测将要发生的变化，并作出战略性的投资决策。

1. 财政政策分析

财政政策主要运用财政税收、财政支出及预算收支平衡等手段影响经济。扩张的财政政策有利于证券市场上行。降低税率、减少税种、扩大减免税范围是扩张的财政政策的主要内容，这些政策可以刺激企业投资，降低经营成本，增加公司利润，提高股票价值。例如，降低证券投资印花税，可使股票交易成本降低，刺激股票市场交易活跃，推动股票价格上扬。扩大财政支出是扩张性财政政策的一个手段，增加政府支出将扩大公司产品的销路，提高公司利润，从而提升股票价值。紧缩的财政政策采用的主要手段有提高税率、扩大税种、缩小减免税范围、降低财政支出、减少财政补贴等，其对股票市场产生相反影响，会导致股票价格下降。

2. 货币政策分析

货币政策是政府调控宏观经济的基本手段之一。一般而言，紧缩的货币政策有助于抑制通货膨胀，防止经济过热，但也可能造成经济发展停滞；而扩张的货币政策则有利于推动经济增长，但也可能引起通货膨胀，造成社会动荡。我国中央银行的货币政策工具主要是利率、法定存款准备金率、公开市场业务等。

一般而言，利率下降时，证券价格就会上涨；利率上升时，证券价格就会下跌。法定存款准备金率是一国金融当局规定商业银行提缴存款准备金的比率。中央银行通过上调（下调）存款准备金率，达到减少（增加）货币供应量的目的，从而引起股价下跌（上扬）。公开市场业务是中央银行通过买进或卖出有价证券来控制和影响市场货币供应量的一种业务。当市场银根紧时，就大量买进有价证券，刺激股价上扬；当市场银根松时，就大量卖出有价证券，促使股价下跌。

3. 宏观经济指标分析

（1）国内生产总值

国内生产总值是指经济社会一国或一地区，在一定时期内运用生产要素所生产的全部最终产品（物品和劳务）的市场价值。国内生产总值是一国经济发展的综合体现，一般而言，国内生产总值持续上升是股票市场稳步上升的重要基础，但对此要作具体分析。如果国内生产总值增长建立在低通货膨胀率的基础上，股票市场上升的基础就较为稳固。因为在这种情况下，社会总需求与总供给协调增长，经济结构逐步合理，经济发展势头良好。伴随总体经济的成长，上市公司的利润持续上升，经营环境改善，从而使公司的股票得以升值。但如果国内生产总值增长的同时伴随着高通货膨胀率，则实际增长率会降低，股票市场难以走强。因为高通货膨胀率会使经营环境恶化，居民实际收入降低，实际购买力下降，经济发展受到抑制，导致股票价格下跌。

（2）通货膨胀

通货膨胀是在一定时间内一般物价水平的持续上涨现象。温和的通货膨胀（通货膨胀率在3%以下）对股票价格影响很小，基本上可以忽略，在某种程度上它还对股票市场有积极影响，因为提高物价可以使厂商多得一点利润，以刺激经济的发展，推动股票市场的繁荣，使股票价格稳步上升。奔腾式通货膨胀（通货膨胀率在两位数以上）是一种不稳定的、恶化、加速的通货膨胀，此时资金、原材料等成本会提高，企业利润将受到影响，企业未来经济状况也不稳定，经济社会产生动荡，货币迅速贬值，人们更多地购置商品、房屋，以求保值，从而分流了投入股票市场的资金，导致股票价格下跌。恶性通货膨胀（通货膨胀率达到三位数）破坏性巨大，一旦出现，不仅是股票市场，整个经济体系都有可能随之崩溃。这种情况一般比较少见。总之，在通货膨胀初期，股票市场逐步回升，趋势向上，持续的通货膨胀开始对股票市场产生负面效应，直到奔腾式通货膨胀出现，股票价格由涨到跌，最后大幅下跌。

（3）失业率

失业率是经济繁荣程度的信号，经济萧条时期失业率通常较高，经济繁荣时期失业率较低。当失业率很高时，表明公司的资源没有得到充分利用，存货积压过多，利润大幅下降，同时居民收入下降，使股票投资需求减弱，导致股价下跌。相反，失业率降低，表明经济复苏，社会资源得到充分利用，公司利润提高，居民收入上升，有利于股票升值。

(4)汇率

汇率是两国货币相互兑换的比率，即通过一国货币来衡量另一国货币的价格。汇率变动对股票市场的影响是非常复杂的，可以从上市公司和股票市场两方面来考虑。

汇率变动会对上市公司产生影响。当本国货币贬值，即本币汇率(单位本币的外币标价)下降时，会给本国出口企业带来两方面的利益。一是以外币标价的出口产品收入可以兑换更多的本国货币，从而可以提高本公司的赢利水平。二是出口产品在保持以本国货币计算的价格水平下，以外币计算的价格将会降低，这就会加强本公司竞争力，提高其产品的销量，从而增加公司的赢利，所以出口企业的股票价格会因本币汇率的下降而上升。反之，如果本币汇率上升，本币升值，出口企业的产品竞争力下降，利益受损，股价就会随之下跌。

汇率变动会对股票市场产生影响。汇率变动对短期资本的流动影响较大。一般来说，本币汇率下降，本币贬值，会引起通货膨胀，一旦恶化将会导致证券价格下跌；同时，本币汇率下降又会引起资本外流，导致股票价格下跌，严重时还会引起金融危机。本币汇率上升会对股票市场产生相反的影响。

此外，经济周期变化通过影响公司的生产和利润以及人们的收入水平，对股票市场产生重要影响。经济周期是经济活动沿着经济发展的总体趋势所经历的有规律的扩张和收缩，对经济周期的预测和判断，不仅是金融机构和企业部门所需要的，也是股票投资者所需要的。股票市场是经济运行的“晴雨表”，其股票价格反映的是对经济形势未来发展的预期，因而其表现必定领先于经济的实际表现。当经济持续衰退至谷底时，百业不振，大部分投资者已远离股票市场，每日成交稀少，此时可以提前吸纳股票。当大多数投资者认识到萧条已去，经济日渐复苏时，股票价格实际上已经升至一定水平，当股票价格上涨到一定程度，股票价值被高估，市场完全透支了经济未来发展的预期，这时可以抛出股票。

(二)行业分析

宏观经济分析为股票投资提供了背景条件，但要对具体投资对象加以选择，还需要进行行业分析。

1. 行业分类

(1)按行业发展分类

①基础型行业，包括交通、能源、原材料、自来水、通信等公用事业和基础设施建设行业。这类行业大部分由国家或地方政府垄断，竞争对手少，产品价格稳定，企业经营状况相对稳定，适合长期投资，但利润相对较低，收益不高。

②成长型行业，其运行状态与经济活动总水平的周期及其振幅无关。这类行业的销售收入和利润的增长速度不受宏观经济周期性变动的影响，特别是不受经济衰退的消极影响。它们依靠技术进步，推出新产品及更优质的服务并改善经营管理，可实现持

续成长，有强劲的发展后劲，如计算机、电子通信等行业。

③周期型行业，其运动状态与经济周期直接相关。在经济处于上升期时，这类行业会紧随其扩张；当经济衰退时，这类行业也会随之跌落，如建筑材料业、家用电器业等。

(2)按竞争程度分类

①完全竞争行业，该类行业的企业众多，且产品因为没有差别而不能控制价格，都是按照市场定价，产品的价格和企业利润完全取决于市场的供求关系。在这类行业中，各种生产要素可以完全自由流动，企业也可以自由进出行业，如农业等初级产品生产行业。

②垄断竞争行业，是指许多生产者生产同种但不同质的产品的行业。这类行业生产企业数量很多，产品之间存在差异，但替代性很强，单个企业对产品的价格有一定程度的控制能力，但只能在价格水平大致相同的条件下和在一定范围内决定产品价格。企业产品的品牌、特征、质量等因素会对该产品的价格产生一定影响，如服装、鞋帽等轻工业。

③寡头垄断行业，是指少数生产者占据了大部分市场份额的行业。这类行业基本上是资本密集型或技术密集型行业。由于需要巨额资本、高新技术和复杂的生产工艺，所以大量新企业进入这一行业受到限制，如汽车制造、飞机制造、钢铁冶炼等。

④完全垄断行业，是指一家企业生产某种特质产品的行业。该行业的产品由一家企业生产，且没有可以替代的产品，产品价格和市场被一家企业控制，如公用事业、稀有资源开采行业和某些资本技术密集型行业等。

(3)按指数分类法分类

为反映股票市场的活动和变化，证券业也将上市公司分成不同行业，分别计算它们的平均股价和股价指数，以供投资者选择。例如，道琼斯指数将样本股票分为工业、交通运输业和公用事业三组，标准普尔指数将样本股票分为工商业、金融业、交通运输业和公用事业四组，上证综合指数将样本股票分为工业、商业、地产业、公用事业和综合等五组。

除上述分类外，我国证券监管机构于 2012 年公布的《上市公司行业分类指引》将上市公司分为以下部门：A. 农、林、牧、渔业；B. 采掘业；C. 制造业；D. 电力、热力、燃气及水生产和供应业；E. 建筑业；F. 批发和零售业；G. 交通运输、仓储和邮政业；H. 住宿和餐饮业；I. 信息传输、软件和信息技术服务业；J. 金融业；K. 房地产业；L. 租赁和商务服务业；M. 科学研究和技术服务业；N. 水利、环境和公共设施管理业；O. 居民服务、修理和其他服务业；P. 教育；Q. 卫生和社会工作；R. 文化、体育和娱乐业；S. 综合。

2. 行业生命周期

每种行业都要经历一个由成长到衰退的发展演变过程，这个过程称为行业的生命周期。行业的生命周期可分为四个阶段——初创期、成长期、成熟期、衰退期。投资者准确判断行业的生命周期，可以更好地选择适合自己的投资对象。处于初创期的行业一般风险较大，近期内投资收益较低，但从长远看，如果投资成功，则可获得很高的投资利润；处于成长期的行业则是高收益与高风险并存的投资对象；处于成熟期的行业是稳健投资者的选择对象;进入衰退期的行业是投资者应尽量避免的投资对象。

在初创期,由于新行业刚刚诞生或初建不久,因而只有为数不多的创业公司投资于这类新兴的行业。由于初创阶段行业的创立投资和产品的研究、开发费用较高,而产品市场需求较小,销售收入较低,因此,这些创业公司财务上可能不但没有赢利,反而亏损,其投资风险也较大。

在成长期,新行业企业的产品经过市场检验,已被一部分消费者接受,市场占有率明显提高,销售量大幅增加,生产成本急速下降,企业获得大量利润,开始定期支付股利并扩大经营。同时,看到这一行业的发展前景后,许多新企业纷纷成立。随着竞争的加剧,产品价格急速下降,经营不善的公司被淘汰,最后整个行业只剩下财力雄厚的少数大公司。

在成熟期,市场对产品的需求达到顶点,企业间竞争逐渐由价格竞争转向非价格竞争。同时,各企业的利润增长速度也会有所下降,但企业可以凭借雄厚的技术力量,不断推出新产品,从而保持强劲的竞争力,还可借助规模经济效应,以较低的成本进行大批量生产,在价格降低的同时保持一定的利润水平。

在衰退期,由于新产品和大量替代品不断涌现,原有行业的市场需求开始减少,产品的销售量也开始下降,某些厂商开始向其他更有利可图的行业转移资金,原行业的厂商逐步减少,市场逐渐萎缩,利润率不变或不断下降。行业的衰退有其客观必然性,是行业经济新陈代谢的表现,当正常利润无法维持或现有投资折旧完毕后,整个行业便逐渐解体了。

3. 影响行业发展的因素

(1)行业政策

行业政策是指政府对行业结构变化进行定向干预指导的方针和原则。国家对某一行业的扶持常常意味着这一行业有更多更快的发展机会。国家的行业政策往往是在对行业结构发展方向和各行业发展规律的深刻认识的基础上制定并实施的,因而具有显著的导向作用。国家行业政策是人们从事股票投资的重要依据之一,投资者在投资时,必须考虑该行业与国家发展战略、资源政策和行业政策的一致性,避免选择受限制的行业。

(2)技术水平

伴随着新技术的出现,会出现许多新的行业,而旧的行业由于需求的不足会逐步走向衰落。投资者必须不断地考察某个行业产品的前景,分析其被优良产品替代的时间和可能性。同时,还要关注科学理论向技术转化的速度。一旦理论变为技术并在新产品中大规模应用,就会打破整个行业的发展格局。因此,投资者必须充分了解各行业技术发展的状况和趋势。

(3)社会发展趋势

随着生活水平的提高,人们不再满足于吃饱穿暖等基本生活需要,开始追求更高质量的生活,这时消费者的心理、习惯会逐渐改变,从而引起某些商品需求发生变化,进而影响到某些行业的兴衰。例如，生活节奏的加快带动了快餐业和连锁超市的发展；对碧水蓝天的呼唤使消费者对环境保护更加关注，一些高污染、高耗能的企业就可能面临停产的风险，但新能源行业迎来了发展的良好契机。投资者必须把握好这些影响行业未来发展的社会发展趋势，因为这些新趋势足以使一些不适应社会需要的行业退出，并激励新行业的发展。

（三）公司分析

在分析经济和行业背景之后，投资者要想投资某公司的股票，还必须对该公司进行分析，在确认该公司发展前景好、股价上升潜力大的情况下，再进行投资。

1. 公司的竞争地位分析

(1)产品的技术水平

产品技术水平是决定公司竞争力的首要因素，技术是公司在行业中领先的基础。在公司初创阶段，只有具有较高的技术水平，才能试制新产品，开辟新产业，占领市场先机。在公司扩张成熟阶段，技术进步有利于产品质量的提高与功能的增加，从而使公司在竞争中处于不败之地。技术进步还体现在生产工艺的改进和生产设备的更新上，由此可提高公司运作效率，降低单位成本，扩大产量，提高价格竞争力。

(2)产品的市场前景

随着商品经济的不断发展，市场上的商品由稀缺变为过剩，这就对公司生产的商品提出了更高的要求，产品不仅质量要好，而且款式要新。因此，公司必须加强科技投入，不断开发新产品，提高产品的质量，开发出适应市场需要的新产品，在市场上牢牢地占据领先和主导地位，这样产品才会有良好的市场前景。

(3)产品市场占有率

市场占有率是指一个公司的产品销售量占该类产品整个市场销售总量的比例。产品的市场占有率是对公司的实力和经营能力比较精确的衡量指标，是公司的利润之源。市场占有率越高，表示公司的经营能力和竞争力越强，公司的销售和利润水平越高，越稳定。

(4)公司资本规模与经营规模

公司资本与经营规模大，可形成相当大的生产销售规模，从而规模效益提高，使单位产品耗用的固定成本、销售成本降低，保证产品具有价格竞争优势。资本与经营规模大，可使生产的产品标准化程度高，有利于提高产品质量。

2. 公司的经营管理能力分析

(1)管理人员的素质与能力

管理人员的素质与能力包括决策层、管理层和执行层的素质与能力。决策层对公司的投资经营方向、筹资方向作决定；管理层主要贯彻决策层的意图，协调各部门的工作；执行层保证公司日常工作的顺利进行。公司决策管理层的风格及经营理念直接关系公司的发展。管理人员不仅担负着对企业生产经营活动进行计划、组织、指挥和控制等管理职能，还从不同角度负责或参与对各类非管理人员的选择、培训和使用。高层管理人员要积极进取，开拓创新，稳健求实，不能因循守旧或急躁冒进，中层管理人员则要脚踏实地、务实高效。

(2)公司经营管理的效率

公司经营管理效率主要取决于公司的经营效率、内部调控机构效率、人事管理效率和生产调度效率。①公司经营效率。公司产品的销售、原材料的供给、利润的获得都靠精干的业务部门去实现，应以快而敏捷的方式将信息反馈到决策层，使企业适时地调整经营方向，创造最佳业绩。②内部调控机构效率。建立严格管理制度，遵守办事程序和行为准则，调动广大员工的积极奉献精神，公司内部精诚合作，尽心尽责创造更多的经济效益。③人事管理效率。积极培养各种专业人才和技术人才，提高员工个人和整个员工队伍的技术和文化素质，合理使用人才，用其所长，避其所短，因事设岗，因岗择人。④生产调度效率。根据目标要求科学制订生产计划，合理安排生产任务，适时调节生产规模，提高生产设备利用率，加强产品质量检测，确保公司获得最大效益，实现公司总体目标。

3. 公司财务分析

财务分析是股票投资分析的重要内容，主要对象是上市公司定期公布的财务报表。上市公司的财务报表是关于公司经营活动的原始资料，反映了公司财务状况的好坏，投资者通过阅读财务报表，就账面财务数据间的相互关系、在一定时期内的变动趋势和量值进行分析比较，以判断公司的财务状况和经营状况是否良好，并以此为依据预测公司的未来发展，并作出投资决策。在财务报表中，单个数据的作用是有限的，通过财务比率来考察这些项目之间的关系会提供更有价值的分析。财务比率分析可分为以下五类。

(1)偿债能力分析

偿债能力是公司对债务清偿的承受能力和保证程度，即公司偿还全部到期债务的保证程度。一般来说，公司偿付债务的压力来自以下两个方面：一是一般性质债务的本息的偿还，二是具有刚性的各种应付税款。并不是所有的负债都直接对公司构成压力，对公司真正有压力的是即将到期的债务。公司对债务清偿的承受能力和保证程度建立在足够的资产或资本实力基础上，要以足够的现金流入量为保证。

①流动比率，是指公司流动资产与流动负债的比率。流动比率反映了公司的短期偿债能力，它不仅表示短期债权人债权的安全程度，而且也反映了公司营运资本的能力。流动比率过低，说明公司的偿债能力较差，流动资金不够充足，短期财务状况不佳；而过高的流动比率则表明公司的管理可能过于保守，将资金过多地使用于流动性较强的资产上，而放弃了某些获利机会。一般认为，合理的最低流动比率是200%，但这也不是绝对的，所属的行业不同，适合的流动比率也不同。

$$流动比率=\frac{流动资产}{流动负债}\times 100\%$$

②速动比率，是指速动资产与流动负债的比率。速动资产是流动资产扣除变现能力较差且不稳定的存货、预付账款、一年内到期的非流动资产和其他流动资产等之后的余额。一般认为，速动比率为100%较为理想，因为速动资产为流动负债的1倍意味着公司不需要动用存货就可以偿付流动负债，表明公司有较强的偿债能力。速动比率过低，说明公司会面临短期债务清偿的风险；速动比率过高，将影响公司的盈利能力，但行业不同，速动比率也有很大差别。

$$速动比率=\frac{速动资产}{流动负债}\times 100\%$$

③利息支付倍数，也称利息保付率，是指公司支付利息和交纳所得税前的收益与本期应付利息费用的比率。不同的行业对利息支付倍数有不同的标准，将本公司的利息支付倍数与本行业的平均水平比较，可以看出公司债务的安全程度。

$$利息支付倍数=\frac{税息前收益}{本期应付利息费用}\times 100\%$$

(2)股本结构分析

股本结构分析主要是分析企业资产与债务、股东权益之间的相互关系，反映企业使用财务杠杆的程度。

①股东权益比率，是指股东权益总额与资产总额的比率，其反映所有者提供的资本在总资产中的比重，以及企业基本财务结构是否稳定。股东权益包括普通股票股本、优先股票股本、资本公积金和保留盈余等。股东权益比率高，是低风险、低报酬的财务结构；股东权益比率低，是高风险、高报酬的财务结构。股东权益比率并不是越高越好。在通货膨胀加剧时，公司多借债可以把损失和风险转嫁给债权人；在经济繁荣时期，多借债可以获得额外的利润；在经济萎缩时期，为了减少利息负担和财务风险，维持较高的股东权益比率是合理的。

$$股东权益比率=\frac{股东权益总额}{资产总额}\times 100\%$$

②资产负债率，是公司负债总额与资产总额的比率。资产负债率反映在总资产中有多大比例是通过借债来筹资的，也可以衡量公司在清算时保护债权人利益的程度。

对于资产负债率，公司的债权人、股东和公司经营者往往从不同的角度来评价。从债权人角度来看，负债比例越低越好，偿债有保证，贷款不会有太大的风险。从公司股东的角度来看，其关心的主要是投资收益的高低。在全部资本利润率高于借款利息率时，负债比例越大越好；反之，则相反。经营者既要考虑公司的赢利，也要顾及公司所承担的财务风险。如果资产负债率很高，债权人不愿继续投资，公司就借不到钱；如果公司资产负债率很低，说明经营比较保守，不轻易借款进行投资，这会影响未来的盈利水平。资产负债率作为财务杠杆，不仅反映了公司的长期财务状况，而且反映了公司管理层的进取精神。

$$资产负债率=\frac{负债总额}{资产总额}\times 100\%$$

③固定资产与股东权益比率，是固定资产总额与股东权益总额的比率，用于衡量公司财务结构的稳定性。固定资产与股东权益比率反映购买固定资产所需要的资金有多大比例是来自于所有者资本的。由于所有者权益没有偿还期限，它最适宜于为公司提供长期资金来源，满足长期资金需求。固定资产与股东权益比率在合适范围内，则资本结构较稳定；如果该比率过高，则公司资本结构不尽合理，财务风险较大。

$$\text{固定资产与股东权益比率}=\frac{\text{固定资产总额}}{\text{股东权益总额}}\times 100\%$$

(3)营运能力分析

营运能力主要指资产运用、循环的效率高低。一般而言，资金周转速度越快，说明公司的资金管理水平越高，资金利用效率越高，公司可以以较少的投入获得较多的收益。一般将资产负债表与损益表有机地结合起来，计算并分析公司的资产利用情况和周转速度，以揭示公司在配置各种经济资源过程中的效率状况。

①存货周转率，是公司在一定时期内销货成本与平均存货的比率，其中，平均存货是期初存货、期末存货的均值。存货周转率用于衡量公司周转的速度，检验商品销售能力与经营业绩。存货周转率反映一定时期内存货周转的次数，可以用来测定存货的变现速度，衡量销售能力及存货是否过量。在正常情况下，如果经营顺利，存货周转率高，则说明存货周转得快，销售能力强，营运资金占用在存货上少。但是，存货周转率过高，也可能说明管理方面存在一些问题，如存货水平低，甚至经常缺货等。存货周转率过低，常常是因为库存管理不力，销售状况不好，造成存货积压，说明产品销售方面存在一定的问题。因此，存货需要保持在一个合理的水平。

$$\text{存货周转率}=\frac{\text{销货成本}}{\text{平均存货}}\times 100\%$$

②固定资产周转率，是公司销售收入与固定资产平均净值的比率。固定资产周转率主要用于分析对厂房、设备等固定资产的利用效率，该比率越高，说明固定资产的利用率越高，管理水平越高。如果固定资产周转率与同行业平均水平相比偏低，则说明生产效率较低，可能会影响公司的获利能力。

$$\text{固定资产周转率}=\frac{\text{销售收入}}{\text{固定资产平均净值}}\times 100\%$$

③总资产周转率，是企业销售收入与平均资产总额的比率，其中平均资产总额是年初资产总额、年末资产总额的均值。总资产周转率可用来分析全部资产的使用效率，如果这个比率低，说明利用资产进行经营的效率较低，会影响获利能力，应该采取措施提高销售收入或处置资产，以提高总资产利用率；反之，则说明投资发挥的效率高，利润率也高。但是总资产周转率在不同行业之间几乎没有可比性，资本密集程度越高的行业总资产周转率越低，因此，一般不将总资产周转率作跨行业的比较。

$$\text{总资产周转率}=\frac{\text{销售收入}}{\text{平均资产总额}}\times 100\%$$

(4)盈利能力分析

盈利能力是公司赚取利润的能力,它既关系到公司所有者的利益,也是公司偿债的一个重要资金来源。

①销售净利率,是净利润与销售收入的比率,表示每销售一元商品或服务所带来的净利润是多少。在同一行业中,销售净利率高的公司盈利能力强,股东获利多。

$$销售净利率=\frac{净利润}{销售收入}\times 100\%$$

②销售毛利率,是公司销售收入与销售成本的差额,销售毛利率是毛利与销售收入的比率,简称毛利率,表示每一元销售收入扣除销售成本后,有多少钱可以支付期间费用和形成盈利。

$$销售毛利率=\frac{毛利}{销售收入}\times 100\%$$

③净资产收益率,也称股本收益率或股东权益收益率,反映企业的所有股东,包括普通股股东和优先股股东投入资本的收益状况。净资产收益率与股东的经济利益密切相关,税后净收益是股东收益的基本来源,而净资产则是股东对企业的总投资金额。净资产收益率对公司的生存和发展十分重要,如果公司不能给股东提供足够的报酬,公司就难以吸引潜在投资者扩大资产规模。

$$净资产收益率=\frac{净利润}{净资产}\times 100\%$$

(5)投资收益分析

投资收益分析是将公司财务报表中的数据与相关公司发行的股票数、股票价格等资料结合起来进行分析,得出相关财务指标,以便帮助投资者对上市公司发行的股票进行评估。

①每股收益,是股份有限公司税后利润分析的一个重要指标。在公司没有优先股的情况下,该指标反映普通股获利能力的大小。每股收益越高,说明公司的获利能力越强,股东的投资收益越好。

$$每股收益=\frac{净利润}{普通股总股数}\times 100\%$$

②每股股利,反映普通股获得股利的多少。普通股平均每股股利的高低,除了受上市公司盈利能力大小影响以外,还取决于公司的股利分配政策和投资机会。每股股利越高,则说明股东的投资收益越好。

$$每股股利=\frac{股利总额}{普通股总股数}\times 100\%$$

【案例 2-1】增减持中石油:巴菲特的投资智慧

巴菲特在 2001 年通过解读中国石油天然气股份有限公司的年报,发现中石油有巨大的投资价值,随即投资近 5 亿美元买入中石油。到 2007 年,当巴菲特抛售中石油股票的时候,其持有的中石油股票价值是 35 亿美元。就这样,加上分红,6 年时间巴菲特赚约 40 亿美元,世人再一次为股神的眼光感慨。

看似简单的一买一卖,蕴含着什么投资理念呢?让我们分析一下大师的投资策略。

巴菲特认为,他买卖中石油股票完全基于价值判断,并且至少在买中石油的时候完全依据年报披露的信息。那么,中石油的年报到底能带来什么信息呢?

从年报披露的财务数据看,中石油的权益回报和利润率极高。需要注意的是,2001 年和 2002 年油价低迷,对中石油的业绩有很大的负面影响。中石油在年报中披露:“本集团的资金主要用于资本性支出、偿还短期和长期借款,以及向股东分配股利。”事实也确实如此。巴菲特青睐没有负债或负债很少的企业,显然,中石油正在朝这个方向努力。2002 年末,中石油的资产负债率只有 33.45%。此外,中石油还努力降低成本,这也很符合股东价值最大化的理念。可见,中石油符合巴菲特投资的企业原则和财务原则。

随着中石油股价的持续上涨,尤其是到了 2006 年末,其股价与油气资产价值不但没有折价,反而有了 70%以上的溢价,而此时的油价已经处于高位。于是,巴菲特卖出中石油股票也就顺理成章了。他对此解释说:“石油利润主要依赖于油价。石油在 30 美元一桶的时候,我们很乐观,如果到了 75 美元,我不是说它肯定会下跌,但是我就不像以前那么自信。30 美元是很有吸引力的价格,根据石油的价格,中石油的收入在很大程度上依赖于未来十年石油的价格,我对此并不消极,不过 30 美元一桶的时候我非常肯定,到 75 美元一桶的时候我就持比较中立的态度,现在石油的价格已经超过了 75 美元一桶。”

巴菲特从 2007 年 7 月 12 日开始以 12 港元左右的价格分批减持中石油股票,直到 10 月 19 日,他将持有的中石油股票全部清仓。虽然股票抛了,巴菲特对中石油依然很有感情,他说:“我们大概投入了 5 亿美元的资金,卖掉后赚到约 40 亿美元。我给中石油写了一封信,感谢他们对股东做的贡献,中石油的纪录比任何世界上的石油企业都要好,我很感激,所以我给他们写了一封信。”

子项目三　股票技术分析

一、技术分析基本认知

(一)技术分析的内涵

技术分析就是通过对图表或技术指标的分析,研究市场过去及现在的行为反应,以推测证券未来价格的变动趋势。技术分析的理论基础是基于三项合理的市场假设而形成的,即市场行为涵盖一切、价格沿趋势移动、历史会重演。

基本分析和技术分析构成了股票投资分析体系的主体。基本分析的目的是判断股票现行价位是否合理,并描绘它长远的发展空间,可以了解应购买何种股票;技术分析主要是预测短期内股票价格涨跌的趋势,把握具体购买的时机。应将两种分析方法结合起来加以运用,用基本分析法估计较长期的趋势,而用技术分析法判断短期走势和确定买卖时机。

(二)技术分析的要素

技术分析的要素包括成交价、成交量、时间和空间,四者的内容和相互关系是技术分析的基础。

1. 成交价和成交量

成交价和成交量是市场行为最基本的表现。过去和现在的成交价、成交量涵盖了过去和现在的市场行为。技术分析就是利用过去和现在的成交量、成交价资料,以图形分析和指标分析工具来解释、预测未来的市场走势。如果把时间也考虑进去,技术分析其实就可简单地归结为对时间、价、量三者关系的分析,某一时点上的价和量反映的是买卖双方在这一时点上共同的市场行为,是双方的暂时均势点,随着时间的变化,均势会不断发生变化,这就是价、量关系的变化。一般来说,买卖双方对价格的认同程度通过成交量的大小得到确认:认同程度高,成交量大;认同程度低,成交量小。

双方的这种市场行为反映在价、量上往往呈现出一种规律:价涨量增,价跌量减。根据这一规律,当价格上升时,成交量不再增加,意味着价格得不到买方确认,价格的上升趋势就会改变;反之,当价格下跌时,成交量萎缩到一定程度就不再萎缩,意味着卖方不再认同价格继续往下降了,价格下跌趋势就会改变。成交价、成交量的这种规律关系是技术分析的合理性所在。因此,价、量是技术分析的基本要素,一切技术分析方法都是以价、量关系为研究对象的,目的就是分析、预测未来价格趋势,为投资决策提供服务。

2. 时间和空间

时间是指完成某个过程经过的时间长短,通常是指一个波段或一个升降周期所经历的时间。在进行行情判断时时间有着很重要的作用。一个已经形成的趋势在短时间内不会发生根本改变,中途出现的反方向波动对原来趋势不会产生大的影响。一个形成了的趋势又不可能永远不变，经过了一定时间又会有新的趋势出现。时间反映市场起伏的内在规律和事物发展的周而复始的特征，体现了市场潜在的能量由小变大再变小的过程。

空间是指价格的升降所能够达到的程度。在某种意义上，可以认为空间是价格的一个方面，指的是价格波动能够达到的极限。空间反映的是每次市场发生变动程度的高低，也体现市场潜在的上升或下降的能量的大小，上升或下降的幅度越大，潜在能量就越大；反之，潜在能量就越小。

技术分析作为股票投资分析的一种工具，在应用时应与基本分析结合起来，仅靠过去和现在的数据、图表预测未来是不可能完全可靠的，任何一种工具的使用都有其适用范围，应尽量避免技术分析的错误发生。运用多种技术分析方法的综合研判，避免片面地使用某一种技术分析结果，需要全面考虑技术分析的各种方法，灵活使用，最终得到一个合理的结论。

二、K 线分析

K 线起源于日本的米市交易，用来记录米价的涨跌情况，之后应用到股市中。K 线是一条柱状的线条，由实体和影线两部分组成(见图 2-1)。影线在实体上方的部分称为上影线，在实体下方的部分称为下影线。实体的上下两端表示开盘价和收盘价。上影线的上端顶点表示一个交易日的最高价，下影线的下端顶点表示一个交易日的最低价。收盘价高于开盘价时，开盘价在下，收盘价在上，两者之间的长方柱用红(白)色或空心绘出，称为阳线，其上影线的最高点为最高价，下影线的最低点为最低价。收盘价低于开盘价时，则开盘价在上，收盘价在下，两者之间的长方柱用黑(绿)色或实心绘出，称为阴线，其上影线的最高点为最高价，下影线的最低点为最低价。

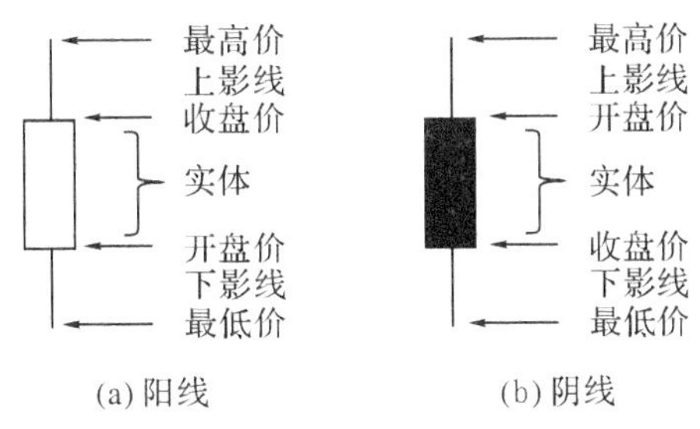

图 2-1　K 线

按计算周期的不同，可以把 K 线分为日 K 线、周 K 线、月 K 线和年 K 线。日 K 线是根据股价一天的走势中形成的四个价位(开盘价、收盘价、最高价和最低价)绘制而成的。周 K 线是以周一的开盘价、周五的收盘价、全周最高价和全周最低价绘制而成的。月 K 线则以一个月的第一个交易日的开盘价、最后一个交易日的收盘价和全月最高价与全月最低价绘制而成。同理，可以推出年 K 线含义。周 K 线和月 K 线常用于分析中期行情。

(一)阳线分析

对阳线的具体分析如表 2-2 所示。

表 2-2 阳线分析

图形	名称	分析
	小阳线	买方稍强于卖方,但上下波动有限,卖方仍有抛压的实力,多方上攻谨慎;在盘整、下跌势中,表示买方力量的聚集。
	大阳线	走势强劲,行情可能转势,应注意高位时买方力量的消耗。
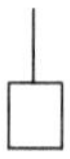	上影阳线	上升抵抗压力大,买方力量受卖方打压,股价上升遇阻,抛压较大。上影线越长,抛压越大,暗示行情走低或上涨不易。
	下影阳线	先跌后涨,强劲上升线。实体越长,买方越强;下影线越长,买方潜在实力越强。
	双影阳线	买卖双方争斗激烈,上影线长,甚至长过实体,卖方较强,行情走低;下影线长,买方较强,行情看涨。

(二)阴线分析

对阴线的具体分析如表 2-3 所示。

表 2-3 阴线分析

图形	名称	分析
	小阴线	卖方实力稍强,如在高位区,买方后劲不足;在低位区,卖方实力减弱;在盘整区,卖方实力开始增强。
	大阴线	卖方实力强大,行情转弱。高位出现时,行情看跌;低位出现时,底部来临;盘整时,大势向下。
	上影阴线	卖方力量强大,实体越长,卖方越强;上影线越长,说明买方越具有潜在力量,但受到打压,暗示行情看跌。
	下影阴线	卖方力量强大,受到买方的强烈抵抗,实体越长,卖方实力越强;下影线越长,买方抵抗力越强。在大跌势中,低位出现暗示有反弹迹象。
	双影阴线	买卖双方争斗激烈,卖方占上风。实体长于上影线,卖方强大;下影线长于实体,买方潜力强大。在弱势行情中出现,暗示底部获得支撑。

(三)十字线分析

对十字线的具体分析如表 2-4 所示。

表 2-4　十字线分析

图形	名称	分析
 ┼	十字星	在交易中,股价出现高于或低于开盘价成交,但收盘价与开盘价相等。无论出现在高价位区还是低价位区,都可视为顶部或底部信号,预示大势即将改变原来的走向。
 ┬	T 形线	买方力量增强,行情出现转机。在下降途中,说明多方反击能力充足,行情有可能反转向上。
 ┴	倒 T 形线	出现在高价位区时,说明上档抛压严重,股价有反转下跌的可能;如果出现在中价位区的上升途中,则表明后市仍有上升空间。
—	一价线	全日只有一个成交价,一般表示跳空涨停或跌停,成交量较小。

(四)K 线组合分析

对 K 线组合的具体分析如表 2-5 所示。

表 2-5　K 线组合分析

图形	名称	分析
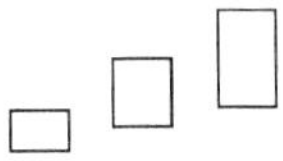	红三兵	由三根短小的连续上升的阳线组成,收盘价一日比一日高,如果该组合出现在上升初期,说明市场人气旺盛,后市看好,可以适当买入或持筹待涨。
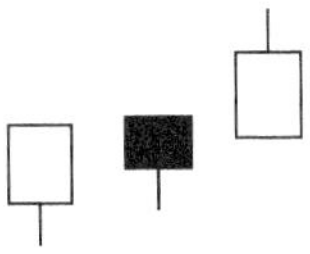	两阳夹一阴	是指在上升途中一根阴线夹在两根阳线中间,是常见的上升形态,表示股价在盘升过程中,不断遭到卖方打压,但逢低介入的买方众多,股价回档有限,且顽强上涨。
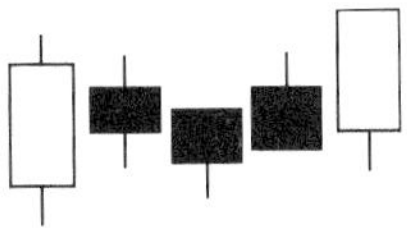	上升三部曲	是指由一根较大阳线连接三根较小阴线,再接较大阳线的组合,出现在上升途中,这是典型的振荡洗盘手法,预示后市将继续上涨。
	三只黑乌鸦	是指三根连续下跌的阴线组合,一般出现在市场见顶之后,每日的收盘均出现新低点,而每日的开盘价却在前一日的实体之内,下跌的节奏较为平缓,空方在慢慢杀跌,后势有可能加速下滑。
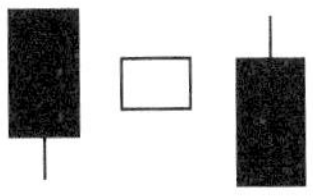	两阴夹一阳	是指一根阳线夹在两根阴线的中间,是一种常见的下跌形态,说明股价在下跌过程中,不断受到买方抵抗,但逢高出货者多,股价反弹高度有限,且跌势不止。

续表

图形	名称	分析
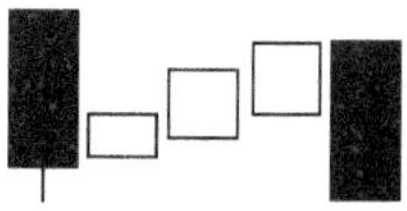	下跌三部曲	是指一根长阴线后跟三根连续小幅上涨的小阳线，且阳线实体都包含在第一根阴线之内，随后又是大阴线。反映市场极度虚弱，股价大跌小涨，空方占绝对优势。
	底部横盘整理	是指股价经过了较长时间的下跌后，开始横盘整理，此时会出现小阴线和小阳线横排并行的情况，上下空间不大，这是一种小幅振荡筑底形态。
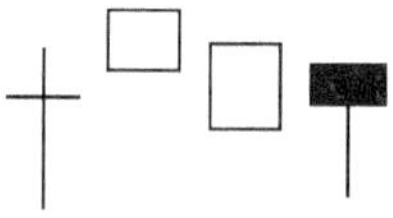	双针探底	是指两根有一定间隔的 K 线，都带有较长的下影线，下影线的位置非常接近，是常见的底部反转形态。双针探底经常由一个底部十字星和一个锤头组成。
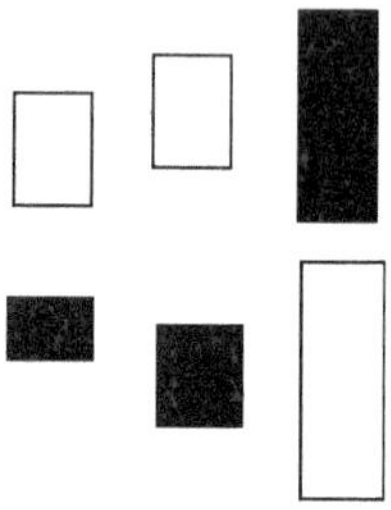	穿头破脚	穿头破脚有底部和顶部两种形态，是强烈的反转信号。 顶部穿头破脚，是指股价经过较长时间上升后，当天股价高开低走，收出一根长阴线，并将前日阳线全部覆盖。表示主力将股价报至高处后，高开是制造假象，吸引跟风盘，随后大肆出货，将跟进者一网打尽。顶部类似于“崩盘”。 底部穿头破脚，是指股价经过一段时间下跌后，当日股价低开高走，收出长阳线，将前日阴线全部覆盖。表示股价跌至低位后，再次杀跌引出了割肉盘，随后将股价抬高，一举收复前日失地，市场开始快速攀升。底部多为“井喷”。
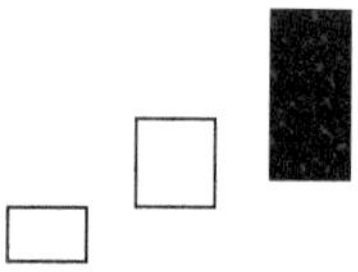	乌云盖顶	是指市场上升后期出现一根长阴线，股价跳高开盘，收盘价却下降至前日阳线的三分之二处，属于拉高出货的顶部反转形态。具有一定的不确定性，杀伤力次于穿头破脚。通常，阴线刺入前日阳线的程度越深，顶部反转的可能性越大。
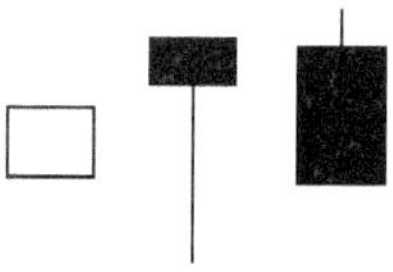	吊颈	是指在高位出现的小阴实体，当天股价高开低走，盘中出现长阴。表示上涨趋势结束，主力正在出货。第二天的阴线越长，新一轮跌势概率越大。欺骗性很强，杀伤力较大，会让人误以为下档有较强支撑，从而买入被套。
	双飞乌鸦	是指股价连续大幅上升后，第一天是长阳线，第二天高开收出带缺口的阴线，表示向上攻击失败，第三天跳高开盘，收出阴线，收盘比前一日阴线低，但仍高于第一天阳线的收盘价。在市场的高位，该形态预示股价将大幅下跌。

续表

图形	名称	分析
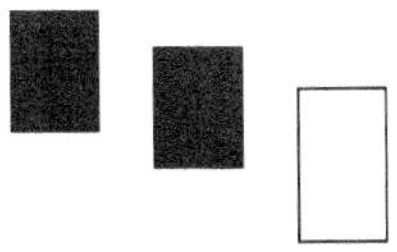	曙光初现	是指股价连续大幅下跌，超跌严重，且当日股价借下跌惯性跳空低开，随后股价在超跌买盘的介入下，收出阳线，阳线收盘的位置在前一日阴线实体的二分之一以上。该形态的出现表明股价将出现反转的上升行情。
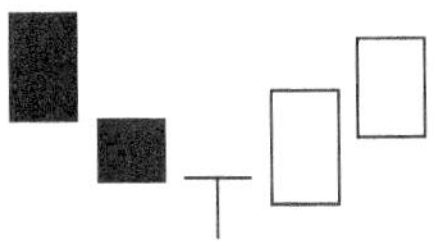	T字形	是指股价经过长时间连续大幅下跌后，当日股价开盘走势继续下跌，带出最后一批抛盘，随后盘中股价开始稳步上升，最后以开盘价的位置收盘。T字形在超跌位出现，反映下档支撑极强，股价可能出现反转走势。
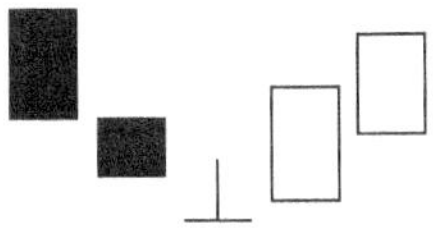	倒T字形	是指股价经过长时间连续大幅下跌后，股价开盘后因超跌开始上涨，随后遇到了小幅抛压，将股价压至开盘价收盘。尽管倒T字形带有上影线，反映一定压力，但在极度超跌的位置出现，可认为是卖方的力量已经耗尽。
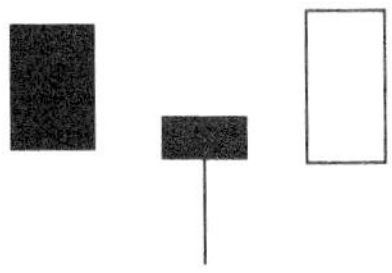	锤头	是指小实体带有长长的下影线，其长度通常是实体长度的两倍以上，似锤子形状。在下降趋势中，市场跳空向下开盘，疯狂卖出被遏制，又回到或接近当日高点，留下长下影线，预示下跌趋势即将结束，市场在用锤子夯实底部，是较可靠的底部形态。
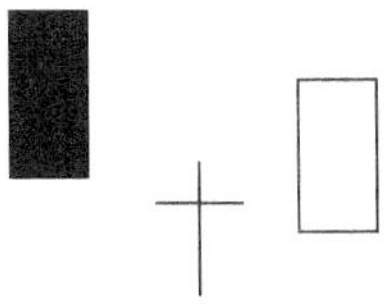	早晨之星	早晨之星有三根K线：第一天是长阴线，为下降趋势的继续；第二天是十字星，与第一天之间有一向下跳空缺口；第三天是长阳线，实体长度已上推到第一天阴线实体内。是典型的底部形态，常出现在股价连续大幅下跌和数次下跌后的底部，意味着多空力量对比已开始发生转化，一轮上升行情将要展开。
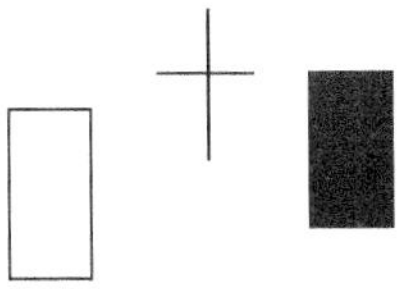	黄昏之星	黄昏之星也由三根K线组成：第一天是长阳线，为上升趋势的延续；第二天是十字星，通常伴随着向上跳空的缺口；第三天是长阴线，实体已插入第一天阳线实体的内部。是典型的顶部反转形态，常出现在股价连续大幅上涨和数波上涨后的顶部，预示着上涨行情即将结束，投资者应尽快抛股离场。

续表

图形	名称	分析
	射击之星	是指一个小实体，上面有一根长长的上影线，像人拉弓射箭的形状，又称为倒转锤头。在上升趋势中，市场跳空向上开盘，出现新高点，最后收盘在较低的位置，留下长长的上影线，上影线长度是实体长度的三倍以上。是市场失去上升动力的表现，市场见顶的信号，是主力出货的常见图形。投资者应退场观望，以免高位长久被套。

三、切线分析

股票投资“顺势而为”是非常重要的，这种势就是趋势。趋势分为短期、中期、长期趋势，怎样判断和把握这些趋势的转变是投资者关注的核心问题。投资者都希望在下降趋势转为上升趋势的时候买入股票，而又希望在上升趋势转为下降趋势的时候卖出股票。下面从总的趋势认识着手，应用切线理论方法，识别大势的变动方向，提高投资者的判断能力。

（一）趋势分析

趋势是价格的波动方向，是股票市场运动的方向。市场变动不是朝一个方向直来直去的，中间肯定会出现曲折，每个折点处就形成一个峰或谷，由这些峰和谷的相对高度可以看出趋势的方向。一般来说，趋势有三种方向：上升、下降和水平。如果后面的峰和谷都高于前面的峰和谷，则趋势就是上升方向；如果后面的峰和谷都低于前面的峰和谷，则趋势就是下降方向；如果后面的峰和谷与前面的峰和谷相比，没有明显的高低之分，几乎呈水平延伸，则趋势是水平方向，如图 2-2 所示。

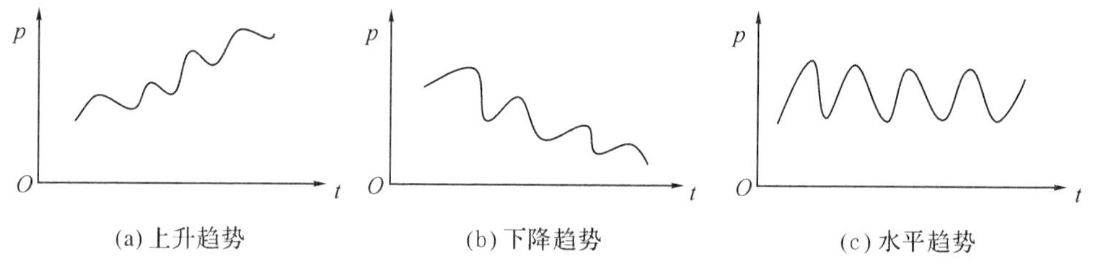

(a) 上升趋势　(b) 下降趋势　(c) 水平趋势

图 2-2　趋势的类型

（二）支撑线与压力线

支撑线又称为抵抗线。当股价跌到某个价位附近时，股价停止下跌，甚至有可能会回升。这个起着阻止股价继续下跌或暂时阻止股价继续下跌的价位就是支撑线所在的位置。压力线又称为阻力线。当股价上涨到某价位附近时，股价会停止上涨，甚至回落。这个起着阻止或暂时阻止股价继续上升的价位就是压力线所在的位置，如图 2-3 所示。

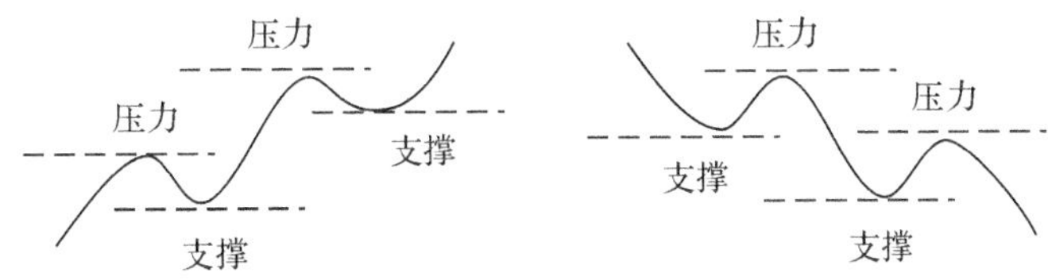

图 2-3　支撑线和压力线

支撑线和压力线的作用是阻止或暂时阻止股价向一个方向继续运动。同时,支撑线和压力线又有彻底阻止股价按原方向运动的可能。支撑线和压力线是可以相互转换的。如果一条支撑线被跌破,那么这条支撑线将成为压力线;同理,如果一条压力线被刺穿,那么这条压力线将成为支撑线,如图 2-4 所示。

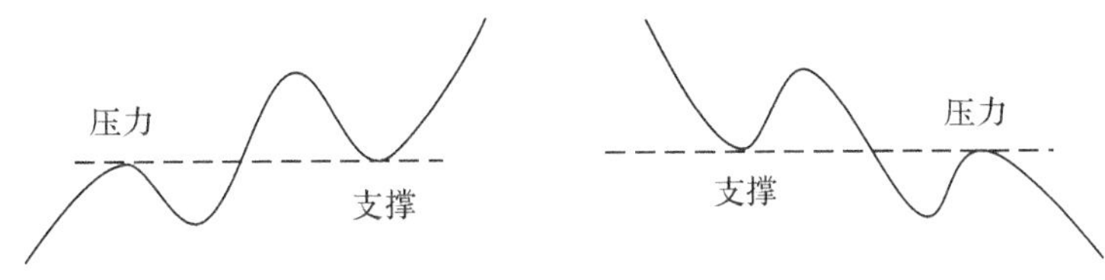

图 2-4　支撑线和压力线的转换

(三)趋势线和通道线

趋势线是衡量价格趋势的,由趋势线的方向可以明确地看出股价的运行趋势。在上升趋势中,将两个低点连成一条直线,就得到上升趋势线。在下降趋势中,将两个高点连成一条直线,就得到下降趋势线。上升趋势线是支撑线的一种,下降趋势线是压力线的一种。

一般来说,趋势线对股价随后的变动起约束作用,就是起支撑和压力作用。当趋势线被突破后,说明股价下一步的走势将要反转。越重要越有效的趋势线被突破,其转势的信号越强烈。也就是说,原来是支撑线的,现在将起压力作用;原来是压力线的,现在将起支撑作用。有时候趋势线会比股价形态或其他指标更早出现突破的信号,此时,可以提早买进或卖出,以获得更高利润。只要中期趋势线的支撑或阻力距离当前股价不远,就可暂时不理会较小形态或部分指标的买卖信号,以免因小失大。

通道线又称轨道线或管道线。在得到趋势线后,通过第一个峰或谷可作出这条趋势线的平行线,这两条平行线形成上升或下降通道。如图 2-5 所示,在上升趋势中,沿着低点(点 1、3 处)画出基本趋势线,然后从第一个显著的波峰(点 2 处)出发,用虚线作趋势线的平行线,两条线向同一方向伸展,共同构成一个通道。下一轮上涨抵达第二个波峰(点 4 处)然后折返下来,该通道即成立一半,待价位跃回原先趋势线上,该通道就基本上得到了肯定。同理,可得到下降通道线。

通道的作用是限制股价的变动范围。通道一旦被确认,价格就将在这个通道里变动。通道的另一个作用是提供趋势转向的警报。如果在一次波动中未触及通道线,离得很远就开始掉头,那么这往往是趋势将要改变的信号。与突破趋势线不同,通道线的突破不是趋势反向的开始，而是趋势加速的开始，即原来的趋势线的斜率将会增加，趋势线将会更加陡峭。

在应用通道线的时候要注意：当股价向上突破上升的通道线时，无论成交量是否增加，大多可视为买入信号；当股价向下跌破下降的通道线时，代表卖方力量强大，此为卖出信号；通道线被突破后，股价通常将沿着突破方向达到与通道宽度相等的距离。

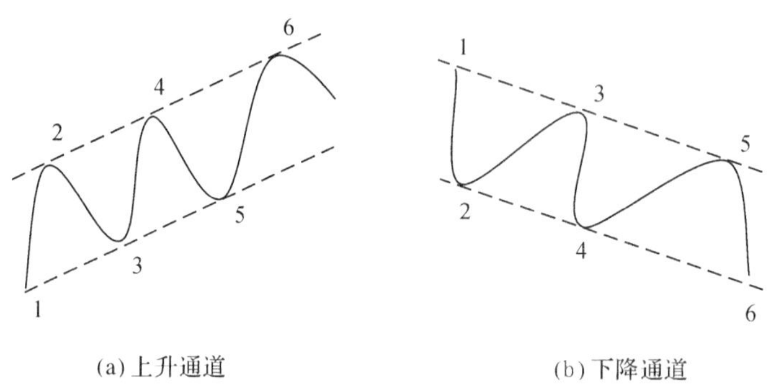

图 2-5　上升通道和下降通道

(四)黄金分割线和百分比线

黄金分割线和百分比线的主要作用是预先给出股价的支撑位和压力位，以便在目标位前做好操作的准备。黄金分割的原理源于菲波纳契数列，它是利用黄金分割比率来对行情进行分析的。黄金分割比率为 0.618，根据菲波纳契数列又推出 0.191、0.382、0.809、1.191、1.382、1.618、1.809、2、2.618 和 4.236 等重要的比率。其中，0.618、1.618、4.236 最为重要，股价极易在由这三个数字产生的黄金分割线处产生支撑和压力。在一轮行情结束后，股价的趋势会向此前相反的方向运动，这时无论是由跌势转为升势还是由升势转为跌势，都可以将最近一次趋势行情中的重要高点和低点之间的涨跌幅作为分析的区间。将原涨跌幅按 0.191、0.382、0.5、0.618 和 0.809 划分为五个黄金分割点，股价在行情反转后将可能在这些黄金分割点上遇到暂时的压力或支撑。

百分比线则利用百分比率对股价进行分析。一般来说，百分比率是将上一次行情中重要的高点和低点之间的涨跌幅度按 1/8、1/4、1/3、3/8、1/2、5/8、2/3、3/4、7/8、1 的比率生成百分比线。在各比率中，1/2 最为重要，1/3、3/8、5/8 和 2/3 这几个比率也十分重要，往往是重要的支撑位和压力位。

四、技术指标分析

技术指标分析是技术分析中极为重要的分支，其通过建立一个数学模型，对原始数据进行分析处理，得到体现市场某个方面内在关系的指标值，然后根据指标值定量地对股市进行分析和预测。随着信息技术的发展，技术指标分析得到广泛运用。

(一)移动平均线

1. 移动平均线含义

移动平均线(moving average,MA)用统计处理的方式,将若干天的股票价格加以平均,然后连成一条线,以该曲线配合每日收盘价的线路变化,分析某一段时间内的多空优劣形势、股价的可能变化、股价运行的趋势。一般来说,现行价格在平均价之上,意味着市场买力(需求)较大,行情看好;反之,行情价在平均价之下,则意味着供过于求,卖压较重,行情看淡。移动平均线计算公式如下:

$$MA_n=(C_1+C_2+\cdots+C_n)/N$$

式中,MA_n 为第 n 日的股价移动平均数,C_n 为某日收盘价,N 为移动平均周期。

移动平均线可以按照时间的长短分为短期、中期和长期三种。一般来说,短期移动平均线为5日、10日,中期移动平均线为30日,长期移动平均线为60日、120日。

2. 移动平均线特点

移动平均线的基本思想是消除股价随机波动的影响,寻求股价波动的趋势。它具有以下五个特点。

(1)追踪趋势

移动平均线能够表示股价的波动趋势,并追随这个趋势,不会轻易改变。如果从股价的图表中能够找出上升或下降趋势线,那么,MA将与趋势线的方向保持一致,消除股价在这个过程中的起伏对趋势的影响。

(2)滞后性

当股价运行趋势发生改变时,由于MA的追踪趋势特性,MA的变化往往比较迟缓,掉头速度落后于趋势的变化,这是MA的一个极大的弱点。由于MA具有滞后性,当MA发出反转信号时,股价调头的幅度其实已经很大了。

(3)稳定性

从MA的计算方法就可以知道,要比较大地改变MA的数值,无论是向上还是向下,都比较困难,除非当天的股价有很大的变动。因为MA的变动不是一天的变动,而是几天的变动,一天的大的变动被几天的价格平均,变动就会变小,从而显示不明显。

(4)助涨助跌性

当价格突破MA曲线时,无论是向上突破还是向下突破,价格都有继续向前突破方向再走一程的愿望,这就是MA的助涨助跌性。

(5)支撑压力性

从MA的上述四个特性可知,MA在价格走势中起支撑线和压力线的作用。对MA的突破实际上是对支撑线或压力线的突破。要注意,选择移动平均线的参数越大,上述特性就表现得越明显。

3. 移动平均线的应用

使用MA要考虑两方面的内容:一是价格与MA之间的相对关系;二是不同参数的MA同时使用,而不是只用一个。

(1)葛南维法则

在移动平均线理论的应用中,美国投资专家葛南维(Ganvle)创造的八项法则可谓其中的精华。该法则根据移动平均线来判断股价变动的走向,由此投资者可决定买卖时机。

葛南维四大买进法则如下:①平均线从下降逐渐走平转为上升,而股价从平均线的下方突破平均线时,为买进信号。②股价虽跌破上升的平均线,但不久又掉头向上,并运行于平均线的上方,此时可加码买进。③股价下跌未跌破平均线,并重现升势,此时平均线继续上升,为买进信号。④股价跌破平均线且远离平均线时,很有可能产生一轮强劲的反弹,也是买进信号。但要注意,弹升后仍将继续下挫,因而不可恋战。这是因为大势已经转弱,久战势必套牢。

葛南维四大卖出法则如下:①平均线走势从上升逐渐走平转为下跌,而股价从平均线的上方往下跌破平均线时,是卖出信号。②股价虽反弹突破平均线,但不久又跌到平均线之下,而此时平均线仍在下跌,是卖出信号。③股价跌落于平均线之下,然后向平均线弹升,但未突破平均线即受阻回落,是卖出信号。④股价急速上涨远离上升的平均线时,投资风险激增,随时会出现回跌,是卖出信号。

(2)黄金交叉和死亡交叉

黄金交叉是指小参数的短期 MA 曲线从下向上穿过大参数的长期 MA 曲线,这是一个显著的买入信号;死亡交叉是指小参数的短期 MA 曲线从上向下穿过大参数的长期 MA 曲线,这是一个显著的卖出信号。

(二)指数平滑异同移动平均线

1. 指数平滑异同移动平均线含义

指数平滑异同移动平均线(moving average convergence and divergence,MACD)根据移动平均线较易掌握趋势变动的方向的优点发展而来,它借用短中期快速与慢速移动平均线分离、聚合的特征,加上双重平滑处理,判别大市的位置和买进、卖出的时机和信号,实际上是均线之间的比较。MACD 由快速与慢速平滑移动平均线的离差值 DIF(difference)和 DIF 的移动平均值 DEA(difference exponential average)组成,DIF 是 MACD 指标的核心,DEA 则在行情研判方面起辅助作用,主要作用是消除偶然因素影响,使结论更可靠。此外,在股市行情分析软件中,还有一个指标叫柱形指标(Bar),它反映的是 DIF 与 DEA 的偏离程度。

2. 指数平滑异同移动平均线的应用

以移动平均线的特征来说,在一段真正持续的涨势或跌势中,快速(短期)移动平均线与慢速(长期)移动平均线间的距离必将会愈拉愈大。涨势乏力时,两者之间的距离愈缩愈小,甚至相互交叉,成为重要的卖出信号。

当 DIF 向下跌破 0 轴线时,意味着快速与慢速平滑移动平均线发生死亡交叉,此为卖出信号;当 DIF 向上穿破 0 轴线时,意味着快速与慢速平滑移动平均线发生黄金交叉,此为买入信号。

当 DIF 和 DEA 均为正值时,属于多头市场,此时若 DIF 向上突破 DEA,则是买入信号;若 DIF 向下跌破 DEA,则应做获利了结。当 DIF 和 DEA 均为负值时,属于空头市场，此时若 DIF 向下跌破 DEA，则是卖出信号；若 DIF 向上突破 DEA，则是行情将出现反弹的征兆。

若 DIF(DEA)在高位形成一峰比一峰低的两个峰，而此时的股价却是一峰比一峰高，则是顶背离，为卖出信号；若 DIF(DEA)在低位形成两个底部抬高的谷底，而股价却不断地创出新低，则是底背离，为买入信号。

(三)KDJ 指标

1. KDJ 指标含义

KDJ 指标也称随机指标，是由乔治・蓝恩(George Lane)最早提出的，其根据统计学原理，通过一个特定的周期(常为 9 日、9 周等)内出现过的最高价、最低价及最后一个计算周期的收盘价及这三者之间的比例关系，来计算最后一个计算周期的未成熟随机值(row stochastic value，RSV)，然后根据平滑移动平均线的计算方法来计算 K 值、D 值与 J 值，并绘成曲线图来分析股票走势。它主要利用价格波动的真实波幅来反映价格走势的强弱和超买超卖现象，在价格尚未上升或下降之前发出买卖信号。

2. KDJ 指标的应用

K 线是快速确认线，数值在 90 以上为超买，数值在 10 以下为超卖。D 线是慢速主干线，数值在 80 以上为超买，数值在 20 以下为超卖。J 线为方向敏感线，当 J 值大于 100，特别是连续 5 天以上发生时，股价至少会形成短期头部；反之，当 J 值小于 0，特别是连续数天时，股价至少会形成短期底部。

当 K 值由较小逐渐大于 D 值，在图形上显示 K 线从下方上穿 D 线，显示此时趋势是向上的，所以在图形上 K 线向上突破 D 线时，即为买进信号。

当 K 值由较大逐渐小于 D 值，在图形上显示 K 线从上方下穿 D 线，显示此时趋势是向下的，所以在图形上 K 线向下突破 D 线时，即为卖出信号。

股价创新高，而 K 值、D 值没有创新高，为顶背离，应卖出；股价创新低，而 K 值、D 值没有创新低，为底背离，应买入；股价没有创新高，而 K 值、D 值创新高，为顶背离，应卖出；股价没有创新低，而 K 值、D 值创新低，为底背离，应买入。

(四)相对强弱指标

1. 相对强弱指标含义

相对强弱指标(relative strength index，RSI)根据供求平衡的原理，通过计算某一个期间内股价上涨总幅度占股价变化总幅度平均值的比率，来评估多空力量的强弱程度。它对向上的力量与向下的力量进行比较，若向上的力量较大，则计算出来的指标上升；若向下的力量较大，则指标下降，由此测算市场走势的强弱。

2. 相对强弱指标的应用

0≤RSI≤100，RSI＝50 时为强势市场与弱势市场的分界点。通常以 RSI＞80 为超买区，市场回档的机会增加；以 RSI＜20 为超卖区，市场反弹的机会增加。

一般来说，RSI 掉头向下为卖出信号，RSI 掉头向上为买入信号。RSI 上穿 50 分界线为买入信号，下破 50 分界线为卖出信号。不过，应用时宜从整体态势的判断出发。

RSI 的 M 形走向是超买区常见的见顶形态，W 形走向是超卖区常见的见底形态。此时，往往可见 RSI 走向与价格走向发生背离。因此，背离现象也是一种买卖信号。

五、我国主要股票价格指数

(一)上证综合指数

上证综合指数由上海证券交易所编制，于 1991 年 7 月 15 日公开发布，以 1990 年 12 月 19 日为基日。该股票指数的样本为所有在上海证券交易所挂牌上市的股票，其中，新上市的股票在挂牌的第二天纳入股票指数的计算范围。总股本较大的股票对股票指数的影响较大。上海证券交易所股票指数和股票行情同步发布，它是我国股民和证券从业人员研判股票价格变化趋势必不可少的参考依据。

(二)深证综合指数

深证综合指数由深圳证券交易所编制，以 1991 年 4 月 3 日为基日。该股票指数的计算方法基本与上证指数相同，其样本为所有在深圳证券交易所挂牌上市的股票，权数为股票的总股本。由于以所有挂牌的上市公司的股票为样本，其具有很强的代表性，且它与深圳股市的行情同步发布。前些年，由于深圳证券交易所的股票交易不如上海证券交易所那么活跃，深圳证券交易所改变了股票指数的编制方法，采用成分股指数。

(三)深证成分股指数

深证成分股指数由深圳证券交易所编制，通过对所有在深圳证券交易所上市的公司进行考察，按一定标准选出 40 家有代表性的上市公司作为成分股，以成分股的可流通股数为权数，采用加权平均法编制而成。深证成分股指数包括深证成分指数、成分 A 股指数、成分 B 股指数、工业分类指数、商业分类指数、金融分类指数、地产分类指数、公用事业指数、综合企业指数共九项。成分股指数以 1994 年 7 月 20 日为基日，基日指数为 1000 点。

(四)上证 180 指数

上海证券交易所于 2002 年 7 月 1 日正式对外发布了上证 180 指数，用以取代原来的上证 30 指数。新编制的上证 180 指数的样本数量扩大到 180 家，入选的个股均是一些规模大、流动性好、行业代表性强的股票。该指数不仅在编制方法的科学性、成分选择的代表性和成分的公开性上有所突破，同时，也恢复和提升了成分指数的市场代表性，从而能更全面地反映股价的走势。

(五)沪深 300 指数

沪深 300 指数是在上海和深圳证券市场中选取 300 只 A 股作为样本编制而成的成分股指数。沪深 300 指数样本覆盖了沪深市场六成左右的市值，具有较强的市场代表性。沪深 300 指数是沪深证券交易所第一次联合发布的反映 A 股市场整体走势的指数。它的推出丰富了市场现有的指数体系，增加了一项用于观察市场走势的指标，有利于投资者全面把握市场运行状况，也进一步为指数投资产品的创新和发展提供了基础条件。

(六)香港恒生指数

香港恒生指数由我国香港恒生银行根据各行业具有代表性的33种股票,以1964年7月1日为基日编制而成,是香港股票市场上最具代表性的一种股价指数。

六、大盘行情解读

大盘指数分时走势图也称大盘即时走势图,是把股票市场的交易信息实时地用曲线在坐标图上加以显示的技术图形。坐标的横轴表示开市的时间,纵轴的上半部分显示的是指数,下半部分显示的是成交量。分时走势图是股市现场交易的即时资料。

以上证指数为例,在分时走势图中,白色曲线表示上证交易所对外公布的通常意义下的大盘指数,也就是加权数。黄色曲线是不考虑上市股票发行数量的多少,将所有股票对上证指数的影响等同对待的不含加权数的大盘指数。

由于白色曲线和黄色曲线的计算方法不同,因此在对它们作比较时,白色曲线能代表大盘股的走势,而黄色曲线更能代表小盘股的走势。参考白色曲线和黄色曲线的相对位置关系,可以得到以下信息。

①当指数上涨,黄色曲线在白色曲线走势之上时,表示发行数量少(盘小)的股票涨幅较大;而当黄色曲线在白色曲线走势之下,则表示发行数量多(盘大)的股票涨幅较大。

②当指数下跌时,如果黄色曲线仍然在白色曲线之上,则表示小盘股的跌幅小于大盘股的跌幅;如果白色曲线反居黄色曲线之上,则说明小盘股的跌幅大于大盘股的跌幅。

在分时走势图中,红色、绿色的柱线反映当前大盘所有股票的买盘与卖盘的数量对比情况。红柱增长,表示买盘大于卖盘,指数将逐渐上涨;红柱缩短,表示卖盘大于买盘,指数将逐渐下跌。绿柱增长,指数下跌量将增加;绿柱缩短,指数下跌量将减小。

七、股票投资分析

(一)股票投资基本原则

股票是一种高风险、高收益的理财品种。对于投资者来说,是否能获得比较理想的理财结果的关键,就在于是否能有效地把投资理念与技术分析方法及操作技巧结合起来。为了能够理性地进行股票投资,投资者应遵循如下几条原则。

1. 顺势而为原则

趋势理论认为,股票市场的趋势一旦形成,必将延续。顺势而为是股票投资操作的基本原则,把握趋势的形成和趋势的反转是股票投资的基本能力。

2. 能力充实原则

股票投资者应当不断培养自己股票投资的能力,掌握基本分析、技术分析的方法。基本分析有助于股票投资者及时了解市场热点、上市公司的经营及国家的相关政策和法规等,使投资者能够准确选择投资于哪种行业、哪个公司,但基本分析无法准确告诉投资者进出市场的时机。而技术分析通过一套系统有效的市场分析手段,可发出行情走向的预警,并予以定量分析。

3. 控制风险原则

分散投资是控制风险的最好办法,它是将投资资金适时地按不同的比例投资于若干不同种类不同风险程度的股票,建立自己合理的“股票库”,以将风险控制到最低水平。分散投资,首先应对多种股票进行投资。通过对不同股票的投资,规避由于股票的波动而产生的非系统性风险。其次在对多种股票进行投资时,应认真把握投资方向,适当地选择部分高风险、高收益的小盘股和部分风险较小但收益平稳的大盘蓝筹股。

4. 信息充分原则

在对股票进行投资时,应密切关注所买股票的上市公司的经营状况、分红政策、资金投放方向等消息。另外,国家有关经济、金融政策上的变化或举动会影响一段时间的股市走势。及时了解市场上的相关消息,并对这些消息进行分析总结,是决定股票投资成败的关键。

5. 逆向思维原则

物极必反的哲学思想可以应用到股票投资中。市场过热必然乐极生悲,而绝望之时也是股市见底之日。当大多数人认为股市将大涨多少点时,也许就是大市转折之时;相反,大家都在讨论股市将惨跌到什么点位时,也许离底部也就不远了。所以,股票投资者应有逆市场而为的思想。

6. 理性投资原则

理性投资是指在对股票市场客观分析的基础上,经过认真比较而采取行动。坚持理性投资的原则,投资者在进行股票投资时应冷静而慎重,并能控制自己的情绪。遇到股市大跌时,不应恐慌失望,过度悲观会影响投资者客观地分析市场走势,从而浪费购买被低估的股票的好机会。当股市疯涨时,若跟风追涨杀跌,忽略市场上与之同步放大的风险,不能适可而止,则可能错过较好的离市时机,造成深度套牢。因此,作为一位理性的投资者,控制自己的心态并理性投资是非常重要的。

7. 保持距离原则

投资者与市场保持一定距离可以对市场认识得更客观、更清楚,判断更准确,而不至于一叶障目。当然,任何事物都是辩证的,当指数接近于相对高位和低位时要注意观察,以便抓住机会。

8. 目标适度原则

要想在股票投资中获得成功,投资者应先确立自己的投资收益目标,始终保持良好的心态,克服自己的贪婪。如果达到了自己的预期,就要坚决采取适时行动获利了结。那些幻想以更低的价格买入和以更高价格卖出的人,常常会踏空和被套牢。因此,怀着一颗平常心,坚持目标适度原则,是获得成功的重要条件。

9. 及时止损原则

在股票市场上,没有人会永远成功,就连股神巴菲特也有犯错的时候。投资者应及时调整投资策略,坚决改正错误。在进行股票买卖之前就应设立一个止损点,如果市场的走势与自己的预期相反,并且跌破了止损点,就应坚决止损,以便保存实力,争取"大赢"。

(二)操作策略

1. 拨档子

投资者卖出自己持有的股票,等价位下降以后再补回来。拨档子主要是希望趁价位高时先行卖出,以赚取一段差价。通常运用拨档子卖出与买入之间相隔时间不会很长,这是多头降低成本、保持实力的操作方式。

2. 分批买进

当股份指数在相对低点时,投资者买入一部分股票,当它下降或上升时再买入一批。前提是必须在大势将要上升或已经上升时操作,在刚刚开始下跌或下跌未尽时不宜分批买进。

3. 分散投资

把资金投资于不同类型的股票以分散非系统性风险,但也不能过度分散,毕竟每个投资者手中的资金是有限的。把资金一部分投资于收益低、风险低的价值型股票上,一旦股市不景气,也可以获得比较稳定的收益。

4. 反向投资

此策略的前提是摸清大众的心理,在大众投资错误的基础上,人买我卖,人卖我买;人热我冷,人冷我热。在一般情况下,股民大多跟风追涨杀跌。某种股票价格较低时,大家都买,却不知这时股价已经升高了,并接近顶峰,正中了庄家出货的陷阱,反之亦然。因此,在摸清大众跟风心理的前提下,可以进行反向操作。

5. 波段操作

当上升波段来临时操作。每一波段的长短和深浅是不同的,每一波段的市场投资热点也是不同的,投资者波段操作可根据具体情况采取相应的投资策略。

6. 及时止损,大局为重

投资者在进行投资前应建立一个止损点和一个获利了结点。当市场的价位已经达到获利点,无论市场还是涨还是跌都应及时抛出;同时股价跌到了止损时,应认清大势,及时止损,以大局为重。

7. 比价买入

同板块比价是一种非常有效的选股方法。当发现同一类板块的某股票大幅度上涨时,板块中的其他个股也将跟涨。通过基本面和技术分析找出那些有进攻力的股票买入并持有是一个较好的方法。

课后任务

【知识巩固】

一、单选题

1. 股票具有(   )特征。

A. 收益性　　　　　　　　B. 非流通性

C. 可偿还性　　D. 无风险性

2. 股票竞价采用(　　)原则。

A. 仅价格优先　　B. 仅时间优先

C. 价格优先、时间优先　　D. 以上都不是

3. 按行业发展分类,行业可以分为(　　)。

A. 基础型行业　　B. 成长型行业

C. 周期型行业　　D. 以上都是

4. 汽车制造属于(　　)行业。

A. 完全竞争　　B. 垄断竞争

C. 寡头垄断　　D. 完全垄断

5. “新产品和大量替代品不断涌现,原有行业的市场需求开始逐渐减少”,这属于行业生命周期中的(　　)。

A. 初创期　　B. 衰退期

C. 成长期　　D. 成熟期

6. 流动比率可用于分析公司的(　　)。

A. 偿债能力　　B. 股本结构

C. 营运能力　　D. 盈利能力

7. 资产负债率可用于分析公司的(　　)。

A. 偿债能力　　B. 股本结构

C. 营运能力　　D. 盈利能力

8. 净资产收益率可用于分析公司的(　　)。

A. 偿债能力　　B. 股本结构

C. 营运能力　　D. 盈利能力

9. 阳线意味着(　　)。

A. 开盘价高于收盘价　　B. 收盘价高于开盘价

C. 开盘价等于收盘价　　D. 无法判断

10. 十字星意味着(　　)。

A. 开盘价高于收盘价　　B. 收盘价高于开盘价

C. 开盘价等于收盘价　　D. 无法判断

二、多选题

1. 按上市地区分类,股票可分为(　　)。

A. A 股　　B. B 股

C. S 股　　D. N 股

2. 按股东享有权利分类,股票可分为(　　)。

A. 普通股　　B. 优先股

C. 记名股　　D. 无记名股

3. 按是否记名分类，股票可分为(　　)。

A. 普通股　　B. 优先股

C. 记名股　　D. 无记名股

4. 股票发行市场由(　　)主体因素相互联结而组成。

A. 股票发行者　　B. 股票承销商

C. 股票　　D. 股票投资者

5. 股票交易费用通常包括(　　)。

A. 交易佣金　　B. 交易监管费

C. 交易经手费　　D. 印花税

6. 影响行业发展的因素包括(　　)。

A. 政府行为　　B. 技术水平

C. 社会发展趋势　　D. 以上都不是

7. 公司的竞争地位分析内容包括(　　)。

A. 产品的技术水平　　B. 产品的市场前景

C. 公司资本规模与经营规模　　D. 产品的市场占有率

8. 技术分析的要素包括(　　)。

A. 成交价　　B. 成交量

C. 时间　　D. 空间

9. 为了能够理性地进行股票投资，投资者应遵循(　　)原则。

A. 顺势而为　　B. 逆向思维

C. 控制风险　　D. 目标适度

10. 移动平均线具有(　　)特点。

A. 支撑压力性　　B. 滞后性

C. 稳定性　　D. 助涨助跌性

三、简答题

1. 股票发行市场具有哪些特点？

2. 如何进行公司财务分析？

3. 如何理解技术分析中价、量、时、空的相互关系？

4. 如何解读红三兵 K 线组合？

5. 简述股票投资的原则与操作策略。

【实训一】

1. 实训目标

培养学生投资风险意识，股票 K 线、切线、均线分析技能。

2. 实训内容

(1)3 人一组，登录模拟炒股软件；

(2)选择个股，调用 K 线图，找出典型的上升 K 线组合和下跌 K 线组合；

(3)画出趋势线，进行趋势分析；

(4)调用所需的技术指标,进行技术指标分析;

(5)小组总结,教师点评。

【实训二】

1. 实训目标

培养学生运用内在价值法估算股票价值的技能。

2. 实训内容

小王拟购买J股票,若J股票未来三年股利基本维持2.5元,3年后转手时估价为18元,折现率10%,则该股票的价值为多少?若现在市价是17元,可以买吗?

项目三　债券项目

【名　　言】

因天下之力，以生天下之财；取天下之财，以供天下之费。

——〔宋〕王安石《临川先生文集》

【思维导图】

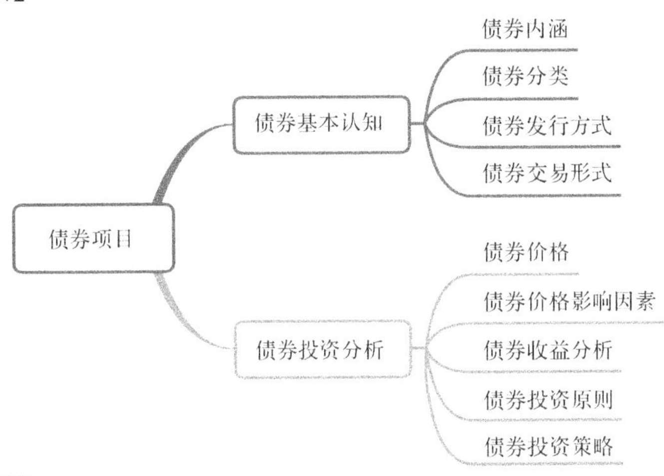

【学习目标】

能力目标	(1)能正确认知债券； (2)能对债券投资进行分析。
知识目标	(1)掌握债券的概念、特征、基本要素与类型； (2)理解债券价值与价格分析、收益分析方法； (3)理解债券价格影响因素、债券投资原则与操作策略； (4)了解债券发行方式、交易形式。
素质目标	(1)树立正确的投资理财与风险意识； (2)具有团队合作精神； (3)塑造劳动精神，树立社会主义核心价值观。

【情境导入】

我国的债券市场蓬勃发展，交易主体不断壮大，交易品种越来越丰富，债券市场的发展有着广阔的前景。2020 年国债发行 7 万亿元，较 2019 年增加了 3 万亿元；地方政府债券发行 6.4 万亿元，较 2019 年增加了 2 万亿元；金融债券发行 9.3 万亿元，较 2019 年增加了 2.4 万亿元；政府支持机构债券发行 0.36 万亿元，较 2019 年减少了 0.014 万亿元；资产支持证券发行 2.3 万亿元，较 2019 年增加了 0.3 万亿元；同业存单发行 19 万亿元，较 2019 年增加了1万亿元;公司信用类债券发行12.2万亿元,较2019年增加了2.5万亿元。

债券的规模不断扩大,具体有哪些种类?作为理性的投资者应如何进行债券投资呢?

子项目一 债券基本认知

一、债券内涵

(一)债券概念

债券是政府、金融机构、企业等直接向社会筹措资金时,向投资者发行并且承诺按一定利率支付利息并按约定条件偿还本金的债权债务凭证。

债券的发行人既是资金的最终需求者,也是债务人,承担着到期还本付息的义务;债券购买者既是资金的供给者,也是债权人,有权要求债务人按约定条件还本付息。因此,债券是证明持有人和发行人之间债权债务关系的法律凭证。

(二)债券基本要素

债券是一种债务凭证,反映了发行者与购买者之间的债权债务关系。债券尽管种类多种多样,但是在内容上都要包含一些基本的要素。这些要素是指发行的债券上必须载明的基本内容,这是明确债权人和债务人权利与义务的主要约定。

1. 债券面值

债券面值是指债券的票面价值,是发行人对债券持有人在债券到期后应偿还的本金数额,也是发行人向债券持有人按期支付利息的计算依据。债券的面值与债券实际的发行价格并不一定是一致的,发行价格大于面值称为溢价发行,发行价格小于面值称为折价发行。

2. 票面利率

债券的票面利率是指债券利息与债券面值的比率,是发行人承诺以后一定时期支付给债券持有人报酬的计算标准。债券票面利率是债券发行人根据债券的期限、信用等级、利息支付方式等因素来确定的。

(1)债券的期限

一般来说,债券的期限越长,发行的利率越高;反之,期限越短,发行的利率就越低。期限越长,潜在风险就越大,包括信用风险、利率风险、通货膨胀风险等,投资者承担的风险越大,就需要越高的利率回报。

(2)债券的信用等级

债券的信用等级的高低一定程度上反映了债券发行人到期支付本息的能力,债券等级越高,投资人承担的风险越小;反之,投资人承担的风险越大。债券发行人可以根据债券信用等级来确定债券的发行利率。

(3)有无可靠的抵押或担保

抵押或担保是对债券还本付息的一种保障,是对债券投资风险的一种防范。在其他情况已确定的条件下,有抵押或担保,投资风险相对风险小一些,债券的利率就可以低一些。

(4)利率水平

当前市场上利率水平及变动趋势、同类证券及其他金融工具的利率水平等都会影响债券的发行利率。

(5)债券利息的支付方式

实行单利、复利和贴现等不同的利息支付方式，对投资人的实际收益率和发行人的筹资成本有着不同的影响，从而影响债券的发行利率。

3. 付息期

债券的付息期是指债券发行人发行债券后利息支付的时间，它可以是到期一次支付，也可以是1年、半年或者3个月支付一次。在考虑货币时间价值和通货膨胀因素的情况下，付息期对债券投资者的实际收益会有很大影响。到期一次付息的债券，其利息通常是按单利计算的；而年内分期付息的债券，其利息则按复利计算。

4. 偿还期

债券偿还期是指企业债券上载明的偿还债券本金的期限，即债券发行日与到期日之间的时间间隔。公司要结合自身的资金周转状况及外部资本市场的各种影响因素来确定公司债券的偿还期。

【加油站】债券交易流通要素

债券交易流通要素公告(22国开08)续发

国家开发银行2022年第八期金融债券已完成登记注册，现将其相关要素公布如下：

债券名称：	国家开发银行2022年第八期金融债券	债券简称：	22国开08
债券代码：	220208	实际续发行总额(亿元)：	100.0000000000
债券期限：	5年	票面年利率(%)：	2.69
计息方式：	附息式固定利率	付息频率(月/次)：	12
续发行发行日：	20220816	起息日：	20220616
债权债务登记日：	20220819	结算服务起始日：	20220822
交易流通终止日：	20270615	兑付日：	20270616
面值(元)：	100.000000	续发行价格：	101.92元/百元面值

重要提示：

1. 本期债券为增发债券，从本增发债券交易流通起始日起与原发行部分合并上市交易。
2. 债券交易流通终止日如遇国家调整法定节假日安排，则另行公告。
3. 中央国债登记结算有限责任公司根据监管部门的有关规定，安排本债券交易流通，不代表对本债券的价值做出实质性判断。

中央国债登记结算有限责任公司

2022年8月19日

(资料来源：中国债券信息网，https://www.chinabond.com.cn)

(三)债券特点

(1)偿还性

债券一般都会规定偿还期限,发行人必须按约定条件偿还本金并支付利息。

(2)流通性

债券一般都可以在流通市场上自由转让。

(3)安全性

债券通常规定固定的利率,与企业绩效没有直接联系,收益比较稳定,风险较小。此外,在企业破产清算时,债券持有者对企业的剩余资产拥有优先索取权。

(4)收益性

债券的收益性主要表现在两个方面:一是投资债券可以给投资者定期或不定期地带来利息收入;二是投资者可以利用债券价格的变动,买卖债券赚取差额。

二、债券分类

债券因发行主体、期限、利率及筹资用途的不同,可以从不同角度划分为不同的种类。为了满足人们对融资的多元化需求,新的债券形式不断产生,主要的债券种类有以下几种。

(一)根据发行主体,分为政府债券、金融债券和企业债券

政府债券是政府发行并负责还本付息的债券。它又分为中央政府债券和地方政府债券。中央政府债券又称为国债,地方政府债券又称为市政债券。国债包括凭证式国债、无记名(实物)国债、记账式国债。凭证式国债指国家不印刷实物券,而用填制国库券收款凭证的方式发行的国债。它采用国债收款凭单作为债权证明,不可上市流通转让,但可提前兑取。无记名国债,也是实物券,是一种票面上不记载债权人姓名或单位名称,以实物券面形式(券面上印有发行年度、券面金额等内容)记录债权而发行的国债,是我国发行历史最长的一种国债。记账式国债,是由财政部通过无纸化方式发行的,以电脑记账方式记录债权,可以上市交易的债券。金融债券是由银行或非银行性金融机构发行的债券。发行金融债券的金融机构,一般实力雄厚、资信度高,发行债券所筹集的资金具有特定的用途。企业债券是指境内具有法人资格的企业,依照法定程序发行,约定在一定期限内还本付息的有价证券。

(二)根据偿还方式,分为一次还本债券、分次还本债券和通知还本债券

一次还本债券是指在债券到期后的规定时间内向投资者一次性偿还本金的债券。这种债券较为常见,短期债券基本上属此类;中长期债券也有很大部分采取一次还本方式。分次还本债券是指在债券有效期内,分别于不同时期向投资者分批次偿还部分或全部本金的债券。采取这种偿还方式的债券一般都是中长期债券。通知还本债券是指在债券到期前,发行者可随时发布通知,偿还债券持有人一部分或全部本金的债券。

(三)根据利息支付方式,分为附息债券和贴现债券

附息债券是指在债券券面上附有息票的债券,或是按照债券票面载明的利率及支付方式支付利息的债券。贴现债券是指按低于债券面额的价格发行而到期时按面额偿

还的债券。由于债券发行时，按贴现原理，用折扣方式从债券面额中扣除利息，因此该种债券的发行价格低于面额，其差额构成债券利息。

（四）根据还本期限，分为短期债券、中期债券和长期债券

短期债券是指还本期限在1年或者1年以内的债券。中期债券是指还本期限在1年以上、5年以下的债券。长期债券是指还本期限在5年以上的债券。

（五）根据有否抵押或担保，分为信用债券和抵押债券

信用债券是指凭发债者的信用能力而发行的债券，它没有特定的财产作为发债抵押。政府发行的债券大多数是信用债券，它们的偿还以政府的信用为基础。公司债券中也有不少属于信用债券。抵押债券是指以特定财产为抵押而发行的债券。在发行人不能按期偿还本金和利息的情况下，抵押债券持有者对抵押资产有置留权，即拥有出售抵押财产来获得其未偿债务的法律权利。

（六）根据是否记名，分为记名债券和无记名债券

记名债券是指在债券上记有债权人姓名的债券。这种债券在领取本息时除需持有债券外，还需持有债权人的身份证件和印鉴；在转让时，一般要进行背书和重新登记。记名债券通常可以挂失，安全性高，但流动性差。无记名债券是指债券上不记载债权人姓名的债券，其持有者仅凭债券本身即可按规定领取本金和利息，无须附带其他证件，转让时也无须登记，因此该类债券的流动性较好。

（七）根据发行地域，分为国内债券和国际债券

国内债券是指在本国发行的债券。国际债券主要分为两类：①外国债券，指某一国借款人在本国以外的某一国家发行以该国货币为面值的债券。②欧洲债券，指借款人在本国境外市场发行的，不以发行市场所在国的货币为面值的国际债券。欧洲债券的特点是债券发行者、发行地点和债券面值所使用的货币分别属于不同的国家。

（八）根据利率浮动与否，分为固定利率债券和浮动利率债券

固定利率债券，也称普通债券，是指债券的一种形式，是一种利率在发行时就被固定下来的债券。浮动利率债券是指发行时规定债券利率随市场利率定期浮动的债券。债券利率在偿还期内可以进行变动和调整。它的利率通常根据市场基准利率加上一定的利差来确定。

（九）根据附带权益内容，分为可转换债券和可赎回债券

可转换债券是指债券持有人可按照发行时约定的价格将债券转换成公司的普通股票的债券。如果持有人看好发债公司股票增值潜力，在宽限期之后可以行使转换权，按照预定转换价格将债券转换成股票，发债公司不得拒绝。可赎回债券，也称可买回债券，是指发行人有权在特定的时间按照某个价格强制从债券持有人手中将债券赎回。

三、债券发行方式

（一）根据发行方式和认购对象，分为私募发行和公募发行

债券的私募发行是指向少数特定投资者的发行。私募发行的对象主要有两类：一类是有所限定的个人投资者，一般情况下是限于发行单位内部或有紧密联系的单位内部的职工或股东;另一类是指定的机构投资者,如专业性基金(包括养老退休基金、人寿保险基金等),或与发行单位有密切业务往来的企业等。

债券的公募发行是指公开向社会非特定投资者的发行,充分体现公开、公正的原则。公募发行的有利之处在于:一是可以提高发行者的知名度和信用度,从而有利于扩大筹集渠道,享受较有利的筹集条件;二是发行的债券可以上市转让流通,从而提高其流动性和吸引力;三是发行范围广泛,因而筹资潜力较大;四是发行者和投资者完全处于公平竞争、公平选择的地位。

(二)根据有无中介机构协助发行,分为直接发行和间接发行

债券不论是私募发行还是公募发行,按其是否需要中介机构给予协助发行,可分为直接发行和间接发行。一般而言,私募发行多采用直接发行的方式,而公募发行则采用间接发行方式。

1. 直接发行

直接发行是指债券发行人直接向投资者推销债券,而不需要中介机构进行承销。采用直接发行方式,可以节省中介机构的承销、包销费用,节约发行成本。但是需要花费大量人力和时间进行申报登记、资信评估、债券印发等工作,因此一些较小公司往往难以承受。

2. 间接发行

间接发行是指发行人不直接向投资者推销,而是委托中介机构进行承购推销。间接发行可以节约人力、时间,一定程度上减小发行风险,迅速有效地完成。债券发行人选择间接发行的方式,需要委托作为承销商的中介机构进行承销。

(1)债券代销

债券代销指债券发行者委托承销商代为向社会推销债券。发行者按照协议内容支付承销商费用。

(2)债券余额包销

债券余额包销是指承销商按照已定的发行条件和数额,在约定期限内向社会公众大力推销,到销售截止日,如未销售完,则由承销商负责认购,承销商要按照约定的时间向发行者支付全部债券款项。在债券发行结束后,承销商还可以继续推销自己所认购的部分债券,或者通过投资持有这部分债券。

(3)全额包销

全额包销指由承销商先将发行的全部债券认购下来,并立即向发行人支付全部债券款项,然后按市场条件转售给投资者。如采用该种模式,承销商要承担全部发行失败的风险,可以保证发行人及时筹得所需资金。债券全额包销又可以分为以下三小类。

①协议包销,是指发行人与一个单独承销商签订包销协议,由其独立包销发行人发行的全部债券。该种方式发行风险全部由承销商独立承担,发行手续费也全部归承销商独享。

②俱乐部包销,是指发行人与若干个承销商签订发行协议,由这些承销商共同包销发行的全部债券,通过协议具体规定每个承销商包销的份额,并据此确定其承担的发行

风险和应取得的发行费用。该种方式发行风险由多个承销商共同承担,同样发行费也由参加包销的若干个承销商分享,风险分担、利益共享。

③银团包销,是指由一个承销商牵头,若干个承销商参与包销活动,以竞争的方式确定各自的包销额,并按其包销额承担发行风险,收取发行手续费。

【加油站】国债发行通知

关于2022年记账式贴现(四十五期)国债发行工作有关事宜的通知

财办库〔2022〕195号

2021—2023年记账式国债承销团成员,中央国债登记结算有限责任公司、中国证券登记结算有限责任公司、中国外汇交易中心、上海证券交易所、深圳证券交易所:

为筹集财政资金,支持国民经济和社会事业发展,财政部决定发行2022年记账式贴现(四十五期)国债(182天)。现就本次发行工作有关事宜通知如下:

一、发行条件

(一)品种和数量。本期国债为期限182天的贴现债,以低于票面金额的价格贴现发行。竞争性招标面值总额650亿元,进行甲类成员追加投标。

(二)日期安排。2022年8月26日招标;8月29日开始计息;招标结束至8月29日进行分销;8月31日起上市交易。

(三)兑付安排。本期国债于2023年2月27日(节假日顺延)按面值偿还。

(四)竞争性招标时间。2022年8月26日上午10:35至11:35。

二、竞争性招标

(一)招标方式。采用修正的多重价格招标方式,标的为价格。

(二)标位限定。投标标位变动幅度0.005元,投标剔除、中标剔除和每一承销团成员投标标位差分别为60个、50个和50个标位。

三、发行款缴纳

中标承销团成员于2022年8月29日前(含8月29日),将发行款缴入财政部指定账户。缴款日期以财政部指定账户收到款项日期为准。

收款人名称:中华人民共和国财政部

开户银行:国家金库总库

账号:270—22245—1

汇入行行号:011100099992

四、其他

除上述规定外,本期国债招标工作按《记账式国债招标发行规则》执行。

财政部办公厅

2022年8月16日

(资料来源:中国债券信息网,https://www.chinabond.com.cn/Info/161005850。)

（三）根据定价方式，分为平价发行、溢价发行和折价发行

平价发行，也称等额发行或面额发行，是指发行人以票面金额为发行价格的发行方式。溢价发行是指以高于债券票面金额的价格出售债券，到期按票面金额偿还的发行方式。采用溢价发行的债券，收益率通常较高，投资者有利可图。折价发行，也称低价发行，是指一种发行价格低于债券票面金额，到期还本时依照票面金额偿还的发行方式。正常情况下，低价发行可以提高债券的吸引力，扩大债券的发行数量，加快发行速度，有利于发行者在短期内筹集更多资金。

四、债券交易形式

债券二级市场上的交易主要有三种形式，即现货交易、期货交易和回购协议交易。

（一）现货交易

债券现货交易是指买卖双方根据商定的付款方式，在较短的时间内交割清算。一般会有一个较短的拖延时间，因此现货交易不完全是现金交易，不是一手交钱，一手交货。现货交易按交割时间的安排可以分三种：①即时交割，即于债券买卖成交时立即办理交割；②次日交割，即成交后的第二天办理交割；③限期交割，即于成交后限定几日内完成交割。

（二）期货交易

债券期货交易是指买卖成交后，双方按契约规定的价格在将来指定日期（3个月、6个月以后）进行交割清算。进行债券的期货交易，可以规避、转嫁风险，实现债券的套期保值。在期货交易中，买卖双方在最后交割时都有可能亏本，为了保证履约，买卖双方都要按规定交付一定比例的保证金，当保证金随着价格的变动减少时，还要增交保证金。

（三）回购协议交易

债券回购协议交易是指债券买卖双方按预先签订的协议，约定在卖出一笔债券后一段时间再以特定的价格买回这笔债券，并按商定的利率付息。回购协议的期限有长有短，最短为1天，称为隔夜交易，最长的有一年，一般为1个星期、2个星期、3个星期或1个月、3个月、6个月。

【加油站】债券与股票的比较

债券与股票一样，都是资本市场筹集资金的工具，但两者也有区别。

（1）发行主体不同。作为筹资手段，无论是国家、地方政府、团体机构还是工商企业、公司组织，都可以发行债券；而股票只能由一部分股份制公司发行。

（2）发行人与持有者的关系不同。债券是一种债权债务凭证，而股票是一种所有权凭证。

（3）期限不同。债券一般在发行时都明确规定偿还期限，期满时，发行人必须偿还本金；而股票一经购买，则不能退股，投资人只能通过市场转让的方式收回资金。

(4)价格的稳定性不同。由于债券利息率固定、票面金额固定、偿还期限固定，其市场价格相对稳定；而股票无固定的期限和利息，其价格受公司经营状况、国内外局势、公众心理以及供求状态等多种因素影响，涨跌频繁并且振幅较大。

(5)风险程度不同。无论公司经营状况是好还是坏，债券持有人均可以按照规定不定期地获得利息，并且在公司破产清偿时有比股东优先受偿的权利；而股票持有者，尤其是普通股票持有者，获取股利的多少取决于公司的经营状况。

(6)财务处理不同。发行债券被视为公司负债，其利息支出是公司的固定支出，可计入成本，冲减利润；而股票是股份公司为自己筹集的资本，所筹资金被列入资本，股票的红利则是公司利润的一部分，只有在公司盈利时才能支付。

子项目二 债券投资分析

一、债券价格

在实际中，不论债券在一级市场上的发行，还是在二级市场上的转让，只要存在交易，都有一个实际交易的价格。债券实际交易的价格并不一定等于它的价值(理论价格)，而是围绕价值上下波动，同时受利率等因素的影响。企业采用发行债券形式从资本市场上筹集资金，必须知道如何定价，如果定价偏低，企业会因此遭受损失；如果定价过高，会导致发行失败。对于债券投资者来说，债券的价值高于其购买时的价格，才值得投资。

(一)债券估价基本模型

债券估价基本模型是指对典型债券所使用的估价模型。此处所称典型债券是指有固定票面利率、分期支付利息、到期归还本金的债券。为计算方便，假定有关字母符号的含义如下：M 为债券面值，i 为债券票面利息率，n 为债券期限(偿还年数)，P 为债券价值(理论价格)，P_1 为债券买入价，P_2 为债券卖出价，I_t 为第 t 期债券利息收入(通常为债券票面利息)，I 为债券票面年利息，r 为折现率(通常为债券持有人要求得到的必要报酬率或市场利率)，R 为债券到期收益率。

债券估价基本模型是：

$$P=\frac{I_1}{(1+r)^1}+\frac{I_2}{(1+r)^2}+\cdots+\frac{I_t}{(1+r)^n}+\frac{M}{(1+r)^n}=\sum_{t=1}^{n}\frac{I_t}{(1+r)^t}+\frac{M}{(1+r)^n}$$

运用上面的模型对债券进行估价是基于以下两个假设条件的：① 债券完全能够按期支付本金和利息；② 不同时期的利息收入能够找到与其收益率一样的资产进行再投资。

(二)一次还本付息债券估价模型

$$P=\frac{M\cdot i\cdot n+M}{(1+r)^{n}}$$

【任务 3-1】

H 公司发行面值为 100 元的 5 年期限债券，每年付息一次，票面利率为 10%，但当债券发行时，实际市场利率已升至 12%，则债券的发行价格应为多少？

【任务分析】

$$发行价格=\sum_{t=1}^{5}\frac{100\times10\%}{(1+12\%)^{t}}+\frac{100}{(1+12\%)^{5}}\approx92.79(元)$$

H 公司可以采取折价发行的方式发行。而对于投资者来说，只有按照不高于 92.79元的价格购买债券并持有至到期才可以获得不低于市场利率 12%的收益。

二、债券价格影响因素

债券市场价格是随着债券市场的供需状况不断变化的，因此，市场的供求关系对债券价格的变动有着直接影响。当市场上的债券供过于求时，债券价格必然下跌；反之，债券价格则上涨。影响债券供求关系，从而引起债券行市变动的因素较多，除政治、战争、自然灾害等因素外，主要有以下几方面的因素。

(一)利率

货币市场利率的高低与债券价格的涨跌有密切关系。当货币市场利率上升时，信贷紧缩，用于债券的投资减少，于是债券价格下跌；当货币市场利率下降时，信贷放松，流入债券市场的资金增多，投资需求增加，于是债券价格上涨。

(二)经济发展情况

经济发展情况的好坏，对债券市场行情有较大的影响。当经济发展呈上升趋势时，生产对资金的需求量较大，于是市场利率上升，债券价格下跌；当经济发展不景气、生产过剩时，生产企业对资金的需求急剧下降，于是市场利率下降，资金纷纷转向债券投资，债券价格也随之上涨。

(三)物价

物价的涨跌会引起债券价格的变动。当物价上涨较快时，人们出于保值的目的，纷纷将资金投资于房地产或其他可以保值的物品，债券供过于求，从而引起债券价格的下跌。

(四)中央银行的公开市场操作

中央银行具有宏观调控的重要功能，为调节货币供应量，通常在信用扩张时向市场抛售债券，这时债券价格就会下跌；而当信用萎缩时，中央银行又从市场上买进债券，这时债券价格则会上涨。

(五)新发债券的发行量

当新发债券的发行量超过一定限度时，会打破债券市场供求的平衡，使债券价格下跌。

(六)投机操纵

在债券交易中进行人为的投机操纵,会造成债券行情的较大变动。特别是在初建证券市场的国家,由于市场规模较小,人们对于债券投资还缺乏正确的认识,加之法规不够健全,一些非法投机者有机可乘,以哄抬或压低价格的方式造成市场供求关系的变化,影响债券价格的涨跌,从而达到自己的目的。

(七)汇率

汇率的变动对债券市场行情的影响很大。当某种外汇升值时,就会吸引投资者购买以该种外汇标值的债券,使债券价格上涨;反之,当某种外汇贬值时,投资者就会抛出以该种外汇标值的债券,使债券价格下跌。

三、债券收益分析

(一)债券收益

债券收益来自利息收益和资本损益。①债券的利息收益,取决于债券的票面利率和付息方式。这是债券发行时就决定的,除了保值贴补债券和浮动利率债券,债券的利息收入不会改变,投资者在购买债券前就可得知。②债券的资本损益,是债券买入价与卖出价或买入价与到期偿还额之间的差额。当卖出价或偿还额大于买入价时,资本损益为正,即为资本收益;当卖出价或偿还额小于买入价时,资本损益为负,即为资本损失。投资者可以在债券到期时,将持有的债券兑现或利用债券市场上价格的变动低买高卖,从中取得资本收益,当然,也有可能遭受资本损失。

(二)债券收益率

债券收益率是指一定时期内债券投资收益与投资额的比率。决定债券收益率的因素主要有债券的价格变动、债券到期时间的长短、银行利率的变动、债券的资信程度及债券的购买价格。

1. 票面收益率

票面收益率,也称名义收益率,是指印制在债券票面上的固定利率,通常是年利息收入与债券面额的比率。当债券平价发行时,其票面收益率等于实际收益率,当债券溢价(或折价)发行时,其票面收益率大于(或小于)实际收益率。

2. 本期收益率

本期收益率,也称即期收益率、当前收益率,是指债券的年实际利息收入与买入债券的实际价格之比率。本期收益率反映了购买债券的实际成本所带来的收益情况,但与票面收益率一样,不能反映债券的资本损益情况。

3. 持有期收益率

债券持有期收益率指买入债券后持有一段时间,然后在到期日之前将其出售而得到的年均收益率。债券持有人在持有债券期间得到的收益率,能综合反映债券持有期间的利息收入情况和资本损益水平。债券的持有期是指从买入债券与出售债券之间的期间,通常以“年”为单位表示,即持有年数(持有期的实际天数除以 365)。具体分为短期债券持有期收益率和长期债券持有期收益率。此处所说的短期债券持有期收益率是指投资者投资债券期限在一年以内的收益率。长期债券持有期收益率是指投资者投资债券期限在一年以上的收益率。在分期付息债券中，长期持有债券(超过一年)的，应按每年复利一次计算持有期年均收益率，即使债券带来的现金流入量净现值为零的折现率。

4. 到期收益率

债券到期收益率是债券投资者在二级市场上买入已经发行的债券并持有到期满为止的这个期限内的年平均收益率。

上述债券收益率的计算公式具体如表 3-1 所示。

表 3-1　债券收益率计算公式

<table>
<tr><th colspan="3">类别</th><th>公式</th></tr>
<tr><td colspan="3">债券票面收益率</td><td>$票面收益率=\frac{年利息收入}{债券面值}\times 100\%$</td></tr>
<tr><td colspan="3">债券本期收益率</td><td>$本期收益率=\frac{年利息收入}{债券买入价}\times 100\%$</td></tr>
<tr><td rowspan="3">债券持有期收益率</td><td rowspan="3">短期债券持有期收益率</td><td>分期付息债券</td><td>$持有期收益率=\frac{利息收入+(卖出价-买入价)}{买入价\times 持有年数}\times 100\%$</td></tr>
<tr><td>一次还本付息债券</td><td>$持有期收益率=\frac{卖出价-买入价}{买入价\times 持有年数}\times 100\%$</td></tr>
<tr><td>贴息债券</td><td>$持有期收益率=\frac{卖出价-买入价}{买入价\times 持有年数}\times 100\%$</td></tr>
<tr><td rowspan="3">债券持有期收益率</td><td rowspan="3">长期债券持有期收益率(n 为债券持有年数)</td><td>分期付息债券
(r 为持有期收益率)</td><td>$P_1=\sum_{t=1}^{n}\frac{I}{(1+r)^t}+\frac{P_2}{(1+r)^n}$</td></tr>
<tr><td>一次还本付息债券</td><td>$r=(\frac{P_2}{P_1})^{\frac{1}{n}}-1$</td></tr>
<tr><td>贴息债券</td><td>$r=(\frac{P_2}{P_1})^{\frac{1}{n}}-1$</td></tr>
<tr><td rowspan="6">债券到期收益率</td><td rowspan="2">分期付息债券(n 为剩余付息年数，下同)</td><td>单利计息</td><td>$R=\frac{I+(M-P_1)/n}{P_1}\times 100\%$</td></tr>
<tr><td>复利计息
(R 为到期收益率)</td><td>$P_1=\sum_{t=1}^{n}\frac{I}{(1+R)^t}+\frac{M}{(1+R)^n}$</td></tr>
<tr><td rowspan="2">一次付息债券(N 为债券偿还期限，下同)</td><td>单利计息</td><td>$R=(\frac{M+MiN}{P_1}-1)\div n$</td></tr>
<tr><td>复利计息</td><td>$R=(\frac{M+MiN}{P_1})^{\frac{1}{n}}-1$</td></tr>
<tr><td rowspan="2">贴息债券</td><td>单利计息</td><td>$R=\frac{(M-P_1)/P_1}{n}\times 100\%$</td></tr>
<tr><td>复利计息</td><td>$R=(\frac{M}{P_1})^{\frac{1}{n}}-1$</td></tr>
</table>

【任务3-2】

小张于2021年5月11日以1030元的价格买入一张面额为1000元的W公司发行的单利计息债券，票面年利率为8%，期限为3年，2022年12月20日到期。请问到期收益率是多少？

【任务分析】

$$到期收益率=\frac{1000\times 8\%+(1000-1030)\div 1\frac{223}{365}}{1030}\times 100\%\approx 5.96\%$$

小张持有该债券的到期收益率是5.96%。

四、债券投资原则

(一)收益性原则

收益性原则是债券投资最基本的要求。债券投资的收益等于利息收入与资本增值之和。债券的利息率一般是预先确定的，可按利息率高低确定收益的多少。不同种类的债券收益大小不同，投资者应根据自己的实际情况选择。例如，国家(包括地方政府)发行的债券，一般认为是没有风险的投资；而企业债券则存在能否按时偿付本息的风险，作为对这种风险的报酬，企业债券的收益必然比政府债券要高。

(二)安全性原则

债券相对于其他投资工具要安全得多，但这仅仅是相对的，其安全性问题依然存在，因为经济环境会变，经营状况会变，债券发行人的资信等级也不是一成不变的。因此，投资债券还应考虑不同债券投资的安全性。例如，就政府债券和企业债券而言，企业债券的安全性不如政府债券。

(三)流动性原则

流动性是指收回证券投资本金的快慢，债券的流动性强意味着能够较快地将债券兑换成货币，同时以货币计算的价值不受损失，反之则表明债券的流动性差。影响债券流动性的主要因素是债券的期限，期限越长，流动性越弱，期限越短，流动性越强，不同类型债券的流动性也不同。例如，资信卓著的大公司或规模小但经营良好的公司，发行的债券的流动性是很强的；反之，规模小、经营差的公司发行的债券，流动性要差得多。

五、债券投资策略

(一)完全主动投资

完全主动投资，即投资者投资债券的目的是获取市场波动所引起价格波动带来的收益，需要投资者对债券和市场有较深的认识。该投资方法适合于比较专业的投资者，投资者对市场和债券走势要有较强的预测能力，在对市场和债券作出判断和预测后，采取“低买高卖”的手法进行债券买卖。如果预计未来债券价格(指净价)上涨，则买入债券，等到价格上涨后卖出；如果预计未来债券价格下跌，则将手中持有的债券出售，并在价格下跌时再购入债券。完全主动投资方法使债券投资收益较高，但也面临较高的波动性风险。

(二)完全消极投资

完全消极投资,即投资者购买债券的目的是储蓄,获取较稳定的投资利息。这类投资者往往没有时间对债券投资进行分析和关注,或者对债券和市场基本没有认识,其投资方法就是购买一定的债券,并一直持有到期,获得定期支付的利息收入。适合这类投资者投资的债券有凭证式国债、记账式国债和资信较好的企业债。如果资金不是非常充裕,这类投资者购买的最好是容易变现的记账式国债和在交易所上市交易的企业债券。这种投资方法风险较小,收益率波动性较小。

(三)部分主动投资

部分主动投资,即投资者购买债券的目的主要是获取利息,但同时也把握价格波动的机会获取收益。这类投资者对债券和市场有一定的认识,但对债券市场关注和分析的时间有限,其投资方法就是买入债券,并在债券价格上涨时将债券卖出获取差价收入;如果债券价格没有上涨,则持有到期获取利息收入。该投资方法下债券投资的风险和预期收益高于完全消极投资,但低于完全主动投资。

总之,投资者在进行债券投资时,要结合债券种类、债券期限、债券收益水平理性地优化投资结构。一般情况下,政府债券、金融债券风险较小,企业债券风险较前两者大,但收益也依次增大;债券期限越长,利率越高,则风险越高;期限越短,利率越低,则风险越低。科学合理地安排投资结构,可以减小债券投资的风险,增加流动性,实现投资收益的最大化。

【案例 3-1】等级投资债券

小张第一次买入 100 张面值为 100 元的债券,价格 120 元。

假设当国债价格变动 2 元时进行买卖操作,每次 100 张,即当价格每下降 2 元,买进 100 张;价格每上升 2 元,卖出 100 张。

当降到 118 元,买进 100 张,再降到 116,再买进 100 张,回升到 118 元,卖出 100 张,回升到 120 元,再卖出 100 张。

现在仍旧持有 100 张,价格仍为 120 元,成本原来是 12000 元,现在是 11600 元。

【案例 3-2】梯形投资债券

小张 2023 年 6 月买入 2023 年发行的 3 年期债券 10000 元,2024 年 6 月买入 2024 发行的 3 年期债券 10000 元,2025 年 6 月买入 2025 发行的 3 年期债券 10000 元。

到 2026 年 6 月就可以收到本息用于再投资,2027 年、2028 年相同,则其债券投资结构中 1 年期、2 年期、3 年期均有,收益率均为 3 年期收益率。

课后任务

【知识巩固】

一、单选题

1. 根据发行主体，债券分为(　　)。

A. 短期债券、中期债券和长期债券

B. 政府债券、金融债券和企业债券

C. 信用债券和抵押债券

D. 一次性还本债券、分次还本债券和通知还本债券

2. 根据还本期限，债券分为(　　)。

A. 短期债券、中期债券和长期债券

B. 信用债券和抵押债券

C. 政府债券、金融债券和企业债券

D. 一次性还本债券、分次还本债券和通知还本债券

3. 债券二级市场上的交易形式有(　　)。

A. 现货交易　　B. 期货交易

C. 回购协议交易　　D. 以上都是

4. 根据有否抵押或担保，债券分为(　　)。

A. 一次性还本债券、分次还本债券和通知还本债券

B. 政府债券、金融债券和企业债券

C. 信用债券和抵押债券

D. 短期债券、中期债券和长期债券

5. 根据偿还方式，债券分为(　　)。

A. 短期债券、中期债券和长期债券

B. 政府债券、金融债券和企业债券

C. 信用债券和抵押债券

D. 一次性还本债券、分次还本债券和通知还本债券

二、多选题

1. 债券基本要素包括(　　)。

A. 债券面值　　B. 票面利率

C. 付息期　　D. 偿还期

2. 债券的票面利率水平由(　　)确定。

A. 债券的期限　　B. 债券的信用等级

C. 有无可靠的抵押或担保　　D. 债券利息的支付方式

3. 债券具有(　　)特点。

A. 偿还性　　B. 流通性

C. 安全性　　D. 收益性

4. 影响债券价格的因素有(　　)。

A. 经济发展情况　　B. 物价

C. 中央银行的公开市场操作　　D. 新发债券的发行量

5. 债券投资原则有(　　)。

A. 收益性　　B. 安全性

C. 流动性　　D. 非流动性

【实训一】

1. 实训目标

培养学生通过正确渠道了解、选择债券的能力。

2. 实训内容

登录相关网站，查询近期发行的不同类型的债券信息。

【实训二】

1. 实训目标

培养学生运用债券估值模型，计算债券理论价格并进行分析的能力。

2. 实训内容

(1)小张 2023 年 5 月 1 日计划购买面值为 100 元的 H 债券，票面利率为 8%，每年 5 月 1 日计算并支付 1 次利息，于 5 年后到期。当时市场利率为 6%，债券价格为 107 元。请问是否可以购买 H 债券?

(2)小张于 2023 年 7 月 1 日以 102 元的价格购买了一张面值为 100 元，利率为 10%，每年 1 月 1 日支付一次利息的 2019 年发行的 5 年期 F 债券，并持有到 2024 年 1 月 1 日到期。请问到期收益率为多少?

项目四　基金项目

【名　言】

夫天下财虽有限，散之则如沙，而机关滞；聚之则成团，而魄力雄。

——黄兴《致各省都督书》

【思维导图】

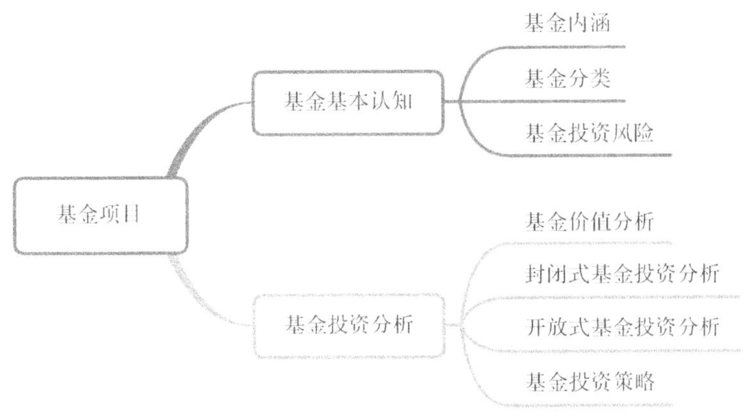

【学习目标】

能力目标	(1)能正确认知基金； (2)能进行基金价值分析。
知识目标	(1)掌握基金的概念、特点、参与主体、分类和风险； (2)理解基金价值分析方法； (3)理解封闭式基金、开放式基金投资分析和基金投资策略； (4)了解基金的发展。
素质目标	(1)树立正确的投资理财与风险意识； (2)具有团队合作精神； (3)自觉塑造劳动精神，树立社会主义核心价值观。

【情境导入】

基金是社会专业分工的产物。19 世纪中期，人们开始寻找值得信赖的专业投资管理者，委托专业人士代为处理海外投资事宜，分散风险，由此产生了投资人与代理投资人之间的信托契约。通常所说的基金主要是指证券投资基金。

2018年1月，随着A股市场指数的持续上涨，基金发行再现牛市盛况，场外资金跑步入市。2022年上半年，虽然A股出现了大幅度下跌，但随后整个6月，A股涨幅冠绝全球，二季度走出否极泰来、触底反弹行情，随着防疫向好、复产复工，股票触底反弹，不少基金也大幅回血。

基金作为一种新型投资工具，其投资者在享受收益的同时也要承担风险，我们应如何理性选择基金产品呢？

子项目一　基金基本认知

一、基金内涵

(一)基金概念

投资基金是一种组合投资、专业管理、利益共享、风险共担的集合投资方式。它主要通过向投资者发行受益凭证(基金份额)，将社会上的资金集中起来，交由专业的基金管理机构投资于各种资产，实现保值增值。通常，人们把投资于公开市场交易的权益、债券、货币、期货等金融资产的基金称为传统投资基金，投资于传统对象以外的投资基金称为另类投资基金(如私募股权基金、风险投资基金、对冲基金等)。

证券投资基金是投资基金中最主要的一种类别，主要投资于传统金融资产。证券投资基金是指通过公开发售基金份额，将众多投资者的资金集中起来，由基金托管人托管，基金管理人管理和运作，按照一定的投资组合方式投资股票、债券、基金、货币等，从而获得资本增值和投资收益。证券投资基金是一种利益共享、风险共担的集合投资方式。根据《证券投资基金法》规定，我国证券投资基金可以投资股票、债券和国务院证券监督管理机构规定的其他证券品种。

【加油站】投资基金的发展

投资基金源于英国。19世纪中期，英国凭借发展工业和对外扩张积累了大量财富，经济的高速发展造成了大量的剩余资本，这些资本向外寻求增值的出路。1868年英国成立的“海外和殖民地政府信托”，是公认的第一个公众投资信托基金。该基金成立时募集100万英镑，其操作方式类似于现在的封闭式契约型基金。

第二次世界大战后，美国经济高速增长，带动了投资基金的发展。1970年，美国已有投资基金361个，总资产近500亿美元，投资者达千万人。20世纪70年代，美国经济出现滞胀，高失业率伴随高通货膨胀率，投资基金的发展进入一个低迷阶段。进入80年代后，美国国内利率逐渐降低并趋于稳定，经济的增长和股市的兴旺也使投资基金得以快速发展。

20世纪80年代中后期，股票市场长期平均收益高于银行存款和债券利率的优势逐渐显出，投资基金的发展出现了一个很大的飞跃。进入90年代，世界经济一体化的迅速发展使投资全球化的概念主导了投资基金的发展。至2020年，超过45%的美国家庭都投资了共同基金。其中，超过一半的持有家庭，投资金额达到了13万美元。

中国基金业起步较晚，1991年设立的“淄博投资基金”是我国第一个规范化的封闭式基金。1997年11月14日，国务院出台了《证券投资基金管理暂行办法》。1998年3月，首批获准成立的开元、金泰证券投资基金各以20亿元投资规模正式在沪深市场发行，基金业在我国进入了迅速发展阶段。2000年10月8日，《开放式证券投资基金试点办法》出台。

2001年3月，中国证监会宣布将华安基金管理公司确定为开放式基金试点公司，成为中国基金业发展的又一个阶段性标志。2004年6月1日《证券投资基金法》正式颁布实施，为我国基金业的规范发展打下了坚实的基础。

(二)基金参与主体

1. 基金当事人

我国证券投资基金按照法律规定依据基金合同设立，基金份额持有人、基金管理人与基金托管人成为基金的当事人。

(1)基金份额持有人

基金份额持有就是我们所说的基金投资者，是资金的出资人、持有人，是基金资产的所有人和资金投资回报的受益人。

(2)基金管理人

基金管理人是基金产品的募集者和管理者，负责基金发起设立与经营管理的专业性机构。基金管理人的主要职责就是按照基金合同的约定，负责基金资产的投资管理，有效管理基金投资风险，为投资者争取最大的投资收益。目前在我国，基金管理人由依法设立的基金管理公司担任。

(3)基金托管人

基金托管人是依据基金运行中管理与保管分开的原则，对基金管理人进行监督以及保管基金资产的机构。基金托管人的主要职责体现在基金资产保管、基金资金清算、会计复核以及对基金投资运作管理进行监督。通常情况下，基金托管人只能由依法设立并取得基金托管资格的商业银行或信托公司担任，是基金份额持有人的权益代表。

2. 基金市场服务机构

在证券投资基金市场中，基金管理人和基金托管人既是基金的当事人，也是基金的主要服务机构。除了上述基金管理人和基金托管人外，还有一些向基金提供各种服务的其他金融服务机构，这些机构包括基金销售机构、注册登记机构、律师事务所、会计师事务所、基金投资咨询公司、基金评级机构等。基金销售机构是指具有基金销售资格的机构,例如商业银行、基金公司及一些代销机构等。目前在我国承担基金份额注册登记工作的是基金管理公司自身和中国证券登记结算有限责任公司。

3. 基金监管机构和自律组织

(1)基金监管机构

基金监管机构负责基金管理人内部的监管和基金托管人的监管,以及证监会的监管等。

(2)证券交易所

证券交易所同样是基金的监管者,监管基金管理人是否在证券法律法规范围内运作。

(3)基金行业自律机构

中国证券投资基金业协会是基金行业的自律组织机构。

【加油站】中国证券投资基金业协会的发展

中国证券投资基金业协会正式成立于2012年6月6日。在此之前,我国基金行业的自律组织一直隶属于中国证券业协会。

1991年8月28日,中国证券业协会成立。

1999年12月,当时的10家基金管理公司和5家商业银行基金托管部共同签署了《证券投资基金行业公约》。

2001年8月28日,中国证券业协会下属基金公会成立。基金公会在加强行业自律、协调辅导、服务会员等方面做了很多工作。

2002年12月4日,中国证券业协会下属证券投资基金业委员会成立,承接原基金公会的职能和任务。

2012年6月,独立的中国证券投资基金业协会正式成立。

2012年12月,我国修订后的《证券投资基金法》专门增添了一章"基金行业协会",赋予基金业协会特定的职责。

证券投资基金业协会作为基金业市场创新的主体和推动诚信自律的组织者,在促进行业自律与发展、增进业内沟通、维护行业合法权益和推动业务创新等方面将发挥基金作用。协会将成为联系基金业的纽带,成为收集、反映基金业情况的重要渠道,成为集中行业智慧与力量的平台。

(三)基金特点

基金通过发售基金份额,将众多投资者基金集中起来,形成独立资产,由基金托管人托管,基金管理人管理,以投资组合的投资方式进行证券投资。其具备以下特点:

1. 集合理财,专业管理

基金是将大量的投资者的资金集合起来,将零散的资金汇集起来,交给基金管理人进行专业化投资，表现了集合理财的投资特点。通过聚集大量的资金，有效地发挥基金资金的规模优势，结合基金管理人的专业管理，合理降低交易成本。基金管理人一般都是基金公司，基金公司在证券市场有较强的专业化研究团队和强大的信息网络，能够更好、更准确地了解掌握证券市场上第一时间的投资机会和投资方向，最大化地为投资者争取投资利益。对于中小投资者而言，将资金交给基金管理人管理，可以享受专业化的投资理财管理。

2. 组合投资，分散风险

众多的投资者将资金交给基金公司管理运作，资金有规模优势。基金利用其资金的规模优势，对资金进行组合投资，分散风险。“组合投资，分散风险”成为基金的一大特色。基金一般会选择不同行业、不同公司的股票来进行投资，以科学的投资组合有效地规避市场上的不利波动带来的非系统性风险。作为一般的投资者，由于资金有限，想进行组合投资、分散风险有一定操作难度，基金投资恰恰有效弥补了个人投资者的资金缺陷。

3. 利益共享，风险共担

基金份额的持有人作为该基金的所有人，所有的投资者一起承担基金的风险，共同分享基金投资带来的回报。基金投资收益扣除基金管理过程中的费用后的盈余部分由所有投资者所有，按照投资者所持有基金份额按比例分享投资收益。在基金运作管理的过程中，基金应向基金服务机构支付一定费用，比如给基金管理人支付管理费、给基金托管人支付托管费等，基金管理人、托管人无权分享投资收益。

4. 严格监管，信息透明

《证券投资基金法》明确规定了基金当事人各自的权利和义务，保护投资者的合法权益。中国证监会会对基金进行比较严格的监管，增强投资者对基金的信心，保护投资者的利益，强制要求基金进行充分的信息公开。同时基金公司还有内部监管部门监督管理基金的合理合法运作。

5. 独立托管，保障安全

基金管理人负责基金的投资操作，本身并不参与基金财产的保管，基金财产的保管由独立于基金管理人的基金托管人负责。这种相互制约、相互监督的制衡机制为投资者的利益提供了重要保障。

二、基金分类

（一）根据基金的组织形式，分为契约型基金和公司型基金

契约型基金又称为单位信托，是基金投资者、基金管理人、基金托管人通过签订基金契约的形式发行受益凭证而设立的一种基金。根据契约条款来约束相关各方各自的权利与义务。投资者作为契约受益人，不具有投资决策发言权。

公司型基金是依据基金公司章程设立，在法律上具有独立法人地位的股份投资公司。公司型基金的设立类似于股份有限公司，由股东选举董事会，由董事会选聘基金管

理公司,基金管理公司负责管理基金的投资业务。投资者作为公司股东,有权对重大决策发言、审批。

目前我国基金全部是契约型基金,而美国的绝大多数基金则是公司型基金。

(二)根据基金的运作方式,分为封闭式基金和开放式基金

封闭式基金是指经核准的基金份额总额在基金合同期限内固定不变,基金份额可以在依法设立的证券交易场所交易,但基金份额持有人不得申请赎回原基金的一种基金运作方式。封闭式基金在基金的存续期内,投资者不能对基金追加或赎回,只能通过证券市场在二级市场上进行基金的买卖。

开放式基金是指基金份额总额不固定,基金份额可以在基金合同约定的时间和场所申购或者赎回的基金方式。开放式基金由于有赎回机制,一般会从筹集到的资金中提取一定比例以应对赎回要求,并以现金形式保存。

市场上有一种定期开放基金,也是开放式基金的一种,但同普通开放式基金不同,其并不是在任何交易日都可以自由进行买卖,而是按照一个固定的周期开放,目前市场上比较常见的有3个月和6个月开放一次的。目前定期开放基金大多为债券型基金,通过定期开放的设计可以保持基金的规模相对稳定,稳定的规模对于债券型基金提高收益有很大的作用。

(三)根据投资对象,分为债券型基金、股票型基金、货币市场基金和混合型基金等

债券型基金是指主要以债券为投资对象的基金。根据证监会对基金类别的分类标准,基金资产的80%以上投资于债券的即为债券型基金,具有较低风险、较低收益的特点。

股票型基金是指以股票为主要投资对象的基金。根据证监会对基金类别的分类标准,基金资产的80%以上投资于股票的即为股票型基金,具有高风险、高收益的特点。

货币市场基金是投资于货币市场工具的一种基金,其投资对象期限在一年以内,包括银行短期存款、商业票据、公司债券等货币市场工具。货币市场基金的优点是资本安全性高、购买限额低、流动性强、收益较高、管理费用低。

混合型基金同时以股票、债券和货币市场工具等为投资对象,期望通过不同的资产类别的投资实现基金风险与收益的相对平衡。一般来讲,按照规定,比例不符合上述规定的称为混合型基金。

(四)根据投资理念,分为主动型基金和被动型基金

主动型基金是指通过主动管理,力求取得超越基准组合表现的基金。

被动型基金又称为指数基金,一般不主动寻求超越市场的表现,一般选取特定指数作为跟踪对象,以复制跟踪对象的表现。

(五)根据募集方式,分为公募基金和私募基金

公募基金是指可以面向社会大众公开发售的一类基金。公募基金必须遵守基金法律法规,并接受监管部门的严格监管,在信息披露、利润分配、运行限制等方面受到制约。它具有如下特征:可以面向社会大众公开发售基金份额和宣传推广,基金募集对象不固定,投资金额要求低,适宜中小投资者参与。目前我国大多数基金的存在方式都是公募基金。

私募基金则是只能采取非公开方式，面向特定投资者募集发售的基金。与公募基金相比，私募基金不能进行公开的发售和宣传推广，投资金额要求高，投资者的资格和人数常常受到严格的限制。

(六)根据投资目标，分为成长型基金、收入型基金和平衡型基金

成长型基金是指以追求资本增值为基本目标，较少考虑当期收入的基金，主要以具有良好增长潜力的股票为投资对象。

收入型基金是指以追求稳定的经常性收入为基本目标的基金，主要以大盘蓝筹股、公司债、政府债券等稳定收益证券为投资对象。

平衡型基金则是既注重资本增值又注重当期收入的一类基金。

一般而言，成长型基金的风险大、收益高；收入型基金的风险小、收益较低；平衡型基金的风险、收益则介于成长型基金与收入型基金之间。

【加油站】货币市场基金

货币市场基金是开放式基金大家族中的一族，而且它是介于银行存款和其他各种证券投资基金(比如股票型基金、债券型基金等)之间的一种理财工具。也就是说，对于投资者而言，买货币市场基金所承担的风险是所有基金产品中最小的，而流动性却是开放式基金大家族里最高的，且收益十分稳定。

但是，如果市场对央行将提高存款准备金率的预期不断上升，银行间市场央票价格将走低。此前货币市场基金往往被宣传为“准现金”，很多人认为其风险可以忽略不计。但事实上，如果央票发行利率走高，市场预期收益率上升，大家都想卖，货币市场基金难以找到交易对手。因此，投资者在购买货币市场基金时也要留个心眼。

(1)购买货币市场基金要注重流动性而不是收益率，资金安全第一，尽量选择投资组合平均、剩余期限相对较短的产品。如要追求更高收益率，不如购买股票型基金或债券型基金。

(2)购买货币市场基金要关注基金背景，如银行系货币市场基金有银行作信誉支持。

(七)特殊类型基金

基金相关产品非常丰富，其中包括基金中的基金(FOF)、交易型开放式指数基金(ETF)、上市开放式基金(LOF)、合格境内机构投资者(QDII)基金等。

1. 基金中的基金(FOF)

FOF(fund of fund)是一种专门投资于证券投资基金的基金，80%以上的基金资产投资于其他基金份额。它并不直接投资股票或债券，其投资范围仅限于其他基金，通过持有其他证券投资基金而间接持有股票、债券等证券资产。

2. 交易型开放式指数基金(ETF)

ETF(exchange traded fund)是一种跟踪“标的指数”变化且在交易所上市的开放式基金,投资者可以像买卖股票那样买卖 ETF,从而实现对指数的买卖。ETF 可以理解为“股票化的指数投资产品”。从本质上看,ETF 属于开放式基金的一种特殊类型,它综合了封闭式基金和开放式基金的优点,投资者既可以向基金管理公司申购或赎回基金份额,同时又可以像封闭式基金一样在证券市场上按市场价格买卖 ETF 份额。

ETF 有别于其他开放式基金的主要特征之一,是 ETF 的申购赎回必须以一篮子股票换取基金份额或者以基金份额换回一篮子股票。

3. 上市开放式基金(LOF)

LOF(listed open-ended fund)是一种既可以在场外市场进行申购或赎回,又可以在交易所进行基金份额交易和基金份额申购或赎回,并通过份额转托管机制将场外市场与场内市场有机联系在一起的开放式基金。LOF 兼具封闭式基金交易方便、交易成本较低和开放式基金价格贴近净值的优点,为交易所交易基金在中国现行法律下的变通品种,被称为中国特色的 ETF。

4. 合格境内机构投资者(QDII)基金

QDII(qualified domestic institutional investor)基金是在一国境内设立,经该国有关部门批准从事境外证券市场的股票、债券等有价证券业务的证券投资基金。他为国内投资者参与国际市场投资提供了便利。

三、基金投资风险

基金是一种集合理财、专业管理、分散风险的投资工具,但投资者投资于基金仍有可能面临风险。基金的投资风险主要有以下几个方面。

(一)市场风险

基金主要投资于证券市场,相对于购买股票而言,投资者购买基金能有效地分散投资和利用专业优势控制风险。然而,分散投资虽能在一定程度上消除来自个别公司的非系统性风险,但无法消除市场的系统性风险。因此,当证券市场价格因经济、政治等各种因素的影响而产生波动时,将导致基金的收益水平和净值发生变化,从而给基金投资者带来风险。

(二)管理能力风险

基金管理人作为专业投资机构,能较好地认识风险的性质、来源和种类,能较准确地度量风险,并通常能够按照自己的投资目标和风险承受能力构造有效的投资组合,在市场变动的情况下及时地对投资组合进行更新,从而将基金资产风险控制在预定的范围内等。但是,基金管理人、基金投资管理水平、管理手段和管理技术存在差异,会对基金的收益水平产生影响。

(三)技术风险

计算机、通信系统、交易网络等技术保障系统或信息网络支持出现异常情况,可能导致基金日常的申购或赎回无法按正常时限完成，会出现注册登记系统瘫痪，核算系统无法按正常时限显示基金净值，以及基金的投资交易指令无法即时传输等风险。

(四)巨额赎回风险

巨额赎回风险为开放式基金所特有。若因市场剧烈波动或其他原因而连续出现巨额赎回，并导致基金管理人现金支付困难，则基金投资者申请巨额赎回基金份额可能会遇到部分顺延赎回或暂停赎回等风险。

子项目二　基金投资分析

一、基金价值分析

投资基金作为一种重要的理财方式，近几年在我国的发展极为迅速，非常有必要对基金的价值进行分析。基金价值分析，实际上就是对基金的价值进行评估。作为受益证券的基金与作为权益证券的股票具有不同的价格决定方式，影响基金价格最主要的因素是基金净值，基金净值的变化源于基金收入与费用支出之间的配比。

(一)基金单位净值

基金单位净值是在某一时点每一基金单位所具有的市场价值。基金单位累计净值是反映该基金自成立以来的总体收益情况的数据。一般而言，基金单位净值与基金单位价格变动是一致的，基金单位净值越高，则基金单位价格越高，反之，基金单位价格越低。这种正向关系，尤其在开放式基金中得到了较好体现。

$$基金净资产总额=基金资产总额-基金负债总额$$

$$基金单位净值=基金净资产价值总值/基金单位总份额$$

$$基金单位累计净值=基金单位净值+\frac{基金历史上所有分红派息的总额}{基金总份额}$$

式中，基金资产总额是指基金拥有的股票、债券、银行存款和其他有价证券在内的资产总值；基金负债总额是指基金运作所形成的负债，包括应付出的各项费用。

(二)基金的净值决定

1. 基金收入

(1)利息收入

利息收入是投资基金比较稳定的一项收入来源。庞大的资金规模和分散投资的经营策略使基金可以保持大量的现金储备，这些现金一般被存放于银行或其他金融机构，也可能被投资于短期国债或其他高信用级别的企业债券。存款和债券利息收入构成基金收入的第一个来源。

(2)股利收入

股利收入也是投资基金一项重要的收入来源。证券投资基金将大部分资金投向股票市场，投资人购买上市公司股票而成为公司股东。许多上市公司在每年的上半年都要进行分红派息，以回报投资人。处于成熟阶段的上市公司对每年税后利润除保留一部分用于完善财务结构和内源融资外，其余部分按持股比例分发给股东。

(3)资本利得

资本利得是指股票或其他有价证券因卖出价高于买入价而获得的那部分收入。资本利得是基金收益的主要来源。基金投资的主要对象是二级市场上的股票，基金管理人根据对市场总体和个股走势的判断，力求“低吸高抛”以获取买卖差价。基金管理人投资水平的高低直接决定了基金投资能否获得资本利得和获得多少。

除上述收入以外，还有其他收入如赎回费扣除基本手续费后的余额、手续费返还等。

2. 基金费用

投资者在基金投资时除了考虑可能获得的收益外，还必须知道投资基金需要支付的一些费用。选择合适费用水平的基金，将有利于提高投资者的回报。费用标准和征收方式一般都可以在基金的招募说明书中找到。

(1)基金持有人费用

对于封闭式基金来说，我国交易所规定投资者买卖基金，须支付交易佣金。基金交易佣金不得高于成交金额的 0.3%(深圳证券交易所特别规定该佣金水平不得低于代收的证券交易监管费和证券交易经手费，上海证券交易所无此规定)，不足 5 元的按 5 元收取。

对于开放式基金来说，这部分费用包括申购费(认购费)、赎回费、转换费等。

①申购费是指投资者购买基金需支付的费用，主要用于向基金销售机构支付销售费用及广告费和其他营销费用。我国《开放式证券投资基金试点办法》规定，开放式基金可收的申购费不得高于申购金额的 5%，申购费可在基金申购时收取，也可从赎回金额中扣除。如果申购费是在购买基金时收取的，则称为前端收费；在赎回时收取，称为后端收费。有些后端收费在持有基金到达一定年限后可免除。为了鼓励投资人长期持有，有些基金采用按持有期限递减的申购费率；有的基金为了促进销售，对大额申购给予优惠费率。

②赎回费是指投资人赎回基金时支付的费用。赎回费与后收申购费不同，后收申购费属销售佣金，赎回费则是针对赎回行为收取的费用，其直接计入基金资产，主要为了减少投资人在短期内过多赎回给其他投资者带来的损失，往往略带惩罚性质。提取的方式是按照赎回金额的一定比例收取，并且收费的比例和投资者持有基金单位的时间有关，持有的时间越长，收取的比例越低。我国《开放式证券投资基金试点办法》规定，开放式基金可收取赎回费，但赎回费不得超过赎回金额的 3%，赎回费收入在扣除基本手续费后，余额归入基金资产，最常见的赎回费率为 0.50%～0.75%。

③转换费是指投资人在同一基金管理人所管理的不同基金之间，由投资的一只基金转换成另一只基金所要支付的费用。

④其他非交易费用，主要包括开户费和账户维护费。开户费指在开立基金账户时

支付的费用，账户维护费一般只有当投资余额低于某一水平时才收取。

(2)基金运营费用

①基金管理费是支付给基金管理人的管理报酬，是基金管理公司的固定收入来源。管理费率的高低与基金的规模成反比，规模越大，每一基金单位所支付的费用比例就越低。管理费率和基金投资对象的管理难度成正比，难度越高，费率越高。目前国内封闭式基金管理费率为1.5%，开放式基金分为股票基金和债券基金，其中股票基金的管理费率约为1%～1.5%，而债券基金的管理费率通常低于1%。基金管理费用通常按照每个估值日基金净资产的一定比例逐日计算并按期支付。

②基金托管费，是支付给基金资产托管人的管理费用。托管人通常是大银行。基金托管费按前一交易日的基金净值的0.25%年费率计提。托管费与管理费一起构成基金费用支出中的主要部分。

③其他费用，包括证券交易费用、信息披露费用、持有人大会费用、与基金相关的会计师和律师费用。这些费用的种类较多，但数额不大。

【加油站】证券投资基金发行

证券投资基金设立申请获得批准后，就进入了募集阶段。封闭式基金与开放式基金由于基金单位的交易方式不同，其发行渠道也大不相同。封闭式证券投资基金发行分为公募和私募两种，我国目前采取公募方式；开放式证券投资基金的发行分为代销和直销两大途径。我国的基金一般采用平价发行的方式发行，即以1元面值发行。

证券投资基金的发行只有在符合以下条件时，才能成立：

①封闭式基金的募集期限为自该基金批准之日起6个月内，只有在募集期限内募集的资金超过该基金批准规模的80%的，该基金方可成立；

②开放式基金的募集期限也是6个月，在募集期限内净销售额超过2亿元，基金募集份额总额不少于2亿份，基金方可成立；

③基金份额持有人的人数不少于200人。

如果基金的募集未能达到上面的要求，基金的发行失败，则基金发起人必须承担基金的募集费用，已募集的资金加计银行活期存款利息必须在30日之内退还给基金认购人。在我国现行的基金发行机制中，如果在发行期内，基金未足额认购，可以延长基金发行期，最终还可以由基金承销团包销。证券投资基金成功完成资金募集后，即可宣告成立并上市交易。

基金份额上市交易，应当符合下列条件：

①基金的募集符合《证券投资基本法》规定；

②基金合同期限为五年以上；

③基金募集金额不低于两亿元人民币；
④基金份额持有人不少于一千人；
⑤基金份额上市交易规则规定的其他条件。

二、封闭式基金投资分析

封闭式基金一般有一个固定的存续期限，我国《证券投资基金法》规定，封闭式基金合同中必须规定基金封闭期，封闭式基金期满后可以通过一定的法定程序延期或者转为开放式。封闭式基金的基金份额是固定的，在封闭期限内未经法定程序认可不能增减。封闭式基金份额固定，在完成募集后，基金份额在证券交易所上市交易。投资者买卖封闭式基金份额，只能委托证券公司在证券交易所按市价买卖，交易在投资者之间完成。封闭式基金交易价格除了基金净值，还有以下几个重要的影响因素。

(一)二级市场供求关系

就封闭式基金而言，交易价格主要受二级市场供求关系的影响。当需求旺盛时，封闭式基金二级市场的交易价格会超过基金份额净值，从而出现溢价交易现象；反之，当需求低迷时，交易价格会低于基金份额净值，从而出现折价交易现象。

(二)基金已实现的收益率以及投资者的预期

不同的基金管理公司之间存在管理水平上的差异，这种差异集中表现在收益率的差距上。对于年收益率大大高于基金平均投资回报率的明星基金，投资者愿意支付一定比例的溢价。这种基金一般以高于净值20%左右的价格交易，因为投资者对该基金的未来收益抱有较高期望，认为目前所付出的溢价会在不久的将来由基金的高额收益加以弥补。

(三)同期银行存款利率

作为收益证券的基金，其回报率是不稳定的，因此投资者的期望收益率应是在无风险利率的基础上加一定的风险溢价。在我国现行金融体制下，大银行是以国家信用为支持的。它们支付给储户的同期银行存款利率可以看作一种无风险收益率。在这种情况下，投资者自然会在基金收益率和同期银行存款利率之间作出抉择。一旦利率上升的水平达到或近似于基金收益率，资产选择的行为就会发生。理性的投资者将增加金融资产中银行存款的比例而减持基金，基金的价格就会下降。

(四)证券市场上其他金融工具的活跃程度

作为扶持中国基金发展的一项政策，目前基金交易是不缴纳印花税的。免征印花税和相对较低的交易佣金使基金的交易成本较低。所以，在其他金融工具交易不活跃的情况下，基金因较低的单位价格和低交易成本，往往受到投机资金的青睐，短期的集中炒作有可能使某些小盘基金的价格远远偏离其净值。

三、开放式基金投资分析

开放式基金一般是无特定存续期限的。开放式基金规模不固定，投资者可随时提出申购或赎回申请，基金份额会随之增加或减少。开放式基金份额不固定，投资者可以按照基金管理人确定的时间和地点向基金管理人或其销售代理人提出申购、赎回申请，交易在投资者与基金管理人之间完成，开放式基金交易价格以基金份额净值为基础。

开放式基金采用“金额申购、份额赎回”原则，即申购以金额申报，赎回以份额申报。依据基金管理公司给定的申购费率，以申购当日的基金份额净值为基准，采用外扣法计算投资者申购所得基金份额。

（一）申购份额

$$净申购金额=\frac{申购金额}{1+申购费率}$$

$$申购手续费=净申购金额\times申购费率$$

$$申购份额=\frac{净申购金额}{申购当日基金份额净值(不足一份基金的零头返还投资者)}$$

【任务4-1】

20××年5月23日，小王计划用1万元申购华×成长基金，申购费率是0.15%，当日净值是1.2000，请问净申购金额、申购手续费、申购份额分别是多少？

【任务分析】

$$净申购金额=申购金额\div(1+申购费率)=10000\div(1+0.15\%)\approx9985.02(元)$$

$$申购手续费=净申购金额\times申购费率=9985.02\times0.15\%\approx14.98(元)$$

$$申购份额=净申购金额\div申购当日基金份额净值=9985.02\div1.2000=8320(份)$$

（二）赎回金额

$$赎回总金额=赎回基金份数\times赎回当日基金单位净值$$

$$赎回费用=赎回总金额\times赎回费率$$

$$赎回金额=赎回总金额-赎回费用$$

$$赎回金额=赎回基金份数\times赎回当日基金单位净值\times(1-赎回费率)$$

【任务4-2】

一个月后小王急需资金，打算赎回该基金，赎回费率是0.15%，当日净值是1.4000，赎回金额是多少？

【任务分析】

$$赎回总金额=赎回基金份数\times赎回当日基金单位净值=8320\times1.4000\approx11648(元)$$

$$赎回费用=赎回总金额\times赎回费率=11648\times0.15\%\approx17.47(元)$$

$$赎回金额=赎回总金额-赎回费用=11648-17.47=11630.53(元)$$

四、基金投资策略

(一)理性选择基金产品

选择基金产品时首先必须考虑自身的具体情况,包括收入水平、资金实力、对待风险的态度、个人投资偏好,明确对收益的期望和投资理财的目的。明确这几个问题将有助于对基金产品的选择。如果投资者是一个风险规避者,目标在于资本的长期稳定增值,那么保本基金就是一个不错的选择。当明确选择适合投资者本人的投资基金类型后,还有必要了解以下基金的基本情况。

1. 基金产品的管理公司和基金经理

由于基金管理公司下面的多个基金产品往往共用一个研究队伍和管理工作队伍,通过对基金管理公司已经管理的基金的了解,可以对基金管理公司的研究能力和管理能力有初步认识。另外,基金经理直接决定基金的投资,因此了解基金经理的专业背景和从业经验是非常重要的。例如,基金经理是新人,投资者可以考察他的学习经历和从业经历。如果基金经理学习经历优秀,有较丰富的证券从业经验,基金经理的能力则有基本的保证。如果基金经理已从业多年,投资者应考察他在该基金的任职时间长短及业绩表现;如果他曾在其他基金公司任职,从他过往在其他基金公司的表现可了解其投资风格及业绩表现。

2. 过往业绩和风险

可以借助基金评级公司的专业评价了解某只基金的业绩。虽然过去的业绩并不代表将来的业绩,但是之前的业绩往往可以体现基金管理研究团队的实力,在某种程度上可以作为基金业绩预测指标。需要注意的是,对基金业绩的考察必须与基金风险的考察结合起来。

3. 费用

基金的费用主要有认购费、赎回费、管理费和托管费。投资者可以通过招募说明书来比较各基金的费用水平。

(二)理性把握时机

对于新发行的基金,当投资者决定投资基金时应立即购买基金单位。购买基金时应遵循这样的原则:购买下跌中的基金。这个原则的前提是基金净值的下跌是由系统性风险也就是市场风险引起的,如果基金净值的下跌超过了同类基金的平均水平,则该基金不在考虑范围之内。当市场疲软时,对于基金的长期投资者是非常有利的,因为此时基金较容易建立良好的投资组合,为市场上涨时的盈利打下坚实的基础。业绩突出的基金管理公司,其管理水平有过人之处,是投资者的良好选择,在排除系统性风险影响的情况下,应是投资者购买的首选。

(三)基金投资理性组合

"不要把鸡蛋放在同一个篮子里",即投资者在进行投资时应分散投资。虽然基金投资本身就是一个分散风险的过程,但是由于不同基金有不同的风险,资金充裕的投资者有必要同时选择多家基金投资，分散投资基金的非系统性风险。基金投资组合一般可以考虑以下两种基本方法。

第一，选择不同投资风格的基金进行组合。基金的投资风格有很多种类，在市场中不同投资风格的基金的表现可能存在很大差异，因此可以选择不同投资风格的基金进行投资组合，但不建议选择同一家基金管理公司的基金进行组合。

第二，选择不同投资方向的基金进行组合。例如，股票型基金和债券型基金，这两种证券有负相关性，即当股票市场利好时，往往债券市场就不太景气。所以，可以用股票型基金和债券型基金构建“基金池”。此外，有些基金在股票市场上的投资对象比较集中，如某基金主要关注高科技类股票，那么也可以选择不同投资方向的基金构建基金投资组合。

课后任务

【知识巩固】

一、单选题

1. 根据投资理念不同，可以将证券投资基金划分为(　　)。

A. 公募基金和私募基金　　B. 公司型基金和契约型基金

C. 主动型基和被动型基金　　D. 开放式基金和封闭式基金

2. QDII 为(　　)。

A. 合格个人投资者　　B. 合格境外机构投资者

C. 合格境内机构投资者　　D. 合格机构投资者

3. 根据投资目标不同，可以将证券投资基金划分为(　　)。

A. 开放式基金和封闭式基金

B. 成长型基金、收入型基金和平衡型基金

C. 主动型基金、被动型基金

D. 公司型基金、契约型基金

4. 股票型基金以股票为投资对象，股票投资比重不得低于(　　)。

A. 60%　　B. 80%

C. 90%　　D. 70%

5. 根据(　　)的不同，基金可以分为契约型基金和公司型基金。

A. 投资目标　　B. 风险水平

C. 投资标的　　D. 组织形式

6. 下列具有低风险、低收益、高流动性特征的基金是(　　)。

A. 股票型基金　　B. 债券型基金

C. 混合型基金　　D. 货币市场基金

7. 下列基金中，投资对象常常是风险较大的金融产品的是(　　)。

A. 成长型基金　　B. 收入型基金

C. 公司型基金　　D. 契约型基金

8. 债券型基金以各类债券为主要投资对象，债券投资比重不得低于（　　）。

A. 30%　　B. 60%

C. 80%　　D. 90%

9. 既要获得一定的当期收入，又要追求组合资产的长期增值的基金是（　　）。

A. 成长型基金　　B. 平衡型基金

C. 收入型基金　　D. 混合型基金

10. 基金收入不包括（　　）。

A. 利息收入　　B. 红利和股息收入

C. 资本损益　　D. 基金托管费

二、多选题

1. 下面关于 LOF 的表述，正确的有（　　）。

A. LOF 的申购赎回必须以一揽子股票换取基金份额或者以基金份额换回一揽子股票

B. 根据深圳证交所已经开通的基金场内申购赎回业务，认购的 LOF 无须办理转托管手续，可直接抛出

C. LOF 兼具封闭式基金交易方便、交易成本较低和开放式基金价格贴近净值的优点

D. 在指定网点申购的基金份额，若要上网抛出，须办理一定的转托管手续

E. 可在指定网点申购与赎回，也可在交易所买卖该基金

2. 成长型基金与收入型基金的区别体现在（　　）。

A. 成长型基金以追求资本增值为基本目标，收入型基金以追求稳定的经常性收入为基本目标

B. 收入型基金以追求资本增值为基本目标，成长型基金以追求稳定的经常性收入为基本目标

C. 成长型基金主要以具有良好增长潜力的股票为投资对象，收入型基金主要以收益稳定的证券为投资对象

D. 收入型基金主要以具有良好增长潜力的股票为投资对象，成长型基金主要以收益稳定的证券为投资对象

3. 基金特点包括（　　）。

A. 分散投资　　B. 费用较高

C. 专业管理　　D. 独立托管

E. 投资激进

4. 关于各种基金的特点，下列表述正确的有（　　）。

A. 开放式基金可以随时提出购买或赎回申请

B. 封闭式基金规模不固定，可以随时增加发行

C. 货币市场基金同时以股票、债券为主要投资对象

D. 成长型基金投资对象一般为风险较小资本增值有限的金融产品

E. 主动型基金通过主动管理，力求取得超越基金组合表现的基金

5. 就封闭式基金而言，哪些因素会影响其价格(　　)。

A. 净值　　　　　　　　　　　　B. 基金已实现的收益率

C. 投资者的预期　　　　　　　　D. 同期银行存款利率

E. 证券市场上其他金融工具的活跃程度

三、简答题

1. 基金有什么特征？

2. 简述公司型基金与契约型基金的区别。

3. 简述基金投资的风险。

4. 如何理性选择基金产品？

5. 如何合理地组合基金投资？

【实训一】

1. 实训目标

培养学生通过正确渠道了解、选择基金的能力。

2. 实训内容

登录相关网站，查询目前中国有多少家基金公司，列出至少15家，各选择2只基金进行分析。

【实训二】

1. 实训目标

培养学生正确计算开放式基金申购与赎回费用的技能。

2. 实训内容

小张拟购买泰××基金，投资额为1.5万元。假设申购费率为0.15%，申购当日基金份额净值为1.6元，请问申购手续费、申购份额、实际净申购额各是多少？

3个月后，小张急用资金，拟赎回全部泰××基金，赎回费率为0.15%。假设赎回当日基金单位净值为1.9元，请问小张赎回金额是多少？

项目五　金融衍生品项目

【名　言】

天下不患无财，患无人以分之。

——〔春秋〕管仲《管子·牧民》

【思维导图】

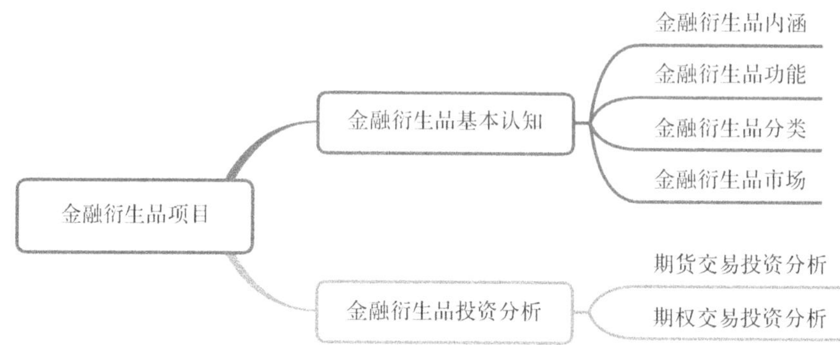

【学习目标】

能力目标	(1)能正确认知金融衍生品； (2)能合理利用金融衍生工具，丰富自身投机渠道。
知识目标	(1)掌握金融衍生品的概念、特点、功能和分类； (2)理解金融衍生品基本投资策略； (3)了解不同类型的金融衍生品。
素质目标	(1)强化契约精神； (2)培养多元化投资意识； (3)提高风险防范和法律意识。

【情境导入】

随着金融体系的自由化和计算机信息技术的发展，金融衍生品市场迅速发展起来，投资者群体持续扩大，金融衍生品已经完成了从小众市场到大众市场的转变，众多中小投资者为金融衍生品市场的发展注入动力和活力。2021 年，银行间本币衍生品市场共成交 21.4 万亿元，同比增长 6.5%。其中，利率互换名义本金总额 21.1 万亿元，同比增长 7.5%；标准债券远期成交 2614.8 亿元，信用风险缓释凭证创设名义本金 295.2 亿元，信用违约互换名义本金 36.3 亿元；国债期货共成交 27.5 万亿元，同比增长

4.3%。

金融衍生品到底有什么样的吸引力，能够让那么多的投资者进行投资？我们应该如何认知金融衍生品呢？

子项目一　金融衍生品基本认知

一、金融衍生品内涵

（一）金融衍生品概念

金融衍生品，也称“金融衍生工具”，是与“基础金融工具”相对应的一种金融投资工具。是给予交易对手的一方，在未来的某个时间点，对某种基础资产拥有一定债权和相应义务的合约。可以从以下三方面来理解金融衍生品。

1. 金融衍生品是从基础金融工具衍生出来的

金融衍生品是由金融基础工具衍生出来的各种金融合约及其各种组合形式。所谓基础金融工具主要包括：货币、外汇、利率（如债券、商业票据、存单等）以及股票等。在基础金融工具的基础上，借助各种衍生技术，可以设计出品种繁多、特性各异的金融衍生工具。由于金融衍生品是在基础金融工具上派生出来的产品，因此其价值主要受基础金融工具价值变动的影响，例如股票价格指数的变动影响股指期货的价格等。

2. 金融衍生品是对未来的交易

金融衍生品是在现时对基础工具未来可能产生的结果进行的交易，交易盈亏结果要在未来时刻才能确定。这些基础金融工具在未来某种条件下处置的权利和义务以契约形式存在。

3. 金融衍生品具有杠杆效应

金融衍生品是通过预测基础金融工具的市场行情走势，以支付少量保证金签订远期合约或互换不同金融商品的衍生交易合约。市场参与者利用少量资金就可以进行几十倍金额的金融衍生工具交易，参与交易的各方讲求信用，具有以小博大的高杠杆效应。如果用于套期保值，可在一定程度上分散和转移风险；如果运用于投机，可能带来数十倍于保证金的收益，也可能产生巨额的亏损。

（二）金融衍生品特点

与基础金融工具相比，金融衍生品具有以下较为明显的特点。

1. 金融衍生品的构造具有复杂性

对于普通投资者来说，能够理解并运用期货、期权和互换等基本金融衍生工具已经不易，而国际金融市场的“再衍生工具”进一步把期货、期权和互换进行组合，形成了构造更为复杂的衍生金融工具。这种复杂多变的特性，导致金融衍生品的设计需要运用较为深奥的数学方法，同时大量采用现代决策科学方法和计算机科学技术，仿真模拟金融市场运作。在设计、开发金融衍生工具时，采用人工智能和自动化技术。这使得金融衍生工具一方面更具有充分的弹性，能够满足使用者的需求，但另一方面对于普通投资来说，复杂的衍生工具组合很难被他们理解、掌握和运用。

2. 金融衍生品的交易成本较低

交易成本低是金融衍生品能够得到投资者青睐并迅速发展的重要原因之一，金融衍生品可以用较低的交易成本来达到规避金融风险和投机获利的目的。金融衍生品的成本优势在股指期货和利率期货的投资中表现得尤为明显。例如，交易者不必逐一购买各只股票，只需购买股票价格指数期货，便可用少量的资本投入、低廉的交易成本实现对冲风险或投机获利的目的。又如，拥有浮动利率市场借款优势的借款人可与拥有固定利率借款优势的借款人进行利率互换，从而达到降低双方借款成本的目的。

3. 金融衍生品的设计具有灵活性

交易者参与金融衍生品市场的目的主要有：实现套期保值、利用金融市场的价格波动进行谋利、利用市场供求关系的短期失衡套取无风险利润等。为适应不同市场参与者的需要，金融衍生品可根据交易者所要求的时间、杠杆比率、风险等级、价格参数的不同进行设计、组合和拆分，从而创造出大量特性各异的金融衍生产品。

4. 金融衍生品具有虚拟性

虚拟性是指信用制度膨胀下，金融活动与实体经济偏离或完全独立的那一部分经济形态。它以金融系统为主要依托，其行为主要体现在虚拟资本(包括有价证券、产权、物权、金融衍生工具、资本证券化等)的循环运动上。虚拟经济是以信息技术为工具的经济活动，是一种涉及权益的经济。虚拟经济的运作需要以大量的衍生工具为媒介，交易者的交易对象正是各种虚拟化的产权、信用和风险，交易的目的在于谋取差价。金融衍生工具独立于现实资本运动，是一种收益获取权的凭证，它本身没有价值，具有虚拟性，但能给交易者带来收益。

二、金融衍生品功能

(一)转化功能

转化功能是金融衍生品最主要的功能，也是金融衍生品一切功能得以存在的基础。通过金融衍生品，可以实现外部资金向内部资金的转化、短期流动资金向长期稳定资金的转化、零散小资金向巨额大资金的转化、消费资金向生产经营资金的转化。

(二)定价功能

定价功能是市场经济运行的客观要求。在金融衍生品交易中，市场参与者根据自己了解的市场信息和价格走势的预期，反复进行金融衍生品的交易，在这种交易活动中，通过平衡供求关系，能够较为准确地为金融产品形成统一的市场价格。以远期交易和期货交易为例，远期价格和期货价格反映了市场上的供求者对未来价格的预期。因此，人们可以直接通过远期价格和期货价格来分析现货价格的走势，从而节省对未来价格的预测成本。再看期权市场，尽管期权并不直接反映人们对未来价格的预期，但是期权价格的变化，反映了人们对未来价格波动率的预期，即人们对现货资产价格风险的预期。

（三）避险功能

传统的证券投资组合理论以分散非系统风险为目的，对于系统性风险却无能为力。金融衍生品恰好是一种通过套期保值业务发挥转移系统性风险的金融工具。同时，从宏观角度看，金融衍生品能够通过降低国家的金融风险、经济风险，起到降低国家政治风险的作用。

（四）盈利功能

金融衍生品的盈利包括投资人进行交易的收入和经纪人提供服务的收入。对于投资人来说，只要操作正确，衍生市场的价格变化在杠杆效应的明显作用下会给投资者带来丰厚的利润；对经纪人来说，衍生交易具有很强的技术性，经纪人可凭借自身的优势，为一般投资者提供咨询、经纪服务，获取手续费和佣金收入。

（五）资源配置功能

金融衍生品价格发现机制有利于全社会资源的合理配置。社会资金总是从利润低的部门向利润高的部门转移，以实现其保值增值。金融衍生品能够将社会各方面的零散资金集中起来，把有限的社会资源分配到最需要和能够有效使用资源者的手里，从而提高资源利用效率。

三、金融衍生品分类

（一）根据金融衍生品自身交易方法分类

1. 远期

远期也称“远期合约”，是指交易双方分别承诺在将来某一特定时间按照约定价格购买和提供某种标的物的合约。远期合约是最基础的金融衍生品，它是交易双方在场外市场上通过协商签订的合约。因此，远期交易属于场外交易。由于采用了一对一交易的方式，交易事项可以协商确定，较为灵活。金融机构或大型工商企业通常将远期交易作为风险管理手段。但由于远期属于非标准化合约，因此它的流动性比较差且买卖双方易发生违约问题，从合约签订到交割期间没有现金流且不能直接看出履约情况，风险较大；最重要的是远期合约到期必须交割，不可通过反向对冲操作来平仓。

根据基础资产的不同进行划分，常见的金融远期合约包括三类：①股权类资产的远期合约，包括单个股票的远期合约、一篮子股票的远期合约和股票价格指数的远期合约三个子类；②债权类资产的远期合约，主要包括定期存款单、短期债券、长期债券、商业票据等固定收益证券的远期合约；③远期汇率合约，指按照约定的名义本金和汇率，交易双方在约定的未来日期进行交割的合约。

2. 期货

（1）期货概念

期货，一般指期货合约，是指买卖双方在有组织的交易所内以公开竞价的形式达成的，在将来某一特定时间交收标准数量特定商品的协议。

(2)期货基本特征

期货作为衍生品中非常重要的一部分主要有以下几个特点:①期货交易具有专门的交易场所;②期货市场的交易对象是标准化的期货合约;③对进行期货交易的期货商品的质量有严格的规定,即期货商品的特殊性;④期货交易是通过买卖双方公开竞价的方式进行的;⑤期货市场实行保证金制度;⑥期货是一种高风险、高回报的投资方式;⑦期货交易是一种不以实物商品的交割为目的的交易。

(3)期货分类

期货根据合约标的物的不同,一般可以分为两大类:商品期货和金融期货。

①商品期货,是指期货交易的标的物为实物商品的期货合约。目前世界上的商品期货品种非常多,大体可分为农产品期货、黄金期货和金属与能源期货。农产品期货是最古老的期货品种,主要分为三类:谷物和油菜籽、牲畜和肉类以及食品和纤维。世界黄金市场是国际上买卖黄金的场所,由分布在世界各地的近 40 个国际性黄金市场所组成。目前,黄金的期货市场交易已遍及西欧、北美、亚洲以及大洋洲等地。纽约、伦敦、苏黎世和香港是世界四大黄金交易中心。除黄金以外,金属期货商品还有白银、铜、铝、铅、锌、镍、钯、铂等 8 种。能源产品有原油、取暖用油、无铅普通汽油、丙烷等 4 种。每一种商品都被认为是不可恢复的自然资源。这类商品的大部分现货和期货是在伦敦、巴黎、阿姆斯特丹和苏黎世进行交易的,国际政治和经济是影响此类期货交易的重要因素。

②金融期货,即进行期货交易的时候所使用的标的物为相关的金融资产,按照标的物的性质不同,金融期货可分为外汇期货、利率期货和股票价格指数期货。

外汇期货是指交易双方约定在未来特定的时期进行外汇交割,并限定了标准币种、数量、交割月份及交割地点的标准化合约。外汇期货也被称为外币期货或货币期货。外汇期货产生于 1972 年,由芝加哥商业交易所的国际货币市场(international monetary market,IMM)首创,最初的交易货币包括英镑、德国马克、瑞士法郎、加拿大元和日元等。此后,美国中美洲商品交易所、费城期货交易所等相继推出外汇期货交易。1982 年 9 月,类似于 IMM 的伦敦国际金融期货交易所开张营业,1984 年新加坡国际金融期货交易所也开始进行外汇期货交易。

利率期货是指标的资产价格依赖于利率水平的期货合约,如长期国债期货、短期国债期货和欧洲美元期货。利率期货是有利息的有价证券期货,进行利率期货交易主要是为了固定资金的价格,即得到预先确定的利率或收益。1975 年 10 月,芝加哥期货交易所推出了第一张利率期货合约——政府国民抵押协会抵押凭证期货合约;1976 年 1 月,国际货币市场推出了 3 个月期的美国国库券期货合约,短期利率期货得到了迅速的发展;1977 年 8 月,芝加哥期货交易所又推出了美国长期国债期货合约,从此长期利率期货蓬勃发展。目前,利率期货的品种繁多,交易十分活跃。

股票价格指数期货是指期货交易所同期货买卖者签订的,约定在将来某个特定的时期,买卖者向交易所结算公司收付等于股价指数若干倍金额的合约。股票指数期货是所有期货交易中最复杂和技巧性最强的一种交易形式,其交易标的物不是商品,而是一种数字,可谓买空卖空之最高表现形式。股票指数期货交易于1982年2月由美国堪萨斯期货交易所首创,堪萨斯期货交易所当时推出的合约是价值线综合平均指数期货。继堪萨斯期货交易所之后,芝加哥商业交易所(1982年4月)、纽约证券交易所(1982年5月)及芝加哥期货交易所(1984年7月)也相继开办了股票指数期货交易。之后,许多国家和地区都推出了各自的股票指数期货交易,投资者投资行为更为明智,股指期货的运用更为普遍。

3. 期权

期权,也称选择权,实质上是一种权利的有偿使用,当期权购买者支付给期权出售者一定的期权费后,购买者就拥有在规定期限内按双方约定的价格购买或出售一定数量某种资产的权利。具体包含三层含义:选择权的内涵是一定时间、一定价格和一定数量的选择权,超过了这些限度就超出了期权的交易范围;选择权实质上是权利而不是义务,一旦期权购买者购买了某项期权合约,他就拥有了该合约所规定的权利,就是说,他既可以执行也可以放弃,并不承担必须买进或卖出的义务;期权交易成立的媒介是期权费,只有买方愿意让渡的期权费与卖方所能接受的期权价格相等时,交易才能成立。

(1)根据期权购买者权利,分为看涨期权、看跌期权

看涨期权是指赋予期权的购买者在预先规定的时间以协定价格从期权出售者手中买入一定数量标的物的权利。为取得这种买的权利,期权购买者需要在购买期权时支付给期权出售者一定的期权费。因为它是投资者预期某种标的物的未来价格上涨时购买的期权,所以被称为看涨期权。

看跌期权是指赋予期权购买者在预先规定的时间以协定价格向期权出售者卖出一定数量标的物的权利。为取得这种卖的权利,期权购买者需要在购买期权时支付给期权出售者一定的期权费。因为它是投资者预期某种标的物的未来价格下跌时购买的期权,所以被称为看跌期权。

双向期权也称为双重期权,是指期权购买方向期权出售方支付了一定的期权费之后,在期权合约有效期之内,按事先商定的协定价格,向期权出售方购买了某种标的物的看涨期权,还购买了该标的物的看跌期权。简言之,就是期权买方同时以等价购买等量的同一标的物的看涨期权和看跌期权。

(2)根据期权购买者执行期权时限,分为欧式期权和美式期权

欧式期权是指期权的购买者只能在期权到期日才能执行期权(即行使买进或卖出标的物的权利),既不能提前也不能推迟。若提前,期权出售者可以拒绝履约;若推迟,期权将被作废。

美式期权则允许期权购买者在期权到期前的任何时间执行期权。美式期权的购买者既可以在期权到期日这一天行使期权,也可以在期权到期日之前的任何一个营业日执行期权。当然,超过到期日,美式期权也同样作废。

(3)根据标的物性质,分为现货期权和期货期权

现货期权是指把各种金融工具本身作为期权合约之标的物的期权,如各种股票期权、股价指数期权、外汇期权、债券期权等。

期货期权是指以各种金融期货合约作为期权合约之标的物的期权，如各种外汇期货期权、利率期货期权及股票价格指数期货期权等。

金融期权之所以分为现货期权和期货期权，是因为这两类期权在具体的交易规则、交易策略以及定价原理等方面都有很大的区别，而且这两类期权通常由不同的主管机关进行分别管理。

4. 金融互换

金融互换是指两个或两个以上的当事人按共同商定的条件，在约定的时间内，交换一定支付款项的金融交易，通过金融互换可在全球各市场之间进行套利，从而一方面降低筹资者的融资成本或提高投资者的资产收益，另一方面促进全球金融市场的一体化。利用金融互换，可以管理资产负债组合中的利率风险和汇率风险。金融互换主要包括货币互换和利率互换、货币利率互换以及互换衍生品。

(1)货币互换

货币互换是指互换双方将自己持有的以一种货币表示的资产或负债换成以另一种货币表示的资产或负债的行为。签订货币互换合约，并不一定立即支付货币，不管是否向对方提供新的资金，它都可以用来规避汇率风险。

(2)利率互换

利率互换是指互换双方将自己持有的以一种计息方式计息的资产或负债换成以同种货币表示的，采用另一种计息方式计息的资产或负债的行为。利率互换只交换利息而不交换本金。利率互换合约上的本金只是一种概念上的本金而非实际的本金。互换合约到期时，一方只向另一方支付利息差额而不用支付计息用的本金。利率互换通常是具有较低信用级别的银行或企业为了得到较低的融资成本愿意支付长期的固定利率与想要利用短期利率的灵活性愿意支付浮动利率的具有较高信用级别的银行或企业之间的互换。此外，商业银行对于活期存款浮动利率的利率风险，也可以通过投资于固定利率的长期债券，再利用利率互换将债券的固定利率转换为浮动利率来规避。

(3)货币利率互换

货币利率互换是指互换双方将自己持有的以一种货币表示的，以一种计息方式计息的资产或负债换成以另一种货币表示的，采用另一种计息方式计息的资产或负债的行为。它是货币互换和利率互换的综合。互换双方可同时改变资产或负债的货币种类和计息方式。因此，它可以被用来规避汇率和利率风险。

(4)互换衍生品

金融互换同其他金融工具相结合，可以衍生出许多复杂的互换衍生品，如与期权结合产生互换期权，与期货结合产生互换期货，与股票指数结合产生股票指数互换等。

【加油站】金融衍生品的理解

为了便于理解，以大家熟知的苹果为例，作简单介绍，在金融衍生品领域，挂钩标的可能是个股、股票指数、利率等各种金融工具。

1. 远期合约(forward contracts)

王果酱打算在今年12月底购买1000斤苹果用来做果酱，当前果蔬批发市场苹果的价格为10元/斤，所以王果酱预计在12月底以10000元购入1000斤苹果。可是苹果的市场价格每天都在波动，万一12月底准备购入的时候价格上涨到15元/斤，那相比较于现在购入不就损失了5000元？与此同时，苹果供应商叶苹果正担心12月底自己苹果的出售价格会低于10元/斤，于是两人签订了一份远期合约。

合约规定，今年12月底，无论批发市场苹果价格如何，王果酱都以10元/斤的价格向叶苹果购入1000斤苹果。

以上就是远期合约，此远期合约同时锁定了12月底王果酱购买和叶苹果出售苹果的价格，双方不再会因苹果的价格波动而导致损失或者获得收益。

2. 期货合约(Future Contracts)

期货合约其实就是一种标准化的，可于交易所交易的特殊远期合约(普通远期合约只能场外交易)，由于期货必须在交易所交易，配套逐日盯市、保证金等制度，对买卖双方来说无需承担对方违约的风险。

叶苹果和王果酱签订了苹果远期合约，同村以及隔壁村的村民都觉得这个方式不错，都想要找一个对手方签订类似合约。然而，村民们在寻找交易对手方的时候发现，要找到一个合适的对手方特别费时，即便找到了也没有渠道验证对手方的资信，很有可能发生违约事件。经过多方面了解，村民们最后找到了郑州商品交易所，所有有需求的村民在该交易所内按照统一的规则、格式签订标准化的合约。交易所收取一定比例的保证金，负责统一当日无负债结算，降低违约风险，提高双方交易的效率。

以上村民在郑州商品交易所签订的标准合约就是期货合约。村民们签订的合约大小、到期交割时间和地点、交割标的质量等都由交易所统一规定，节约了村民寻找和调查合适交易对手方的时间，满足了交易需求，提高了交易效率。

3. 期权合约(option contracts)

王果酱与叶苹果签了远期合约回到家，越盘算心里越不踏实，12月份交割的时候苹果价格升了还好，可要是跌了呢？根据前面的合约还得按10元/斤的价格向叶苹果买1000斤。于是王果酱与叶苹果协商，约定12月底，无论苹果价格如何，他都有权选择不买苹果(不履行合约)，但是他想要买苹果(履行合约)的时候叶苹果不能拒绝。作为交换，王果酱给了叶苹果1000元作为获得这项选择权的“权利费”。

以上所签订新合约即为期权合约，1000元权力费就是期权中的期权费，之所以包含一个权字，是因为期权买方在支付了期权费后拥有自主决定是否执行合约的权利。

4. 互换合约(swap contracts)

叶苹果继与王果酱签完合同后，又收到了一份来自新疆的大客户订单，这让身处山东的他犯难了，由于两地相隔遥远，除去货物的运输成本已经几乎没有利润了，倘若在运输过程中发生些意外，那这单生意肯定是赔了。正巧，身处新疆面临同样问题的某果农找到了叶苹果，说其在山东有一个客户。两人商量过后签订了一份合约，约定在未来一段时间内都互相服务对方的客户，并且在合约有效期内，将从客户方获取的资金交给对方，完成现金流的交换，因此双方都节省了大额运输费，且不必为运输中存在的其他风险担心。

以上合约就是互换合约，即约定了双方在约定时间内相互交换指定的挂钩标的产生的现金流的合约。

(二)根据基础工具种类分类

1. 股权式衍生工具

股权式衍生工具是指以股票或股票价格指数为基础工具的金融衍生品。主要包括股票期货、股票期权、股票价格指数期货、股票价格指数期权以及上述合约的混合交易合约。

2. 货币衍生工具

货币衍生工具是指以各种货币为基础工具的金融衍生工具。主要包括远期外汇合约、货币期货、货币期权、货币互换以及上述合约的混合交易合约。

3. 利率衍生工具

利率衍生工具是指以利率或利率的载体为基础工具的金融衍生工具。主要包括远期利率协议、利率期货、利率期权、利率互换以及上述合约的混合交易合约。

(三)根据金融衍生品交易性质分类

1. 远期类工具

在这类交易中，交易双方均负有在将来某一日期按一定条件进行交易的权利与义务，双方的权利义务以及风险收益是对称的。属于这一类的有远期合约(包括远期外汇合约、远期利率协议等)、期货合约(包括货币期货、利率期货、股票价格指数期货等)、互换(包括货币互换、利率互换等)。

2. 选择权类工具

在这类交易中，合约的买方有权根据市场情况选择是否履行合约。换句话说，就是合约的买方拥有不执行合约的权力，而合约的卖方则负有在买方履行合约时执行合约的义务。因此，双方的权利义务以及风险收益是不对称的。属于这一类的有期权合约（包括货币期权、利率期权、股票期权、股票价格指数期权等），另有期权的变通形式——认股权证（包括非抵押认股权证和备兑认股权证）、可转换债券、利率上限、利率下限、利率期权的上下限等。

上述分类是从不同的视角对金融衍生品进行的基本分类，随着金融衍生品的发展，基本分类的界限已模糊难辨，如由期货和期权组成的期货期权，由期权和互换合成的互换期权，由远期和互换合成的远期互换等。

三、金融衍生品市场

形形色色的金融衍生品为投资者提供了保值获利的机会，也为金融机构和厂商提供了风险管理、存货管理和资产组合管理的工具，金融衍生品市场包括参与者、交易方式、组织机构。

（一）金融衍生品市场参与者

1. 保值者

保值者参与金融衍生品市场的目的是降低甚至消除他们面临的金融风险。例如，一家美国进口商在 90 天后要支付 100 万英镑给英国出口商，那么美国进口商将会面临英镑汇率上升的风险。如果美国进口商要避免这种风险，可以在远期外汇市场上购入 90 天 100 万英镑的远期合约，从而将 90 天后支付英镑的实际汇率固定在目前的英镑远期汇率上。保值行为一般不会带来利润，保值者的目的在于降低未来的不确定性。

2. 投机者

与保值者相反，投机者希望增加未来的不确定性，他们在基础市场上并没有净头寸，或需要保值的资产，他们参与金融衍生品市场的目的在于赚取远期价格与未来实际价格之间的差额。例如，90 天远期英镑价格为 1.5600 美元，投机者预期 90 天后英镑的价格将会超过这一水平，那么，他可以买入大量的远期英镑。如果 90 天后英镑价格高达 1.5950 美元，那么投机者的每 1 英镑可赚到 0.0350 美元。若 90 天后英镑实际汇率低于目前的远期价格，那么投机者就会遭受惨重损失。

金融衍生工具市场投机与基础金融工具市场投机有一个很重要的区别，即金融衍生工具市场的杠杆作用。例如，在上例中，投机者也可以即刻就在现汇市场购入英镑，等日后英镑上涨后抛出，但这样的投机需要大量的资本。同样的一笔资本，在衍生市场上可周转好几倍于基础金融工具市场的金额，金融衍生工具市场给予投机者以小博大的机会，这就是衍生市场更受投机者青睐的原因。

3. 套利者

套利一般可分为跨市套利、跨期套利和跨品种套利。跨市套利是指在不同市场上的套利；跨期套利是指在不同的现时、远期市场上的套利；跨品种套利是指在不同交易品种间的套利。套利者通过同时在两个或多个市场进行交易而获得利润。

4. 经纪人

经纪人作为交易者和客户的中间人，主要以促成交易收取佣金为目的。经纪人分为佣金经纪人和场内经纪人两种。佣金经纪人是指在交易所内代理客户买卖期货或期权合约，并收取佣金的经纪人。他们与客户直接发生联系，其职责在于接受客户的委托后在交易所交易厅内代为买卖，并在买卖成交后向委托客户收取佣金。佣金经纪人可以是个人经纪人，也可以是法人经纪人，他们是交易所的主要会员。场内经纪人是指专门在交易所内为其他会员或自己买卖期货或期权合约的人，他们不接受一般客户的委托，只接受佣金经纪人的委托，是独立的个人经纪人。

(二)金融衍生品市场交易方式

金融衍生品市场的交易方式有场内交易、场外交易和自动配对系统等。

1. 场内交易

场内交易，又称交易所交易，指所有的供求方集中在交易所进行竞价交易的交易方式。这种交易方式具有交易所向交易参与者收取保证金，同时负责进行清算和承担履约担保责任的特点。此外，由于每个投资者都有不同的需求，交易所事先设计出标准化的金融合同，由投资者选择与自身需求最接近的合同和数量进行交易。

所有的交易者集中在一个场所进行交易，这就增加了交易的密度，一般可以形成流动性较高的市场。期货交易和部分标准化期权合同交易都属于这种交易方式。场内衍生品交易市场管理更为严格，是衍生品市场稳步发展的重要基石。

2. 场外交易

场外交易(over the counter, OTC)又称"店头交易"或"柜台交易"，具有以下特征：无固定的场所；较少的交易约束规则；交易由交易者和委托人通过电话或电脑网络直接进行，而不是在交易大厅中进行。随着全球电子交易网络和自动清算系统的铺设，场外交易凭借较低的交易成本、较快的成交效率，可转让非上市证券等优点，发展远快于交易所交易，并成为衍生品交易的主要场所。然而，次级债危机爆发后，国际场外金融衍生品市场透明度低、流动性不足和监管缺失的问题愈发明显，使得越来越多的国际金融机构将业务风险管理工具的使用由 OTC 市场转向了透明度更高、流动性更强、监管更加有力的交易所交易的场内金融衍生品市场。

3. 自动配对系统

交易所采用自动配对系统来扩展它们的交易时间。这种系统或由多方联合投资建成，如由英国路透集团、法国国际期货市场和新加坡国际金融交易所共同投资的自动配对系统；或者为某一家交易所拥有，如伦敦国际金融期货期权交易所的自动交易系统。自动配对系统的运作遵循与交易大厅相同的交易规则。其优点在于交易匿名进行，因而有时也被称为电子经纪人。自动配对系统有三个特征：使用者将他们的叫买价和叫卖价输入中心配对系统；将收到的叫买价和叫卖价传达给所有其他的市场参与者；系统以价格、规格、信用和与市场有关的其他规则确认可能的交易。

交易所交易的迅速电子化对市场产生了重大的影响，大大提高了交易的效率和透明度，降低了交易成本，从而增强了交易所对 OTC 市场的竞争力。交易所推行的这种电子交易，极大地吸引了小型投资者，从而改变了市场参与者的结构，也给交易所带来交易系统脆弱性增大的风险。交易所之间的界限将进一步模糊,竞争也会更加激烈。

(三)金融衍生品市场组织结构

1. 金融衍生品交易所

金融衍生品交易所是一种有组织的市场,它是从事金融衍生品交易的交易者依据法律所建立的一种会员制的团体组织。金融衍生品市场本身并不直接参与交易,价格完全由市场参与者的公开竞价以及影响市场的力量决定。金融衍生品交易所仅提供交易所需要的场所与设备,制定规章制度,并充当交易的中介人和仲裁人。金融衍生品交易所是一个非营利性的团体,虽然要收取一定的会员席位费、会员费以及一部分佣金,但只是正常的行政管理活动和组织活动,以及必要的交易设施的费用。金融衍生品交易所一般由交易大厅、经纪行、结算和保证公司、交易者四部分组成。

2. 金融衍生品清算所

世界各地不同的交易所使用不同的清算所,它是金融衍生品交易所的附属机构,具有与交易所类似的功能。清算所割断了买卖双方的直接联系,使交易的双方互不依赖,一切交易均通过清算所来完成。清算所一般也采用会员制,但只有部分资金雄厚的交易所会员才能成为清算所会员。按照规定,只有清算所会员才能直接与清算所发生关系,投资者或其他交易主体要使交易得以完成,必须通过清算所会员。为了保证交易的顺利进行,清算所设立了一套相应的制度,主要有登记结算制度、保证金制度、每日结清制度、交易限额制度和风险处理制度等。

3. 金融衍生品经纪公司

金融衍生品经纪公司是介于金融衍生品交易所会员和投资者之间的中介公司,其基本职能是为那些不拥有交易所会员资格的投资者服务,代为下达买卖指令,收取保证金和佣金。金融衍生品经纪公司有严格的管理制度,如登记注册制度、保证金制度、账户分立制度和防止欺诈制度等。同时,金融衍生品经纪公司都设有结算、保证金、信贷、落盘、交割等职能部门,代理客户进行一切交易和清算。

子项目二 金融衍生品投资分析

一、期货交易投资分析

(一)套期保值

套期保值是指在现货市场某一笔交易的基础上,在期货市场上做一笔价值相当、期限相同但方向相反的交易,以期保值。套期保值回避价格波动风险的经济原理是某一特定商品的期货价格和现货价格,应该受相同的经济因素的影响和制约,也就是说,两者价格的走势具有趋同性。现货价格上升,期货价格也会上升,相反情况是很少的;而且,当期货合约临近交割时，现货价格与期货价格的差值，也往往接近于零，否则，会产生套利机会。所以，保值者只要在期货市场建立一种与其现货市场相反的头寸，则在市场价格发生变动时，他在一个市场遭受损失，必然在另一个市场获利，以获利弥补损失，即可达到保值的目的。期货的套期保值分为两种形式：多头（买入）套期保值和空头（卖出）套期保值。

1. 多头套期保值

多头套期保值是指在现货市场处于空头的情况下，在期货市场做一笔相应的多头交易，以避免现货价格变动的风险。多头套期保值通常适用于这类场合：投资者准备在将来某一时刻购买商品却担心商品涨价，或者某投资者在资产上做空头时，可用多头套期保值策略进行风险管理。

【任务 5-1】

20××年 4 月，国内某豆油压榨企业计划在 4 个月后购 1000 吨大豆，此时现货价格为 7500 元/吨，9 月的大豆期货合约的价格为 7566 元/吨。由于担心价格继续上涨，该企业决定通过期货市场进行买入套期保值，在大连商品交易所买入 9 月合约 100 手（10 吨/手），到 8 月份，现货价格上涨至 7700 元/吨，而此时期货价格为 7766 元/吨。请问该企业如何进行套期保值呢？

【任务分析】

我们以表格的方式来分析操作的损益情况（见表 5-1）。

表 5-1　多头套期保值

时间	现货市场	期货市场
4 月	原本计划以 7500 元/吨的价格买入 1000 吨大豆	以 7566 元/吨的价格买入 100 手的大豆期货合约
8 月	由于大豆涨价，实际以 7700 元/吨的价格买入 1000 吨大豆	以 7766 元/吨的价格卖出 100 手的大豆期货合约
损益	(7500－7700)×1000＝－200000(元)	(7766－7566)×100×10＝200000(元)

通过上表，可以看出，大豆现货价格上涨，相比于 4 月，要多花费 200000 元才能购买到 1000 吨的大豆现货。但由于该企业事先进行了套期保值，利用现货价格和期货价格的同向变动，用期货价格上涨所带来的盈利，将现货价格上涨带来的亏损进行了对冲，锁定了成本，规避了风险。

2. 空头套期保值

空头套期保值是指在现货市场处于多头的情况下，在期货市场做一笔相应的空头交易，以避免现货价格变动的风险。空头套期保值一般适用于持有商品的交易商担心未来商品价格下跌的情况，以及预测资产的未来销售价格下降的情况。

【任务 5-2】

在 20××年 2 月，某贸易商以 1850 元/吨的价格购进 100 吨玉米，计划在 5 月进行出售。由于担心价格下降，决定通过期货市场进行卖出套期保值。此时，大连商品交易所玉米期货 5 月合约的价格为 1830 元/吨，该贸易商卖出 10 手该合约(10 吨/手)。到 5 月，玉米价格果然下跌，现货价格跌至 1800 元/吨，5 月的玉米期货的价格也随之下跌，下跌至 1780 元/吨。请问该贸易商如何进行套期保值呢?

【任务分析】

我们以表格的方式来分析操作的损益情况(见表 5-2)。

表 5-2　空头套期保值

时间	现货市场	期货市场
2 月	原本计划以 1850 元/吨的价格买入 100 吨玉米	以 1830 元/吨的价格卖出 10 手的玉米期货合约
5 月	由于玉米跌价，实际以 1800 元/吨的价格卖出 100 吨玉米	以 1780 元/吨的价格买入 10 手的玉米期货合约
损益	(1800－1850)×100＝－5000(元)	(1830－1780)×10×10＝5000(元)

由于该贸易商与需求方签订供货合同，必须以市价出售，因此该贸易商在现货市场遭受损失。同时，该贸易商在期货市场上以 1780 元/吨的价格买入期货对冲平仓，用期货市场的获益对冲了现货市场的损失，实现了套期保值。

(二)套利

套利是指人们利用暂时存在的不合理的价格关系，通过同时买进和卖出相同或相关的商品或期货合约，以赚取其中的价差收益的交易行为。其中，不合理的价格关系包括多种不同的情况：①同种商品及期货合约在现货市场和期货市场间的不合理的价格关系；②同种商品或期货合约在不同市场之间的不合理的价格关系；③同一市场、同种期货合约在不同交割月之间的不合理的价格关系；④同一市场、同一交割月的不同期货合约之间的不合理的价格关系。针对不同的价格关系，可以把套利的操作方式分为期现套利、跨期套利、跨市套利和跨品种套利。

1. 期现套利

期现套利是指在期货市场和现货市场间套利。若期货价格较高，则卖出期货的同时买进现货到期货市场交割；若期货价格偏低，买入期货在期货市场上进行实物交割，接受商品，再将它转到现货市场上卖出获利。这种套利通常在即将到期的期货合约上进行。大量的期现套利有助于期货价格的合理回归。

期现套利一般仅涉及现货商人。因为涉及期货、现货两个市场，如果实物交割，还要占用大量的资金，且需要相应的现货供、销渠道卖出或买进现货。这样的条件一般投机者不具备，所以一般的投机者很少在即将到期的合约上操作。期现套利者却最关注进入交割月份的期货合约品种，只要价差足够大，超过预期投机成本，套利者就会入市，最终再根据市场情况灵活选择在期货市场平仓或是进行实物交割。

2. 跨期套利

跨期套利是指在同一交易所同时买进和卖出同一品种但交割月份不同的期货合约，以便在未来两种合约价差变动对自己有利时再对冲获利。根据所买卖的交割月份及买卖方向的差异，跨期套利可以分为牛市套利、熊市套利、蝶式套利等类型。

①牛市套利，是指当市场出现供给不足、需求旺盛的情形时，较近月份的价格上涨幅度大于较远期的上涨幅度，或者较近月份的合约价格下降幅度小于较远期的下跌幅度，在这种情况下，买入较近月份的合约同时卖出远期月份的合约进行套利的策略。

②熊市套利，是指当市场出现供给过剩、需求相对不足时，一般来说，较近月的合约价格下降幅度往往要大于较远期合约价格的下降幅度，或者较近月份的合约价格上升幅度小于较远期合约价格的上升幅度，在这种情况下，卖出较近月份的合约的同时买入远期月份的合约进行套利的策略。

③蝶式套利，是跨期套利的常见形式，它是由共享居中交割月份的一个牛市套利和一个熊市套利的跨期套利组合而成的。蝶式套利的具体操作方法是：买入（卖出）近期月份合约，同时卖出（或买入）居中月份合约，并买入（或卖出）远期月份合约，其中，居中月份合约的数量等于近期月份和远期月份合约数量之和。这相当于牛市套利与熊市套利的一种组合。

3. 跨市套利

跨市套利是指在两个不同的期货交易所同时买进和卖出同一品种的同一交割月份的期货合约，以便在未来两种合约价差变动于己有利时再对冲获利。跨市套利的风险及操作难度比跨期套利更大，因为它涉及不同的交易所，交易者必须同时考虑两个市场的情形和影响因素。有时，虽然是同一品种，但各交易所的交易规则、交割等级、最后交易日、交割期的规定都有差异；期货市场上的流动性也不一样。若是做不同国家的跨市套利，还要考虑汇率变动的影响，如果对汇率的变动估计不足或估计错误，则投资者将面临重大的汇率风险，所以必须全面考虑各种因素，才能使套利取得成功。因此国外一般是大的投资基金、投资银行才进行跨市套利交易。

同一品种在不同交易所存在价差，主要是由地理因素造成的，也有品质规格不一样的因素起作用。正常情况下，市场有合理的价差。一般来说，出现比价不正常的情况持续时间较短，时机非常重要。从实际情况来看，那些在不同交易所都有场内经纪人的投资机构最善于抓住这样的时机，他们的交易量往往很大，也许在几分钟之内便可获得高盈利。

4. 跨品种套利

跨品种套利是指在同一交易所同时买进和卖出同一交割月份的不同品种的期货合约，选择的两种不同合约应在价格变动上有较强的联动性。跨品种套利可以分为相关商品套利和可转换性商品套利两种形式。

①相关商品套利，是利用两种不同品种，但价格又相互关联的期货之间的差价变动

进行套利。若两种商品期货的价差为正，当预计价差扩大时，可采用这样的策略：入市时，买进价高的商品期货，同时卖出价低的商品期货；当预计价差缩小时，则可采用相反的策略，即入市时卖出价高的商品期货，同时买进价低的商品期货。比如，在美国，冬小麦与玉米之间的套利交易十分流行。这是因为两者用途相似且具有相互替代性。

②可转换性商品套利，指的是原材料与制成品，比如大豆、豆油、豆粕三者，大豆是生产豆油的原材料，豆油是制成品，豆粕是制油时产生的副产品，可以用来做饲料。利用可转换性商品期货间的价差进行的套利即为可转换性商品套利。由于大豆、豆油、豆粕在期货市场上都有交易，进行套利就非常方便，大豆的加工商经常利用这种套利来防止大豆价格的上涨及豆油和豆粕销售价格的降低。

二、期权交易投资分析

期权有看涨期权和看跌期权两种基本类型，期权的交易者可以分为期权购买者和期权出售者两类基本交易者。期权的两种基本类型与两类基本交易者组合，可以形成期权交易的四种基本的交易策略：买进看涨期权，卖出看涨期权，买进看跌期权和卖出看跌糊权。

（一）买进看涨期权

买进看涨期权是期权购买者所拥有的可在未来的某个特定时间以协定价格从期权出售者手中买入一定数量的某种商品或金融资产的权利。当投资者预计某种标的资产的市场价格将上涨时，他可以买进该标的资产的看涨期权，如果日后标的资产的市场价格果真上涨，且上涨至期权合约的协定价格以上，则该投资者可以执行期权从而获利，获利的多少将视市场价格上涨的幅度定。从理论上说，市场价格上涨的幅度是无限的，因此期权购买者的获利程度也是无限的。反之，如果日后标的资产的市场价格没有上涨，而是下跌，且下跌到协定价格以下，投资者将遭受一定的损失，但这种损失是有限的，且是已知的。即若投资者预期错误，则可以放弃执行期权。若期权购买者放弃执行期权，则他的最大损失就是购买期权时所支付的期权费。

【任务 5-3】

某投资者在 3 月 1 日预计 S&P500 指数将在未来 3 个月上涨，于是他以 5000 美元的期权费购买了一份 6 月 10 日到期，协定价格为 330 的欧式看涨期权，它的标的是 6 月份到期的 S&P500 指数（每一份为 500 点）期货合约。假设该指数如该投资者预料那样，价格上涨至 330 或以上。请问该投资者的收益情况如何？

【任务分析】

(1)如果此时该指数价格为 340，那么此时选择执行买入这份期权，以 330 的约定价格买入并立刻以市场价格 340 进行卖出。则可以获得的收益为(340—330)×500＝5000 美元，那么此时利用该指数的上涨所获取的价差收益，抵消了购买这张期权合约时所花费的期权费 5000 美元。此时的收益为 0，如图 5-1 所示 C 点，因此 C 点也被称为盈亏平衡点。

(2)如果该指数价格上涨至350,那么此时执行这份看涨期权,可以收获(350－330)×500＝10000美元,再扣去期权费5000美元,因此最后能够获利5000美元,如图5-1所示D点。

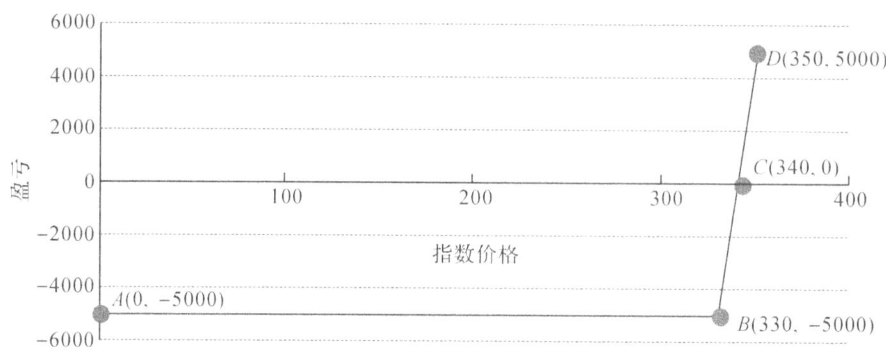

图5-1　买进看涨期权盈亏

由上述分析可知,购买看涨期权时,投资者的最大亏损是可以确定的,即支付的期权费就是亏损的最大额度,而最大的盈利值在理想状态下是无限的。C点是盈亏平衡点,购买看涨期权的投资者通过履约抵消他支付的期权费用。因此我们可以认为只要该股票指数没有达到340以上,无论是否执行该期权,最终的结果都是亏损的,而只要市场价格上涨至340以上,投资者就可以通过执行该合约进行获利。

(二)卖出看涨期权

卖出看涨期权是期权出售者在未来的某个特定时间以协定价格向期权购买者出售一定数量的某种商品或金融资产的义务。在期权交易中,既然有人买进,就一定有人卖出。买进者和卖出者都希望在交易中获利。就看涨期权来说,买进者之所以买进,是因为他预期标的资产的价格将上涨,从而希望通过履约来获利。而卖出者之所以卖出,是因为他预期标的资产的价格将下跌,从而希望通过卖出标的资产收取期权费。在标的资产的市场价格下跌到协定价格以下时,看涨期权的购买者将自动放弃执行期权;而在标的资产的市场价格高于协定价格时,期权购买者将要求履约,但只要标的资产的市场价格低于协定价格和期权费用之和,看涨期权的出售者仍然有获利的机会,只是利润少于他所收取的期权费而已。

对看涨期权的出售者而言,其最大的利润是他出售期权所得到的期权费,而其最大的损失则随着标的资产的市场价格而定。从理论上讲,这种损失将是无限的。然而在卖出看涨期权时,投资者获利的可能性将大于他遭受损失的可能性。在一般情况下,看涨期权的出售者大幅度遭受损失的概率也非常小,而获得小幅度利润的概率将非常大。所以,在现实中,投资者未必在大幅度看跌时才出售看涨期权,而只要在预期的市场价格不会大幅度上涨时,即可卖出看涨期权,并有较大的获利可能。同时,一旦对价格的预期真的有较大的误差,投资者也可以按较高的价格"买回"同样的看涨期权以避免或限制进一步的损失。

【任务 5-4】

某投资者在某年 3 月初预期美国长期国债期货的价格将有小幅的下跌，于是他卖出一份 6 月份到期、协定价格为 86 的美国长期国债期货期权合约（一点对应 1000 美元），收取期权费 2000 美元。请问该投资者将面对哪些可能的情况？

【任务分析】

（1）如果到 6 月份时，长期国债期货的市场价格为 86 或更低，则该看涨期权的出售者将获利 2000 美元，如图 5-2 所示 *B* 点。因为在市场价格没有上涨或反而下跌的情况下，看涨期权的购买者将放弃他所拥有的权利。

（2）如果到 6 月份时，长期国债期货的市场价格上涨为 87，看涨期权的购买者将要求履约，则看涨期权的出售者将获利 2000－（87－86）×1000＝1000 美元。如果长期国债期货的市场价格上涨到 88，则收益为 0，如图 5-2 所示 *C* 点。

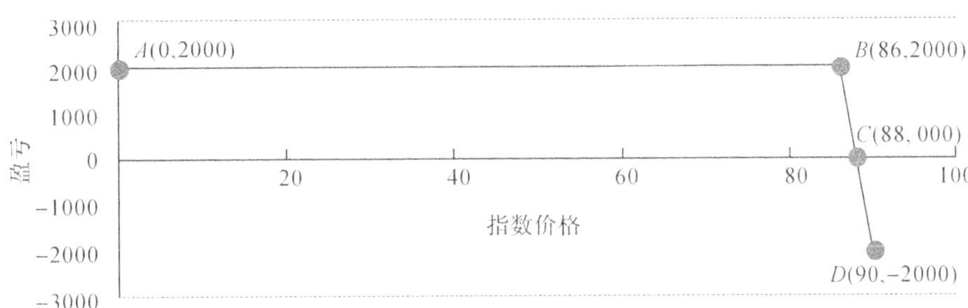

图 5-2　卖出看涨期权盈亏

（3）如果在期权合约到期日之前，长期国债期货的市场价格出现较大幅度的上涨，如上涨至 90，而与此同时，该看涨期权的期权费涨至 4000 美元，则该投资者应以 4000 美元的期权费买进一张同样的期权合约。这样做，他虽然仍难免损失 2000 美元，但至少可以挽回一部分损失。更重要的是，假如市场价格继续上涨，这样做可免除进一步的损失。所以从理论上讲，卖出看涨期权将有无限损失的可能性，但是这种可能性极小，而且投资者事实上也可以采取各种防御措施，以限制其损失的进一步扩大。所以，卖出看涨期权的这种无限损失的可能性通常只是一种纯理论的结果，在实践中它极少转化为现实。

（三）买进看跌期权

买进看跌期权是期权购买者所拥有的可在未来的某个特定时间以标的价格向期权出售者卖出一定数量的某种商品或金融资产的权利。投资者之所以买进看跌期权，是因为他预期标的资产的市场价格将下跌。在买进看跌期权后，如果标的资产的市场价格突然下降且跌至协定价格之下，则该投资者可以行使其权利，以较高的协定价格向期权的出售者卖出他所持有的标的资产，从而可以避免市场价格下跌的损失。如果期权购买者并不持有标的资产，则在标的资产市场价格下跌时，他可以以较低的市场价格买进标的资产，而以较高的协定价格卖出标的资产来获利，获利的程度将视标的资产市场价格下降的幅度而决定。反之，在买进看跌期权后，如果标的资产的市场价格没有下跌，或者反而上涨，则投资者可以放弃期权而仅损失他所支付的期权费。

一般来说，对看跌期权的购买者而言，其潜在的损失是有限的(仅限于他所支付的期权费)，而其潜在的利润是无限的。但事实上，对看跌期权的购买者而言，即使从纯理论上来讲，其潜在的利润也并不是无限的。之所以如此是因为任何标的资产的市场价格都不能降低到零以下。换言之，即使金融衍生工具在极端情况下，各种标的资产也都以零为其市场价格的下限。同时在购买这种看跌期权时，投资者总得支付一定的期权费，而期权费又不可能为负值，即使无内在价值的看跌期权也是如此。于是，对看跌期权的购买者而言，其潜在的最大利润也只能限于协定价格与期权费之差。

(四)卖出看跌期权

卖出看跌期权是期权出售者在未来的某个特定时间以协定价格向期权购买者买入一定数量的某种商品或金融资产的义务。对投资者来说，卖出看跌期权的目的是通过期权费的收取来获利。投资者能否获得这一收益，即他收取的期权费能否抵补他因出售期权而遭受的损失还有余，取决于他对期权标的资产的市场价格的预期是否正确。在一般情况下，若投资者对市场价格看跌，他们就卖出看涨期权；若投资者对市场价格看涨，他们就卖出看跌期权。从获取利润的角度来讲，投资者卖出看跌期权与他们卖出看涨期权是一样的，其最大利润是他们所收取的期权费。所以对投资者来说，他们卖出看跌期权的最大利润也是有限的，且是已知的。但是从产生亏损的角度来说，则因卖出看跌期权与买进看跌期权在盈亏方面的对称性，投资者的最大损失便是协定价格与期权费之差。

课后任务

【知识巩固】

一、单选题

1. 金融衍生品最主要，也是一切功能得以存在的基础功能是指(　　)。

A. 转化功能　　B. 盈利功能

C. 规避风险功能　　D. 定价功能

2. 具有无固定场所、较少的交易约束规则，以及在某种程度上更为国际化特征的市场是指(　　)。

A. 自动配对系统　　B. 场内交易

C. 场外交易　　D. 自由交易

3. 合约中规定的未来买卖标的物的价格称为(　　)。

A. 交割价格　　B. 实际价格

C. 未来价格　　D. 远期价格

4. 随着期货合约到期日的临近，期货价格和现货价格的关系是(　　)。

A. 前者大于后者　　B. 后者大于前者

C. 两者大致相等　　D. 无法确定

5. 如果不考虑佣金等其他交易费用，买入看跌期权的投资者其可能损失的最大金额为（　　），可能获得的最大收益为（　　）。

A. 协定价格与期权费之和；协定价格与期权费之差

B. 期权费；协定价格与期权费之和

C. 期权费；协定价格与期权费之差

D. 协定价格与期权费之差；协定价格与期权费之和

二、多选题

1. 金融衍生品根据自身交易方法可分为（　　）。

A. 远期　　B. 期权

C. 期货　　D. 金融互换

2. 金融衍生品市场的组织结构由（　　）构成

A. 交易所　　B. 监管机构

C. 清算所　　D. 经纪公司

3. 期货交易的功能是（　　）。

A. 风险转移功能　　B. 价格发现功能

C. 稳定市场　　D. 投机功能

4. 某个持有大量分散化股票投资的养老基金预期股市长期看好，但在未来的三个月内将会下跌，根据这一预期，基金管理者可以采取的策略包括（　　）。

A. 买入股指期货　　B. 购买股指期货的看涨期权

C. 卖出股指期货　　D. 购买股指期货的看跌期权

5. 金融互换的基本形式有（　　）。

A. 货币互换　　B. 利率互换

C. 货币利率互换　　D. 资产互换

三、简答题

1. 金融衍生品的功能有哪些？

2. 如何理解金融互换？

3. 什么是期货交易？它有什么样的特征？

4. 看涨期权与看跌期权有什么不同？

5. 期权购买者与期权出售者在权利和义务上有什么区别？

【实训一】

1. 实训目标

培养学生通过正确渠道了解、分析期货的能力。

2. 实训内容

登录相关网站，查询目前我国各大期货交易所，以及他们各自开展的期货交易的品类（每个交易所各5种）。

【实训二】

1. 实训目标

培养学生正确分析期权交易的技能。

2. 实训内容

商人张总预期两个月后瑞士法郎对美元的汇率将上升,于是按照协定汇率 1 美元＝0.84 瑞士法郎购买了一份瑞士法郎看涨期权(金额共 12.5 万瑞士法郎)。期权价格为每瑞士法郎 0.01 美元。

请问:

(1)这一份期权的期权费用是多少?

(2)如果瑞士法郎的汇率真如该商人预期,上涨达到了 1 美元＝0.80 瑞士法郎,请问他该如何操作才能够获利?

项目六 保险项目

【名 言】

富无经业，则货无常主，能者辐凑，不肖者瓦解。

——〔西汉〕司马迁《史记·货殖列传第六十九》

【思维导图】

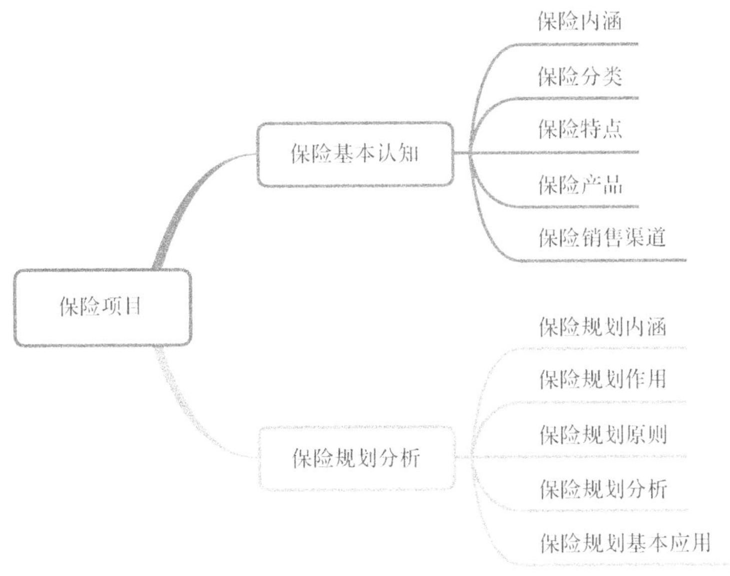

【学习目标】

能力目标	(1)能正确认知保险； (2)能通过正确渠道购买保险； (3)能评估自身保险保障需求； (4)能通过保险规划正确管理个人(家庭)风险。
知识目标	(1)掌握保险内涵、分类和特点； (2)理解保险规划方法； (3)了解保险合同条款。
素质目标	(1)自觉树立风险管理意识； (2)自觉树立保险规划意识； (3)增强文化自信； (4)塑造劳动精神和社会主义核心价值观。

【情境导入】

2019年12月，湖北省武汉市持续组织流感及相关疾病监测，发现了很多病毒性肺炎病例，并被确诊为病毒性肺炎。防控期间，餐饮消费收入不断下滑，交通运输等行业面临严峻的经济损失。面对无法预料的损失，应该如何分散风险？作为风险管理手段之一的保险如何起到分散风险的作用呢？

子项目一　保险基本认知

保险是一种经济契约关系，本意是稳妥可靠保障，后延伸为一种保障机制，是用来规划人生财务的一种工具，是市场经济条件下风险管理的基本手段，是金融体系和社会保障体系的重要支柱。

一、保险内涵

(一)保险概念

保险有广义和狭义之分。广义的保险是指保险人向投保人收取保险费，建立专门用途的保险基金，并对被保险人负有法律或合同规定范围内的赔偿和给付责任的一种经济保障制度。一般包括由国家政府部门经办的社会保险、由专门的保险公司按商业原则经营的商业保险和由被保险人集资合办、体现自保互助精神的合作保险。通常所说的保险是狭义的保险，即商业保险，是指投保人根据合同约定，向保险人支付保险费，保险人对于合同约定的可能发生的事故因其发生所造成的财产损失承担赔偿保险金责任，或者当被保险人死亡、伤残、患上疾病或者达到合同约定的年龄、期限等条件时承担给付保险金责任的商业保险行为。

(二)保险要素

保险的基本要素指的是明确保险关系需要具备的条件，主要包括以下几点。

1. 可保风险的存在

对保险人来说，并非全部风险都能承保。保险人能够接受的风险需要和可保条件相符。可保风险指的是和保险人承保条件相符的特定风险。可保风险的理想条件是：①风险必须是纯粹风险。②风险的发生具有偶然性，一定会发生(概率100%)或一定不会发生(概率0)的风险都是不能承保的。③风险必须使大多数标的有遭受损失的可能。④风险的承保必须具有经济上的可行性，一方面，风险发生导致的损失必须是保险人的承保能力之内，不能是保险人无法承担的巨灾；另一方面，风险损失必须是值得投保的，也就是说保险的预期收益要大于保险的成本。⑤风险不能使大多数的保险标的同时遭受损失。⑥风险损失必须具有现实的可测性，保险人能够根据过去的数据推算发生损失的可能性和损失规模，使收取的保险费能够负担得起保险公司的管理费用并能够赔偿未来发生的经济损失，从而保证保险人的收支平衡，实现保险制度的可持续性。

2. 公平合理适度稳定的保险费率

保险是一种商品，保险费率是保险商品的价格。保险费率的厘定必须坚持公平性原则、合理性原则、适度性原则和稳定性原则。公平性原则指要保证投保人缴纳的保费应和其风险水平相对应；合理性原则指要保证保险费率的制定符合法律法规的规定，不存在欺诈和陷阱；适度性原则指要保证据此收取的保险费能够弥补保险金的支出和管理成本，并能保证保险公司获得社会平均利润率，保险人不应获得过多或超额的利润；稳定性原则是指保险费率应保持一定的稳定性，不应经常或大幅度调整。

3. 保险合同的订立

保险合同是投保人与保险人约定保险权利义务关系的契约。保险合同中应明确保险人与投保人、被保险人和受益人等之间的权利义务关系，保险合同是体现保险经济关系存在的形式，是保险经济关系得以成立、维持并不断扩展的保证。

4. 保险索赔与理赔

保险索赔是在保险合同约定的保险事故发生后，受益人向保险人请求赔偿或支付保险金的行为。保险理赔则是保险公司依据保险合同的约定，根据保险标的的损失情况向受益人支付保险金的行为。

二、保险分类

(一)根据保险性质，分为社会保险、商业保险和政策性保险

1. 社会保险

社会保险是国家为推行某种社会政策、增进某种福利，通过国家立法形式实施的一种强制性保险，在社会保险基金发生困难时，国家财政将予以支持并承担最终的给付责任。社会保险旨在维持职业人群在职时和退休后最基本的生活水平，提供最基本的生活保障，通常包括养老保险、医疗保险、工伤保险、失业保险和生育保险等五个方面。社会保险体现的是政府的责任，是政府行为，不以追逐利润为经营目的，属于公共经济的范畴。

2. 商业保险

商业保险是指投保人根据合同约定，向保险人支付保险费，保险人对于合同约定的可能发生的事故因其发生所造成的财产损失承担赔偿保险金责任，或者当被保险人死亡、伤残、患上疾病或者达到合同约定的年龄、期限等条件时承担给付保险金责任的商业行为。商业保险是完全的市场行为，具有充分的自愿性，属于社会保险之外、高于社会保险保障水平的补充保障。商业保险中，保险人经营商业保险的目的是利润最大化，商业保险属于私人经济的范畴。

3. 政策性保险

政策性保险是政府通过政策推动、利用保险机制以达到某种政策目标的保险形式。从国际上来看，政策性保险通常包括农业保险、出口信用保险和巨灾保险等。政策性保

险的价值在于它实际上是对保险市场失灵的校正，即政府作为社会的中央权力机构，提供具有明显的正外部性、社会总收益大于社会总成本的保险产品，而这些产品是商业保险公司所不愿或不能提供的。

(二)根据保险标的，分为财产保险、人身保险、责任保险和信用保证保险

1. 财产保险

财产保险是以财产及与之相关的利益为保险标的，以自然灾害及意外事故为保险事故的保险。当被保险人的财产遭受保险责任范围内的损失时由保险人提供经济补偿。财产分为有形财产和无形财产。有形财产包括厂房、机械设备、运输工具、产成品、家用电器等，无形财产包括预期利益、商标商誉等。财产保险主要包括普通财产保险（如家庭财产保险和企业财产保险）、海上保险、运输货物保险、运输工具保险、航空保险、工程保险（建筑工程保险和安装工程保险）、利润损失保险和农业保险等。

2. 人身保险

人身保险是以人的生命或身体为保险标的，以生存、死亡、疾病、意外伤害等人身风险为保险事故的保险。以生命为标的的保险通常称为人寿保险，以身体为标的的保险又分为健康保险和意外伤害保险。在保险有效期内，被保险人因疾病或因意外事故而遭受人身伤残或死亡，或在保险期满后仍然生存，保险人按合同约定给付保险金。

3. 责任保险

责任保险是以被保险人依法应对第三者承担的民事损害赔偿责任为保险标的，以第三者的财产损失或人身伤亡为保险事故的保险。责任保险主要有公众责任保险、产品责任保险、雇主责任保险、职业责任保险等。

4. 信用保证保险

信用保证保险是以合同双方权利人和义务人的信用关系为标的，以信用风险为保险事故的保险，具体分为信用保险和保证保险。信用保险是以别人（交易行为的对方）的信用为标的投保的保险，保证保险是以自己的信用投保的保险。

(三)根据风险转移方式，分为原保险和再保险

1. 原保险

原保险是指投保人与保险人直接签订保险合同，确立保险关系，投保人将风险损失转移给保险人的保险。在原保险合同关系中，投保人通过交纳保险费，将保险风险转移给保险人，当保险标的发生保险责任范围内的损失时，保险人对被保险人进行损失赔偿或保险金给付。

2. 再保险

再保险是由原保险派生的，是对原保险的保险，也称分保，是原保险的进一步延续，也是可保风险的纵向转移和第二次转移。再保险是指保险人将自己承保的风险责任的一部分或全部向其他保险人再进行投保的保险。在保险合同的主体、保险标的和保险合同的性质等方面，再保险与原保险存在明显差别。

(四)根据保险实施方式,分为自愿保险和强制保险

1. 自愿保险

自愿保险是指投保人和保险人在平等自愿的基础上,通过订立保险合同或自愿组合、实施的一种保险。投保人自主决定是否参加保险,自由选择保险人、保险险种、保险金额和保险期限等,也可以中途退保;保险人也可以决定是否承保,承保多大金额等。

2. 强制保险

强制保险是指根据法律、法令或行政命令,投保人和保险人之间强制建立起保险关系。强制保险主要为了保护公众利益和维护社会安定,例如,机动车交通事故责任强制保险、安全生产责任保险、旅行社责任保险等。

(五)根据参与承保的保险人数量,分为重复保险和共同保险

1. 重复保险

重复保险是指投保人对同一保险标的、同一保险利益、同一保险事故分别与两个以上保险人订立保险合同,且保险金额总和超过保险价值的保险。重复保险的各保险人赔偿保险金额总和不得超过保险价值。除合同另有约定外,各保险人按照其保险金额与保险金额总和的比例承担赔偿保险金的责任。

2. 共同保险

共同保险也称共保,是指两个或两个以上保险人共同承保同一保险标的、同一可保利益、同一可保风险、签订同一份保险合同的一种保险,且保险金额之和不超过保险标的的实际可保价值。在保险损失发生时,各保险人按各自承保的保险金额比例分摊损失。

(六)根据承保风险,分为单一风险保险和综合风险保险

1. 单一风险保险

单一风险保险是指仅对一个可保风险提供保险保障的保险。例如,水灾保险仅对洪水事故承担损失赔偿责任,雹灾保险仅对雹灾损失承担赔偿责任。

2. 综合风险保险

综合风险保险是指对两种或两种以上的可保风险提供保险保障的保险。综合保险通常是以基本险加附加险的方式出现的。例如,企业财产保险的保险责任包括洪水、暴风等自然灾害,也包括火灾、爆炸等意外事故。

(七)根据承保单位,分为个人保险和团体保险

1. 个人保险

个人保险是指以个人或家庭的财产、生命、健康等为保险标的的保险,它以一张独立的保险单,约定投保人和保险人的权利和义务。

2. 团体保险

团体保险是用一份总的保险合同,为一个经营单位的各类财产及责任提供保险保障,或者为该团体中的众多成员提供人身保险保障的保险。

三、保险特点

(一)与一般实物商品相比较

1. 保险产品是一种无形商品

实物商品是有形商品,看得见,摸得着,其形状、大小、颜色、功能、作用一目了然,买者很容易根据自己的偏好,在与其他商品进行比较的基础上,作出买还是不买的决定。而保险产品则是一种无形商品,只能根据很抽象的保险合同条文来理解其产品的功能和作用。由于保险产品的这一特点,它一方面要求保单的设计在语言上简洁、明确、清晰、易懂;另一方面要求市场营销员具有扎实的保险知识和良好推销技巧,否则,投保人很难接受保险产品。

2. 保险产品的交易具有承诺性

实物商品在大多数情况下是即时交易,而保险产品的交易则是一种承诺交易。当投保人决定购买某一险种,并缴纳了保费之后,商品的交易并没有完成,因为保险人只是向投保人作出一项承诺,该承诺的实质内容是:如果被保险人在保险期间发生了合同中所规定的保险事故,保险人将依照承诺作出保险赔偿或给付。可见,在保险产品交易的场合,投保人缴付了保费以后,该投保人与保险公司的关系不仅没有结束,反而刚刚开始。由于保险产品承诺性交易的这一特点,对于保险人和投保人(被保险人)来说,相互选择是非常重要的。从保险人的角度来说,它需要认真选择被保险人,否则将遭受"逆选择"之苦;从投保人的角度来说,他需要认真选择保险公司和保险产品,否则,不论是保持合同关系还是退保,都将给自己带来不必要的损失。

3. 保险产品的交易具有机会性

实物商品的交易是一种数量确定性的交换,而保险合同则具有机会性的特点。保险合同履行的结果是建立在保险事故可能发生,也可能不发生的基础之上的。在合同有效期间内,如果发生了保险事故,则保险购买者从保险人那里得到赔偿、给付,其数额可能大大超过其所缴纳的保险费;反之,如果保险事故没有发生,则保险产品的购买者可能只是支付了保费而没有得到任何形式的货币补偿或给付。

(二)与其他大众化金融产品相比较

1. 保险产品是一种较为复杂的金融产品

对于普通投资者来说,他只要知道存款本金和利息率、股票的买入价和卖出价、债券的票面价格和利息率,就很容易计算其收益率。而保险产品涉及保障责任的界定、保险金额的大小、保费的缴纳方式、责任免除、死亡类型、伤残界定等一系列复杂问题。况且,大部分保险事故的发生是不以被保险人和保险人的意志为转移的,被保险人很难知道自己将在何时发生保险事故(这也正是人们需要保险的原因),也很难明确计算出成本和收益的大小。因此,保险产品是比其他大众化的金融商品复杂得多的一种金融商品。

2. 保险产品在本质上是一种避害商品

在投资者买卖股票和债券等金融商品时,他们是以承担一定的风险作为代价,期冀获取更大的收益的。因此，这些金融商品在本质上是一种“趋利”商品。而在购买保险的场合，大多数人是以支付一笔确定数额的货币来转移(可能存在的)风险，来换取对未来不确定性的保障的。同时，由于保险所涉及的内容大都是人们不愿谈及或者避讳的事情，如死亡、伤残等，因此，保险产品在本质上是一种“避害”商品。

四、保险产品

(一)财产保险

1. 财产保险概念

财产保险是指投保人根据合同约定，向保险人交付保险费，保险人按保险合同的约定对所承保的财产及其有关利益因自然灾害或意外事故造成的损失承担赔偿责任的保险。财产保险的保险标的是各类财产物资以及相关利益，主要目的就是补偿投保人或被保险人的经济损失。广义财产保险指的是涵盖了财产损失保险、责任保险、信用保证保险等业务的所有非人身保险业务，狭义财产保险指的是财产损失保险，侧重的保险标的是财产物资。

2. 财产保险特点

(1)财产保险的特殊性

财产保险保障的风险类型丰富，例如意外事故、信用行为、自然灾害以及法律责任等，都能作为财产保险承保的风险以及保险责任。因为保险标的十分复杂，风险事故的出现表现出的形态也存在很大的差别，例如暴风、泥石流、洪水等自然灾害，爆炸、盗窃、火灾等意外事故。风险事故导致的损失有直接损失，也有间接损失。

(2)保险标的的特殊性

财产保险的保险标的必须是能够借助货币衡量其价值的财产以及利益，如果不能用货币衡量其价值，就不能作为财产保险的标的，空气以及国有土地等都不属于保险标的。

(3)保险利益的特殊性

在财产保险中，财产损失保险属于基本业务类型，对比人身保险，财产损失保险的保险利益十分特别，主要表现在以下三点：①从保险利益的产生角度出发，财产保险的保险利益产生于人和物的关系之间，也就是投保者和保险标的的关系；人身保险的保险利益产生于人和人的关系中。②从保险利益的量的限定角度出发，财产保险的保险利益存在量的要求，投保人对保险标的的保险利益需要参照其实际价值，超出的部分无效。人身保险的保险利益不存在量的限制，债权人和债务人的保险利益不包含在内。③从保险利益的时效角度出发，财产保险在投保的时候，投保者对保险标的有没有保险利益并不关键，但是如果出现保险事故，被保险人对保险标的必须具备保险利益。人身保险的保险利益在合同订立之时存在即可。

(4)保险期限的特殊性

绝大多数财产保险的保险周期很短，一般来说是一年或不足一年，而且保险期限是保险人原本承担保险责任的期限。但是也有特殊情形，例如，工程险，需要结合工程的详细状况加以明确;货物运输保险以及船舶保险的期限属于空间范畴。

(5)保险合同的特殊性

财产保险合同为损失补偿合同,保险人在合同约定的保险事故出现且该保险事故损害了被保险人财产时,需要担负经济补偿的责任,而且补偿的数额有助于被保险人恢复到经济利益损失之前的状况,不能获取额外的收益。

(二)人寿保险

1. 人寿保险概念

人身保险是人寿保险、意外伤害保险以及健康保险的统称。人寿保险也称寿险,是以人的寿命为保险标的,以被保险人的生存或死亡为给付条件的人身保险。

2. 人寿保险的特点

(1)保险期限较长

人寿保险从经济层面为家庭、自身以及子女等提供保障,解除他们的心理担忧,提升安全感。因为人的死亡以及生存有不确定性的特点,因此保障是长期的,人寿保险的保单有三年、五年、十几年、几十年甚至人的终生等期限。投保期限是投保人结合自己的需求以及经济条件自主选择的。

(2)使用均衡费率

伴随年龄的递增,人类的死亡风险会不断提升,风险越高,支付的保费也会不断递增,老年人会因为保费过重放弃投保。所以,人寿保险一般来说选用的是长期缴费以及均衡费率的方式,换句话说,投保人投保缴费期间,费率是固定不变的。

(3)不存在超额投保、重复保险和代位求偿问题

人的生命不能用货币衡量,是无价的,因此保险公司准许被保险人投保多个人寿保险或获取不同的保险单,但是保险公司需要结合被保险人的需求以及收入水平加以管控,保险的数额不会过高。如果被保险人的伤亡是第三人导致的,被保险人及其受益人可以从保险公司获取保险金,还可以要求肇事方给予损害赔偿要求,保险公司不可以行使代位求偿权。

(4)人寿保险兼有储蓄和投资性

投保人寿保险,不单单能够获取相应的保障,而且也是投资和储蓄的体现,投保人能够从保险公司获取投资收益,并且保险单所有者还能享受多种权利,例如保单抵押贷款、选择保险金给付方式以及退保等。

3. 人寿保险的分类

(1)定期人寿保险

定期人寿保险,亦称定期死亡保险,指的是被保险人在保单要求的时间内,如果死亡,受益人有权利获取相应的赔偿金。如果在保险期间内依旧生存,保险公司无须支付保险金,也不用退还保险费用。

(2)终身人寿保险

终身人寿保险,也被称作终身死亡保险,属于不定期的死亡保险,自合同生效之日

起直到被保险人死亡。每个人都会面临死亡，因此保险公司需要将保险金赔付给受益人。人寿保险的保险期限相对较长，并且具有储蓄的功效。

(3)生存保险

生存保险，其给付条件是被保险人的生存，生存保险的被保险人在保险期满或达到合同约定年龄依旧生存，保险人给付保险金。

(4)生死两全保险

生死两全保险，是生存保险和死亡保险的结合，被保险人在保险期限内死亡或生存到保险期满时，保险人给付保险金。两全保险是确保满足被保险人退休以后生活的需求，应对被保险人死亡导致家庭经济困难造成的风险。

(三)人身意外伤害保险

1. 人身意外伤害保险概念

人身意外伤害保险，也被称作意外伤害保险或意外险，是以被保险人因遭受意外伤害造成伤亡、残疾为给付保险金条件的人身保险。

(1)伤害

伤害也称损伤，是指被保险人的身体受到外部事物侵害，导致人的器官、组织等生理机能遭到破坏的客观事实。伤害的构成要素有三个，致害物、侵害对象以及侵害事实，缺一不可。①致害物是直接导致伤害的物体，也是伤害出现的物质基础。意外伤害保险注重的是致害物为外来的，也就是被保险人身体以外的物质，并不是被保险者自己的疾病。②侵害对象指的是遭遇致害物侵害的客体，在意外伤害保险中指的是被保险人的身体，承保的伤害针对的是被保险人的生理以及身体侵害，而非精神以及权利等层面的侵害。③侵害事实指的是致害物借助相应的方式破坏性接触影响被保险人身体的事实。

(2)意外

意外是根据人的主观状态来说的，也就是伤害出现是人预先并未预计到的，伤害的出现和人类的主观意向不符。①人事先并未预见到伤害的出现。伤害的出现是不能预见的或者伤害的出现是人预先可以预料到的，但是因为自己的疏忽并未预见到的。这些伤害是偶然出现的，是突发的。②伤害的出现和人的主观意愿相互背离。主要体现在：人预见到的伤害即将出现时，技术上难以借助有效手段规避；或人类预见到伤害即将出现，技术上采取了举措，但是因为法律以及职责上的要求，不能规避。需要关注的是，人的刻意行为导致自己身体受伤不属于意外伤害。

2. 人身意外伤害保险特点

(1)短期性

人身意外伤害保险一般来说期限是一年，部分极短期的人身意外伤害保险的保险期限只有几个月、几天、几个小时。例如，旅客意外伤害事故，保险的期限是一次旅程，出差人员的平安保险，保险期限是出差这一周期；游泳者的平安保险期限为一个场次。

(2)灵活性

人身意外伤害保险中,许多是当事人签署了相关协议,保险金额也是彼此商议明确的,保险责任的范畴十分灵活。投保的手续相对简单,当场支付签名以后合同便生效,无须被保险人参与体检,只要具备支付费用的能力,就能参保。

(3)保费低

通常不存在储蓄功能,在保险期限结束以后,如果没有出现保险事故,保险公司不退还保险费用。因此,保费价格低廉,但是保障性较高。

(4)保险期间与责任期限不一致

人身意外伤害保险的责任期限和保险期间存在很大的差别,其指的是被保险人遭遇意外伤害的当天起的一段时间,例如 90 日、180 日、360 日或 13 周、26 周、52 周等。被保险人在保险期间出现意外伤害,在责任期限内死亡或造成残疾的,意外伤害保险人需要担负保险责任,给付保险金。

3. 人身意外伤害保险的常见险种

(1)普通伤害保险

普通伤害保险也被称作个人伤害保险、一般伤害保险。主要用于保障被保险人由于意外事故造成身体损伤的保险种类,一般来说给付保险金主要有两类,一类是意外伤害导致死亡的死亡保险金,另一类是意外伤害导致残疾的残疾保险金。普通伤害保险的保险期相对较短,一般来说不足一年的短期险以及针对某一事件的各个环节投保的意外险称个人伤害保险,或一般伤害保险。适合于保障作为单个自然人的被保险人因意外伤害事故而导致的损伤。

(2)团体人身意外伤害保险

团体人身意外伤害保险的投保者是社会团体,团体的在职人员是被保险人。这一险种为团体承保,分散了个别风险,个别职业风险较大的被保险人可以参照标准费率进行承保,操作简单,手续便捷。机关、团体、企业事业单位的在职人员,身体健康,可以正常工作或劳动的,都能作为被保险人,其所在的单位向保险公司办理集体投保。团体意外伤害保险的期限通常是一年。

(3)职业伤害保险

职业伤害保险是为从事特殊职业,在执行任务的过程中出现意外伤害事故,并且短时间或长久丧失工作能力的人提供相应保障的人身保险,也就是在被保险人遭到意外伤害以后,保险人参照条例给付保险金。

(4)旅游意外伤害保险

旅游意外伤害是面向旅客的人身风险层面的保障,保险对象为旅行社、企事业单位、机关以及团体的旅客,保险期限参照旅程加以明确。

(四)健康保险

1. 健康保险概念

健康保险是指由保险公司对被保险人因健康原因或者医疗行为的发生而给付保险

金的保险,主要包括医疗保险、疾病保险、失能收入损失保险、护理保险以及医疗意外保险等。

健康保险以被保险人因意外事故、疾病、生育及其所致死亡、残疾或收入损失,或日常生活能力障碍所致护理需求等为保险事故,具体的保险责任包括:①疾病给付。被保险人罹患保险合同上约定的疾病时,保险人给付保险金。②医疗费用给付。被保险人由于意外事故、疾病、生育等原因出现保险合同约定的医疗行为时,保险人给付保险金,为被保险人接受治疗过程中的医疗费用支出提供保障。③收入损失给付。被保险人由于保险合同约定的疾病或意外伤害造成工作能力丧失,保险人给付保险金,为被保险人在一定期限内收入减少或收入中断提供保障。④护理给付。被保险人由于保险合同约定的日常生活能力障碍需要护理时,保险人给付保险金,为护理支出提供保障。

2. 健康保险特点

(1)健康保险的保险标的、保险事故具有特殊性

健康保险的保险标的是人的身体健康。健康保险的保险事故指的是意外事故、疾病、生育等导致残疾、失能等,其中疾病是人类自身原因导致的,也就是某个或多个器官、组织以及系统等出现病变造成功能异常,从而出现各种病理表现的情况。比如,肺炎引起发烧,肠炎引起腹泻等。健康保险的风险是不断变化的,并且很难预测。健康保险是综合保险,健康保险内容丰富,不属于人寿保险和人身意外伤害保险的人身保险都可以划分到健康保险中。

(2)健康保险的内容具有复杂性

①承保标准复杂。因为健康保险的保险事故和其他人身保险存在差别,健康保险的承保条件对人寿保险来说,十分严苛。以疾病这一主要危险为例,需要严谨审查疾病出现的因素,结合病历探究既往病史。除此之外,还需要详尽地探究被保险人所从事的职业以及居所的位置。

②确定保费的要素复杂。人寿保险纯保费核算的三个基础率为预定死亡率、预定利息率以及预定费用率。健康保险由于保险内容存在差别,因此保费确实也有很大差别。首先,和人寿保险以及其他险种相比,决定健康保险费率的要素更多,并且这些要素平稳测量的难度较高。主要有疾病发生率、疾病持续时间、利息率、费用率、死亡率等。其次,和其他险种相同,保单失效率、展业方式、承保习惯、保险公司的经营目标、理赔原则等都会对费率造成影响。

(3)保险金给付基础具有多样性

健康保险的给付金额并不是固定的,给付的基础有很大的差别:①定额给付方式,按照约定的保险金额给付;②结合实际损失补偿手段,也就是参照现实支付的医疗费用给付;③预付服务方式,即由保险人垫付住院、抢救等医疗费用的服务方式。

(4)健康保险合同具有特殊性

第一,健康保险包含补偿的特殊性,有关疾病以及生育的保险金给付,并非补偿被

保险人的生命以及身体，而是对被保险人因为疾病或生育在医院医治所发生的医疗费用支出和由此产生的其他费用损失的补偿。

第二，健康保险通常不指定受益人。健康保险是为被保险人提供医疗费用、护理费用以及收入补偿的，所以，被保险人得到的保险金基本上是以被保险人的存在为条件的，无须指定受益人。

第三，健康保险合同绝大多数是短期合同。绝大多数健康保险的保险期限是1年，重大疾病保险、特种疾病保险、长期护理保险等承保特定风险的健康保险不包括在内。

五、保险销售渠道

保险销售渠道是指保险产品从保险公司向投保人转移的途径和环节。按照是否有中间环节可以分为直接销售渠道和间接销售渠道两类。

（一）直接销售渠道

保险的直接销售渠道包括上门推销、柜台销售、邮寄销售、网上在线销售等。

上门推销，是保险公司员工开展业务最常用的方法，在拓展财产保险业务和团体保险业务时常被采纳。

柜台销售是指保险公司利用密集的营业网点优势，通过营业柜台接待前来咨询、投保的客户，及时为其办理投保手续的销售方式，在办理航空旅客人身意外伤害保险时，保险公司通常采用在机场设立专柜销售的形式。

邮寄销售是指将印制好的险种介绍、公司介绍和投保单等相关资料通过邮寄的方式送达潜在客户，客户通过阅读相关资料作出是否投保的决定。

网上在线销售是指保险公司通过互联网，开展险种介绍、承保、理赔、咨询和售后服务等系列业务活动，为保险公司与投保人、潜在投保人、保险中介机构及其他利益相关者提供低成本、高效率的信息交流平台，从而开展销售。

（二）间接销售渠道

保险间接销售主要通过特定的保险中介机构来完成销售任务，销售渠道主要包括保险代理人、保险经纪人等。

保险代理人，是根据保险人的委托，向保险人收取代理手续费，并在保险人授权范围内代为办理保险业务的单位和个人。分为个人代理、专业代理和兼业代理等形式。专业代理销售渠道是指保险公司通过保险专业代理人向消费者推销保险产品，招揽保险业务；兼业或个人代理销售渠道，则是指保险公司通过保险兼业代理人或保险个人代理人向消费者推销保险产品。

保险经纪人是指基于投保人的利益，为投保人与保险人订立保险合同提供中介服务，并依法收取佣金的单位。保险经纪人是保险业务成熟发展的标志之一，主要功能是了解保险客户的需求和保险市场的状况，当好客户的参谋，帮助客户取得最好的保险条件，确保保险合同的履行，并处理好索赔事宜。

子项目二　保险规划分析

一、保险规划内涵

保险规划在保险中占有重要地位，指在保险领域通过定量分析保险需求及额度，选择合适的保险产品、保险期限和保险金额，从分散风险的角度避免因风险导致的生活压力，从而提高生活品质。它是在分析和预测保险需求的基础上，科学安排保险产品的一种能力。

【加油站】经济安全保障的多层次分析

美国心理学家马斯洛提出的需要层次理论认为，人的需要从低级到高级依次可分为生存需要、安全需要、情感需要、自尊需要、自我实现需要五个层次。不同的需要层次会在不同的经济发展阶段占据主导地位，当生存需要得到满足后，安全需要将成为主导的需要，依此类推。

经济安全是个人（家庭）安全需要的最重要方面之一，经济不安全可能由个人（家庭）丧失收入、发生额外费用、收入不足以及收入不确定等情况所致。社会经济保障体系是社会体制下所存在的，各种能够提供人们某种程度的、用来分散经济风险、加强经济安全感的机制。具体而言，它包括商业性保险，如人寿保险、健康保险、商业养老保险、财产与意外保险等，包括企业或单位给员工提供的各种经济补偿和福利待遇，也包括个人（家庭）通过财富积累而获得的经济保障，还包括企业提供的产品售后服务保证和慈善机构、民间救助等其他经济保障方式。总体来说，社会经济保障体系大致可分为政府、企业和个人三个方面。

狭义"社会保障"属于政府层面，通常由政府来组织和管理，为个人（家庭）提供最基本的经济保障。

企业或企业的各项福利为个人（家庭）提供了第二层面的经济保障，其中团体保险计划一般仅限于在职员工及其家属，如团体人寿保险、团体医疗费用保险、团体残疾收入保险等，是社会保障计划的必要补充；许多企业还建立了商业养老金和退休计划，为员工提供更高的退休收入保障。

通过个人获得经济保障是最普遍的形式，它包括各类个人保险提供的经济保障，如人寿保险、健康保险、年金保险、家财保险、责任保险等，以及通过个人储蓄、家庭财富积累实现的经济安全保障。在商业经济不发达的国家和社会，"养儿防老"和大家庭结构也是个人（家庭）安全保障的重要手段。

经济保障体系在不同层面和程度上，涉及个人(家庭)的经济安全。当国家、企业层面提供的经济保障程度较高时，个人(家庭)层面的保障需求就相对较少。反之，当国家、企业层面提供的保障程度较低时，个人(家庭)层面的保障就必须也必然会加强。在为个人(家庭)制定保险规划时，必须明确国家和企业层面所能提供保障的内容和程度，扣除这些已有保障后，剩余的经济安全需要就要通过个人层面的方式得到满足。

二、保险规划作用

保险作为个人理财规划中不可缺少的重要工具，不仅是个人或家庭风险管理的重要组成部分，而且在储蓄和投资规划、教育规划、遗产规划等方面起着不同程度的作用。具体表现在以下几方面。

(一)保障作用

由于保险的基本职能是分摊损失和补偿损失，所以保险规划的基本功能就是保障功能，这也是保险规划与其他理财最大的区别。每个人的一生都会面临各种各样的风险，因此需要借助保险规划的保障功能渡过难关。同时，利用保险理财的储蓄功能，可以保障将来的生活，有助于均衡个人财务支出。

【案例 6-1】

H 市江山嘉×门业于 2022 年 3 月 16 日在某保险公司购买企业财产综合险，保费 35000 元。

6 月 20 日，H 市突遭特大暴雨天气，其中江山受灾最严重，江山嘉×门业厂房被淹，库存物资泡水损毁。

该保险公司接报案后，第一时间上门查勘、定损，并启动大案应急预案，为江山嘉×门业送上了 50 万元的理赔预付款，解企业燃眉之急，帮助企业尽早渡过难关。

(二)投资作用

保险规划具有保障功能的同时有储蓄功能。随着金融工具的多样化和经济发展的市场化，在保险市场出现了主要针对人寿保险的创新型保险——投资型保险。投资型保险产品在资金运用方面追求综合的高回报率，经济增长和资金运用得当可使收益较高。人们可以通过购买年金保险来筹集子女的教育金或自己的退休金，因此，保险规划不仅有保障功能，而且有较强的投资功能。

(三)资产保全和传承作用

寿险产品在特定条件下，可以起到资产保全的作用。如因债务债权原因发生法律诉讼，要对银行资金进行冻结时，投保的人寿保险的相应价值不会受到影响。另外，个人可以通过保险来规划遗产，当保险人将死亡保险金支付给受益人时，这部分保险金给付不作为遗产，无须缴纳遗产税。

三、保险规划原则

(一)转移风险原则

购买保险的主要目的是在遇到保险事故时可以获得经济补偿，以达到转移风险的目的。因此，在购买保险产品之前，需要先分析保险需求，明确哪些风险自留，哪些风险回避，哪些风险预防或抑制，哪些风险可以通过购买保险来化解。

(二)量力而行原则

保险是一种经济行为，需要投保人缴纳相应的保险费才能获得相应的保险保障。因此，购买保险时，要根据自身经济状况和保险需求等因素来确定保险产品和保费支出。一般来说，家庭每年的保费支出占家庭年收入 10%左右为宜，以保证投保人有足够的缴付能力，并得到足够的保障。

(三)保障优先原则

保险具有保障和投资的功能，保障功能以较低的保费投入获取高额的保障，而投资偏向于资本投资。在购买保险时首先应分析家庭面临的风险，优先选择保障型的保险产品，对家庭风险进行保障，有闲置资金时，再根据经济承受能力和需求进行投资型险种的配置。

(四)合理搭配险种原则

常说“不要把鸡蛋放在同一个篮子里”，购买保险也一样，要选择不同险种进行合理搭配，以最大限度获得更全面的保险保障。

四、保险规划分析

保险规划是指通过购买保险来管理个人(家庭)的损失风险，其目的在于最大限度地实现家庭财务目标和经济安全保障。进行短期的保险理财规划，应确定符合当前生活状况的保险需求，比较不同保险品种和不同保险公司的保费及保障范围。进行长期的保险理财规划，应了解各种不同保险公司以及保险品种保障范围和成本的信息资源，设计一个根据家庭和住房环境发生变化时重新评估保险需求的计划。

如何更合理、更科学地购买保险，是家庭在购买保险前需要认真规划和详细了解的，这关系家庭成员的保障、家庭财务的支出。一般而言，购买保险应注意以下六方面。

(一)先保障，后储蓄

不少人买保险的动机与存银行一样，希望资产增值，并能在一定的时期内提取，以确保资产的安全和保值，却忽略了意外或重大疾病带给家庭的不幸，甚至灾难。储蓄保险可以作为未来养老的补充，但这并不是必需的，一般而言，人们不会因为少了这份补充而颠沛流离。但保障类保险则不相同，保障类保险转移的是身体健康方面的风险，若被保险人在患上疾病、遭遇意外甚至身故之后，保障类保险可以为受益人赔偿一笔保险金，让其病有所医、残有所靠、走有所留。保障类保险不能保证身体能永远健康，但可以减轻由于身体健康状况的巨变对家庭经济造成的严重打击。因此，买保险，应该先考虑保障类保险，后考虑储蓄类保险。

（二）先保经济支柱，后保小孩和老人

家庭经济支柱是孩子和老人的保障，承担着照顾小孩和赡养老人的责任，是保费的来源。只有经济支柱的经济条件保持在一定水准，孩子和老人的生活费、保费来源才有保障。如果经济支柱发生意外或患重疾，会造成家庭经济来源中断，这对整个家庭将造成长久的重大影响。孩子对家庭尚未开始承担责任，而老人的责任已经尽完，身上没有太多责任。因此，家庭第一份保单应该买给经济支柱，尤其是第一经济支柱，然后是孩子和老人。

（三）先保大风险，后保小风险

买保险最大的功能就是转嫁风险，以少量保费，转嫁会对生活造成重大变故的大风险。一般来说，重大疾病、意外伤害、意外身故等，最易对家庭经济造成严重影响，是我们难以承担的大风险。而对于一些小风险，即便发生对生活的影响也不大。做保险规划就是在做风险转嫁，应该首先转嫁大风险，再转嫁小风险，因此，应先保大风险，后保小风险。

（四）先看条款，后看公司

受品牌效应影响，老百姓往往认为应该购买大公司的保险产品，担心小公司理赔难或倒闭。这是一个严重的误区，我们购买的是附格式条款的保险合同，保险责任和责任免除都是列明的，只要符合保险责任，任何保险公司都必须理赔。至于是否会倒闭，中国保险法第85条作了规定，规定经营有人寿保险业务的保险公司，除分立、合并外，不得解散。所以在条款和公司的选择上，我们更应该关注条款的保险责任是否更符合个人的需求，保障范围和保险费的性价比是否更高。

（五）其他注意事项

1. 先保全，再保高

有保险和没有保险差别很大，而保额的高低相对来说差别较小。人一生都会面临病、老、死、残的风险，不同的保险产品解决的风险不同，比如，定期寿险无法抵御生病住院的风险，医疗险无法抵御身故的风险，重疾险无法抵御意外伤残的风险等。因此，只有把各种风险都保全，才能保证不论发生什么风险都有保障。在各种风险都有保障的前提下，再根据经济情况提高保险金额，以获得更高的风险保障。

2. 趁年轻健康的时候买保险

根据统计数据分析，随着年龄增大，发生风险的概率也就越大，相应地，保险公司拟定的保险费率也会更高；而且一些年轻人作息不规律、饮食不规律，会导致身体处于亚健康状态，长此以往，就容易引发疾病，导致因为身体状况原因被拒保。因此，不管从健康还是经济因素考虑，趁年轻健康时买保险是最佳时机。

五、保险规划基本应用

人身保险规划是风险管理和保险规划的最复杂、最重要的组成部分，这里以人身风险为基础，针对不同人生阶段、不同年龄阶段分析购买人身保险的规则。

(一)不同人生阶段的保险规划

对个人而言，其所处的人生阶段不同，保险需求的侧重点就不同，因此，在制定保险规划时，应考虑个人所处的不同阶段，根据不同阶段的特点来进行保险规划。根据不同时期的需求差异，可以将人的一生分为以下六个时期。

1. 探索期

该时期为学习就业准备期。在此阶段，个人的健康状况良好，保险需求不大，因此可以考虑投保保额10万～20万元的定期寿险，或意外伤害保险，保费支出以年几十元到几百元不等，以低保费获得高保障，减少因意外导致的经济损失。

2. 建立期

该时期为踏入社会至结婚生子的时期，是个人择偶、结婚、生子的阶段，个人对家庭的责任增大。该阶段的收入还处于比较低的水平，而生活方面却面临较大的开支，如买车、买房、供养子女。此时，如果一方身故或丧失劳动能力，就会对家庭带来沉重的经济压力。在这个阶段，可以考虑购买保险金额为年收入5～10倍的定期寿险，以便发生不测时有足够的保险金来满足日常生活开支以及承担子女的教育费用。

3. 稳定期

该时期为个人事业发展、子女受教育至完成学业阶段，是个人对家庭责任最重大的时期。该阶段，如果家庭主要收入者发生意外事故或患疾病，家庭将面临极大的财务风险。因此，该阶段最主要的保险需求依然是意外伤害保险，同时为保障未来几年面临子女接受高等教育的经济压力，可以投保教育年金类的险种，作为子女教育储备资金。该阶段也应开始注重自身保障，可以规划购买商业养老保险、医疗保险、失能误工补助保险等。

4. 维持期

该时期为子女参加工作至个人退休为止的阶段。就该阶段而言，收入处于较高水平，家庭负担较轻，但身体机能开始下降，因此在保险方面，应着重考虑健康保险，以确保退休后越来越大的医疗费用支出。

5. 空巢期

该时期为已经退休，子女已经独立的阶段。该时期收入稳定，生活支出减少，应重点考虑未来养老问题。保险考虑选择老年护理保险等健康保险，同时投保投资型保险或年金保险，为增加未来养老金作准备。如果资产在身故时可能超过遗产税起征点，则可考虑通过高额保单来压缩资产，降低遗产税。

6. 养老期

该时期为安享晚年阶段。这一阶段收入有限，开支主要在日常生活和医疗保健方面。对这一阶段的保险方面而言，可将大部分累积资金购买趸缴的年金保险，年金给付至身故为止，以保证晚年生活质量。

（二）不同年龄阶段的保险规划

不同年龄阶段的人，对保险的需求显然有较大不同，应该选择适合本年龄段的险种。

1. 18～25 岁

该年龄阶段的人，意外伤害发生的可能性比较大，加上收入有限，尚未建立家庭，因而首先选择人身意外伤害保险，如仍有余力，可以选择一份健康医疗保险。

2. 26～35 岁

该年龄阶段的人，意外伤害保险仍不失为一种最有必要的保障。但是这个年龄段的人由于刚刚建立家庭，家庭责任的增加使他们要考虑更多的生活风险，所以，可以开始投保一些人寿险，尤其是终生寿险。

3. 36～50 岁

该年龄阶段的人，由于家庭、工作、收入均比较稳定，子女也逐渐长大成人，这一阶段的人以寿险为第一选择，因为此年龄段的人正值中年，往往是全家收入的主要来源，投保人寿保险对于家庭至关重要。同时，由于年龄的增加，生病的概率也日渐增大，因此，第二选择是投保健康及医疗保险，如果尚有余力，还可以为家庭财产投保家财险。

4. 51～65 岁

该年龄阶段，以医疗保险为主要的选择。此外，在认清风险的同时，还需要考虑保险支出占家庭收入的比重，保险费一般以不超过家庭总收入的 10% 为宜，保险金额根据具体情况而定，家庭收入稳定的，保障额一般可控制在年收入的 10 倍左右。

（三）保险规划注意事项

人身保险的家庭总需求和净需求的计算结果可能受通货膨胀率、贴现率、收入增长率、年金系数等假设的影响，应该注意分析计算结果的合理性和可靠性，以及某些假设变化时可能造成的影响方式和影响程度。

个人和家庭的保险需求不是一成不变的，而是会随着家庭财产、收入水平、消费水平、家庭人口构成与年龄、法律政策变化等因素的变化而变化的，应该每隔一段时间（如 3～5 年）或发生重大的家庭事件时重新评估保险需求和保险规划的适当性。

个人（家庭）保险需求还可能包括残疾收入保险、长期护理保险等方面，要谨防某些风险保险过度，同时防止遗漏某些保险需求或保障不足。经过定性分析和定量分析得到的保险需求，必须与个人（家庭）的收入能力相匹配，否则，必须适当调整财务目标或险种组合，直到匹配为止。

保险规划在人们的生产和生活中越来越迫切和重要，应学会更全面细致地分析不同保险标的所面临的风险及需要投保的险种，综合考虑各类风险的发生概率、事故风险发生后可能造成的损失幅度，以及个人的风险承受能力、经济承受能力等因素，选择合适的保险产品，有效管理和化解个人（家庭）风险。

【任务6-1】个人保险规划分析

已知沈女士个人情况如下：

沈女士，29岁，单身，在H市某企业工作，本科毕业。月收入4200元左右。2021年，她在城区按揭买了一套公寓，贷款37万元，还款期限20年，月均还款2200元。目前无积蓄，由于还房贷，每月可支配的开支不多。由于父母不在H市，她希望自己的生活有更多保障，具备一定的抗风险能力，另外也希望兼具一些储蓄、理财功能。

请分析她的投保需求，并制订具体投保方案。

【任务分析】

1. 投保需求分析

按照保险规划原则，一年的保费支出应该是年收入的10%左右，即沈女士的年保险费支出应该在5000左右。但因沈女士有还房贷的压力，实际保险费不宜过高，因此，计划保险费控制在2000元左右。

沈女士今年29岁，正值青年，发生重大疾病的可能性很小，所以在费用紧张的情况下，先不考虑投保健康险。她在公司上班，平时出差的机会比较多，人身意外的风险增加，因此，沈女士更需要一份意外险，且与其他险种相比，意外险保费较低，对于刚踏入社会的年轻人，是一个经济实惠的选择。

沈女士在企业上班，虽然单位会统一办理社会养老保险，但如果收入再高些，可以考虑购买商业养老保险。

2. 具体投保方案

推荐意外综合保障计划，年缴保费1800元，交费期10年，保险期10年。该计划保障利益如下：

(1)意外身故保障金及意外伤害赔偿金：作为保险的基本功能，沈女士拥有5万元的意外身故保障。如果残疾，也会得到保额较大的意外伤害赔偿金。

(2)医疗保障金：因意外事故住院，医疗费用较大，只要是在条款规定的疾病中的一项，在社保报销的基础上还可以额外获得5万元现金。

(3)住院工资补贴：若住院超过3天，考虑到在此期间收入受到影响，保险公司每月发放“工资补贴”1500元，不足一个月可以按天支付，最高可以支付6个月。

(4)保单借款：沈女士可以随时凭借本合同在一定额度内向本公司借款。

(5)到期返还：沈女士健康生存至保险期满，即使从未发生意外事故，也可以获得5万元保险金。这样，一方面可备不时之需，另一方面可以用来养老。

通过投保该保障计划，沈女士可以获得相对全面的保障，有病治病，无病养老。

课后任务

【知识巩固】

一、单选题

1. 以下哪个不属于伤害的构成要素(　　)。

A. 致害物　　　　　　　　　　B. 侵害对象

C. 侵害事实　　D. 侵害过程

2. 人寿保险一般来说主要包括生存保险、死亡保险、(　　)以及年金保险。

A. 责任保险　　B. 意外保险

C. 两全保险　　D. 信用保险

3. 保险合同是(　　)与保险人约定保险权利义务关系的契约。

A. 投保人　　B. 被保险人

C. 受益人　　D. 代理人

4. 保险的直接销售渠道包括(　　)、柜台销售、邮寄销售、网上在线销售等。

A. 代理人销售　　B. 上门推销

C. 经纪人代理　　D. 保险公估人代理

5. 美国心理学家马斯洛提出的需要层次理论认为,人的最低级需要是(　　)。

A. 生存需要　　B. 安全需要

C. 社交需要　　D. 自尊需要

6. 以下哪个不属于保险规划的原则(　　)。

A. 转移风险原则　　B. 量力而行原则

C. 保障优先原则　　D. 费用最大原则

二、多选题

1. 人身意外伤害保险的特点是(　　)。

A. 短期性　　B. 灵活性

C. 保费低　　D. 保险期间与责任期限不一致

2. 健康保险的保险责任包括(　　)。

A. 疾病给付　　B. 医疗费用给付

C. 收入损失给付　　D. 护理给付

3. 保险规划的作用有(　　)。

A. 保险规划的保障作用　　B. 保险规划的投资作用

C. 保险规划的资产保全作用　　D. 保险规划的资产传承作用

4. 保险规划的原则(　　)。

A. 转移风险的原则　　B. 量力而行原则

C. 保障优先原则　　D. 合理搭配险种原则

5. 家庭保险规划的理念有(　　)。

A. 先保障,后储蓄　　B. 先保大人,后保小孩和老人

C. 先保大风险,后保小风险　　D. 先看条款,后看公司

三、简答题

1. 保险的要素有哪些?

2. 按照收入水平可以将消费者分为哪几个阶层?

3. 美国心理学家马斯洛提出的需要层次理论认为人的需要从低级到高级依次可分为哪五个层次?

【实训一】

1. 实训目标

培养学生解读保险条款的能力。

2. 实训内容

查找三家不同保险公司的人寿保险险种并进行分析，对比各家公司条款的优势及劣势，并详细说明各条款的保险责任及免责内容。

【实训二】

1. 实训目标

培养学生保险规划的能力。

2. 实训内容

结合自己家庭实际，为家庭拟定一份保险计划书。计划书内容包括但不限于家庭情况介绍、保险需求分析、具体投保方案、保险保障内容。

项目七　外汇项目

【名　言】

不务天时，则财不生；不务地利，则仓廪不盈。

——〔春秋〕管仲《管子·牧民》

【思维导图】

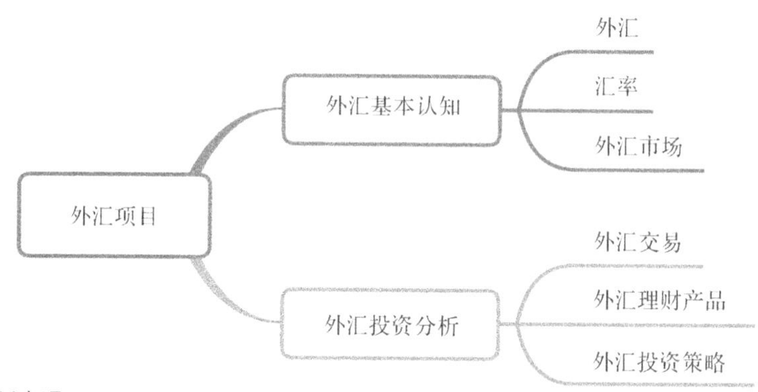

【学习目标】

能力目标	(1)能正确认知外汇、汇率、外汇市场； (2)能初步进行外汇理财产品分析。
知识目标	(1)掌握外汇和汇率的概念和特点； (2)掌握外汇和汇率的分类以及影响汇率变动的因素； (3)理解外汇交易及外汇理财产品类型； (4)了解外汇市场发展。
素质目标	(1)树立正确的投资理财与风险意识； (2)具有团队合作精神； (3)增强文化自信。

【情境导入】

小梁是快要大学毕业的大三学生，平时学习勤奋，积极参加各类竞赛，以优异的成绩申请到了英国某知名大学的硕士专业。考虑到之后要前往国外生活，小梁开始对未来的国外生活进行安排。首先要考虑的就是生活费，考虑到父母供自己留学的不易，小梁打算在大学之余，做兼职赚钱，并提前兑换成外币，方便后续出国直接使用，但由于没有考虑到汇率的变动，小梁在国内兑换外币时的成本明显高于来到英国后兑换外币的成本。

作为当代大学生，应该如何认知外汇，如何合理运用外汇知识管理财富呢？

子项目一　外汇基本认知

一、外汇

（一）外汇概念

在一般情况下，一个国家的货币只在国家境内流通。随着当今全球化的发展，国与国之间的经济交易变得越来越频繁，在交易的过程中，如何确定两国交易收付的货币就成了必须解决的问题，无论选择两国中的一国货币进行结算还是选择第三方国家的货币进行结算，都至少存在一方需要用他国的货币进行结算，由此就产生了外汇的概念。

外汇的概念一般分为动态和静态两个方面。从动态角度来看，外汇是指将一国的货币兑换成另一国的货币，用于清算两国之间的债权、债务关系的一种经营性活动。从静态角度来看，外汇则是指一切能用外币表示的并且可以用于金融支付的金融资产。从中我们不难看出，动态层面的外汇更加重视外汇主体以及外汇交易的行为，而静态层面的外汇则以用于交易的客体为主。在日常生活中，外汇一般指静态层面的外汇。

我国于 2008 年 8 月修订通过的《外汇管理条例》的第三条中对可以视作外汇的金融资产的范围进行了规定：①外币现钞，包括纸币、铸币；②外币支付凭证或者支付工具，包括票据、银行存款凭证、银行卡等；③外币有价证券，包括债券、股票等；④特别提款权（special drawing rights，SDR）；⑤其他外汇资产。

（二）外汇基本特征

外汇有以下 3 个基本特征：

（1）外汇是以外国货币表示的金融资产，具备金融资产的收益性、流动性和风险性等最基本的特征，可以作为金融市场用于交易的金融工具，用外币来表示。

（2）外汇是一种国际支付用的手段，外汇可以用于解决国与国之间的债务债权清偿问题。

（3）外汇必须能够与其他货币进行兑换，因此外汇具有可兑性，即能够不受限制地兑换成其他国家的货币。如果外汇不具备这种可兑性，那么外汇就失去了国际支付的功能。

（三）外汇分类

1. 根据外汇受限程度，分为自由兑换外汇和记账外汇

自由兑换外汇，是在国际结算中用得最多，在国际金融市场上可以自由买卖，在国际金融中可以用于清偿债权债务，并可以自由兑换成其他国家货币的外汇，例如美元、欧元、港元等。

记账外汇，也称清算外汇或双边外汇，是指未经货币发行管理当局批准记账，不能

兑换成其他货币，也不能向第三方国家进行支付的外汇。这种外汇只能用于贸易国双方，不能够进行转让。

2. 根据外汇的来源以及用途，分为贸易外汇和非贸易外汇

贸易外汇是指来源于或用于进出口的外汇，是一种通常用于国际商贸流通的支付手段。

非贸易外汇，与贸易外汇相对，即一切非源于或用于进出口贸易的外汇都被称为非贸易外汇。

3. 根据外汇的交割期限，分为即期外汇和远期外汇

即期外汇是指在外汇买卖成交后两个工作日内完成交割手续的外汇，因此即期外汇也被称为“现汇”。

远期外汇是指交易双方事先约定外汇交易的币种、金额、汇率、交割时间等交易条件，在成交后不立刻办理交割，在约定的到期交割时间时才进行交割的外汇。

二、汇率

（一）汇率概念

汇率就是将一个国家的货币按照一定的比例折算成另一个国家货币时所使用的折算比例。简单来说，汇率就是两个国家的货币之间的比价，它反映了一个国家货币对外的价值，因此也被称为外汇牌价或者外汇价格（汇价）。

（二）汇率表示方法

由于汇率涉及两个国家之间不同货币的兑换比例，因此选择不同的货币作为标准会产生不同的结果，因此产生了两种不同的汇率标价方法。

1. 直接标价法

直接标价法又称应付标价法，是指以整数单位（1，100，10000）的外国货币作为标准，折算对应数量的本国货币的标价方法。因此在直接标价法中，由于外币是基准货币，其数量不会发生改变，判断汇率变化的依据在于单位数量的外币数量所能兑换的本币数量，如果某一单位数量的外币能够兑换的本币数量变多，那么就意味着外汇汇率上升，本币汇率下降。反之，如果能够兑换的本币数量变少，那么就意味着外汇汇率下降，本币汇率上升。因此，通过直接标价法所展现的汇率数值的波动是和外币的价值波动同向的，而与本币价值的波动则是反向的。

当今世界上包括中国在内的大部分国家采用的都是直接标价法。以 2022 年 7 月 1 日中国银行的外汇牌价为例进行分析。

USD 100＝CNY 668.94/671.77

HKD 100＝CNY 85.24/85.58

JPY 100＝CNY 4.9437/4.9801

从汇牌价格中可以看出前面较小的数字为买入价，后面较大的数字为卖出价，也就是说中国银行从我们手中买进 100 美元需要花费 668.94 元人民币，但是要想从中国银

行买进 100 美元则需要花费 671.77 元人民币。这种买入和卖出之间的差价即为银行通过外汇交易所赚取的价差收益。

2. 间接标价法

间接标价法，也称应收标价法，是指以整数单位的本国货币为标准，折算对应数量的外币的标价方法。间接标价法和直接标价法的标价方法正好相反，即本币作为基准单位保持不变，发生变化的是整数单位所对应的外币数量，如果某一整数单位的本币能够兑换的外币数量增加，那么就表明本币汇率上升，外汇汇率下降；相反，如果能够兑换的外币数量减小，则本币汇率下降，外汇汇率上升。在间接标价法下，汇率数值的变动与对应的外币价值的变动的方向相反，与本币的价值变动方向一致。

目前来看，使用间接标价法的国家主要包括英国、美国、澳大利亚、欧元区国家。以 2022 年 7 月 1 日的人民币/美元、人民币/欧元的外汇牌价为例进行分析。

CNY 100＝USD 14.89/14.95

CNY 100＝EUR 14.26/14.37

从上面的外汇牌价中看出前面相对数值较小的是卖出价，后面数值大的为买入价。以人民币兑换美元为例：银行花费 100 元人民币可以从客户手中购买到 14.95 美元，而银行只需要卖出 14.89 美元就可以从客户手中拿到 100 元人民币。其中的价差和直接标价法中的一样，都被视为银行通过外汇交易所赚取的价差收益。

【加油站】常见货币的名称及符号

符号	名称	符号	名称	符号	名称
ATS	奥地利先令	NPR	英镑	MYR	马来西亚林吉特
AUS	澳大利亚元	HKD	港币	NLG	荷兰盾
CAD	加拿大元	INR	印度卢比	NOK	挪威克朗
CHF	瑞士法郎	IRR	伊朗里亚尔	NZD	新西兰元
CNY	人民币元	ITL	意大利里拉	PHP	菲律宾比索
DEM	德国马克	JPY	日元	RUB	俄罗斯卢布
ESP	西班牙比塞塔	KRW	韩元	SDR	特别提款权
EUR	欧元	MOP	澳门元	SGD	新加坡元
FRF	法国法郎	MXN	墨西哥比索	USD	美元

(三)汇率分类

1. 根据汇率波动机制，分为固定汇率和浮动汇率

固定汇率指本国的货币和他国之间的兑换比率相对固定。要注意的是，固定汇率不代表汇率永远保持不变，而是指在没有重大事件导致汇率发生大幅变动的情况下，汇率的变动被限制在一定的范围内。

浮动汇率，也称可变汇率，由货币行政当局自主调价或由外汇供求关系自发影响其涨跌的汇率。浮动汇率按政府是否干预，分为自由浮动汇率和管理浮动汇率两种，在现实生活中，对本国货币的汇率不采取任何干预措施，完全采取自由浮动汇率的国家几乎没有。由于汇率对国家的国际收支和经济的均衡有重大影响，各国政府大多通过调整利率，在外汇市场上买卖外汇及控制资本移动等形式来控制汇率的走向。浮动汇率向上的波动被称为汇率上浮，向下的波动则被称为汇率下沉。

2. 根据汇率确定方式，分为基本汇率和套算汇率

很多国家在面对一些对外的经济活动中，会使用某一种外币进行偿付，这种外币也被称为关键货币，因此在确定本币与各种外币的汇率时，首先需要确定本币与关键货币的汇率，而本币与关键货币的汇率也就是我们所说的基本汇率。当然并不是所有的外币都被视作关键货币，成为关键货币的条件是：在国际汇兑中被广泛使用；在各国的外汇储备中占领一定比重；是各国可以普遍接受的可自由兑换的货币。美元作为国际汇兑中使用最多，外汇储备比重最大的货币，被大多数国家作为关键货币使用。因此目前本币与美元的汇率被称为基本汇率。

套算汇率，是根据基本汇率和国际外汇市场行市套算出的一国货币对其他货币的汇率，有的时候并不能直接得到两种货币之间的汇率，那就可以利用两种货币与某一种相同外币的汇率进行套算。

想要知道人民币兑换日元的汇率，就可以利用美元这一关键货币，进行相应的套算就可以得到人民币与日元的汇率：

$$\frac{\text{人民币}}{\text{日元}}=\frac{\text{人民币}}{\text{美元}}\times\frac{\text{美元}}{\text{日元}}$$

从中可以看出美元兑换日元的汇率就是套算汇率，两种外币之间的汇率就是套算汇率。

3. 根据银行买卖外汇业务角度，分为买入汇率、卖出汇率、中间汇率和现钞汇率

买入汇率，又称买入价，是银行从客户那里买入外汇时所使用的汇率。

卖出汇率，又称卖出价，是银行将外汇卖给客户时所使用的汇率。银行报出的买入价总是低于卖出价，其中的差价就成为银行的收益。有时，银行对于大客户并不采取买卖差价的做法，而是直接协商一个汇率，然后按交易量收取一定比率的佣金。

中间汇率，又称中间价，是买入汇率和卖出汇率的中间值，一般不用于实际的外汇买卖，而是用于观察外汇水平的高低。

现钞汇率，是银行买卖外币现钞时使用的汇率。由于银行在办理外汇买卖业务时会不断买进外币现钞，而这些现钞并不能立刻产生利息收益，因此银行只能等到再买进的现钞累积到一定规模时再把它运送到货币发行国，存入该国银行，转换成现汇，通过国际结算系统用于对外支付。因此，银行就需要为买入的现钞支付保管、保险和运输费用。为了弥补这些费用，银行报出的外币现钞买入汇率（买入价）就会低于现汇的买入汇率，而现钞的卖出汇率则一般与现汇卖出汇率一致。所以，现钞的买卖差价要大于现汇的买卖差价。

4. 根据外汇交割时间，分为即期汇率和远期汇率

即期汇率，也称现汇汇率，买卖成交后须在两个工作日内(T+2)办理交割的外汇所使用的汇率。其中“工作日”是指剔除银行不工作的日期后剩余的时间。

远期汇率，又称期汇汇率，是指外汇买卖成交后没有立刻成交，而是在未来双方约定的时间办理交割的外汇所使用的汇率。

即期汇率与远期汇率之间的差额称为远期差价。如果外汇的远期汇率高于即期汇率，则该差价称为升水；如果外汇的远期汇率低于即期汇率，则该差价称为贴水；如果外汇的远期汇率与即期汇率恰好相等，差价为0，则称为平价。

直接标价法中，

远期汇率=即期汇率+升水=即期汇率-贴水

由于汇率的数值反映的是本币汇率的高低，因此，外汇远期汇率高于即期汇率在数值上应该是前者小于后者。

根据这一原理，间接标价法中，

远期汇率=即期汇率-升水=即期汇率+贴水

5. 根据外汇买卖成交时间，分为开盘汇率、收盘汇率和成交汇率

开盘汇率，又称开盘价，是某一地区的银行一天营业开始时第一笔外汇买卖成交时使用的汇率。

收盘汇率，又称收盘价，是某一地区的银行一天营业结束前最后一笔外汇买卖成交时使用的汇率。

成交汇率，是外汇买卖达成交易时使用的汇率。在汇率波动幅度较大的情况下，当天不同时间段的汇率可能会有很大的差距。此外，各地区外汇市场由于在时间上互相联结，不同地区的外汇市场的汇率也会相互影响。例如，香港的外汇市场收市后，伦敦的外汇市场恰好开市，因此，香港市场的收盘汇率会成为伦敦市场外汇定价的参考依据，进而影响其开盘汇率。

6. 根据汇率经济含义，分为名义汇率和实际汇率

名义汇率是指外汇买卖交易时使用的汇率，由于其不一定体现不同国家的价格水平变动、货币购买力变化的情况以及货币的实际价值，所以称为名义汇率。

实际汇率，也称真实汇率，是把名义汇率和其他影响外汇买卖的与名义汇率有类似影响作用的因素结合在一起的理论汇率。因此，在分析影响国际经济活动时，实际汇率的作用往往比名义汇率更重要。

实际汇率目前主要有两种计算方式。第一种是把名义汇率和财政补贴、税收减免等因素结合起来，公式为：

实际汇率=名义利率±汇率补贴或税收减免

第二种是目前学术界广泛使用的方式，是把价格因素和名义汇率结合在一起，以考察其对国际经济交易的影响，其公式为：

$$e=E\frac{P^*}{P}$$

式中，e 表示实际汇率，E 表示名义外汇汇率，P 表示本国的价格水平(价格指数)，P^* 表示外国的价格水平。可见，实际汇率是名义汇率折算的两国价格水平之比。

(四)汇率的影响因素

汇率不仅能一定程度反映国家宏观经济状况，也能反映我国货币和其他国家货币的关系。汇率实际上是由现实的外汇供求状况所决定的。但外汇的供求不是单纯的经济因素所能决定的，它还与相关的政策因素甚至一些外汇交易者的心理因素有关，这些因素之间的关系可谓错综复杂。

1. 利率

通常情况下，若一国的利率水平较高，则在该国表现为固定收益类金融资产，如存款、贷款、存单、债券、商业票据和货币市场基金等的收益率也会相对较高。这就会吸引大量国外资金投资于这些金融资产。那么在外汇市场上，外汇的供应就会急剧增加，从而导致本币汇率上升。反之，一国降低利率，会使得短期资本流往国外，该国对外国货币的需求增加，造成本币汇率下降。所以，各国利率的变化，尤其是国内外利差，是影响汇率的一个十分重要的因素。由于国际上追求利息收益的短期资本对利率变动十分敏感，可在短期里迅速发生作用。从各国的政府行为来看，提高利率往往成为稳定本国货币汇率，防止其大幅度下跌的重要政策手段。

2. 国际收支

国际收支的变化也是影响汇率的重要因素。由于不发生外汇收付的国际经济活动在数量上比重极低，因此，国际收支的贷方项目，如出口和资本流入往往会形成一国的外汇收入，而借方项目，如进口和资本流出则构成了外汇支出。一国国际收支发生顺差，这往往意味着外汇收入大于支出，企业、个人等非银行部门的跨境收付就表现为收大于付，形成跨境资金的净流入，银行代客结汇在数量上一般就会大于售汇，形成结售汇顺差。这在外汇市场上就表现为需要卖出的外汇数量大于需要买进的外汇数量，即外汇供过于求，此时外汇汇率就会下跌，本币汇率相应上升。若为逆差，则该国对外国货币需求增加，外汇供不应求，外汇汇率随之上升，本币汇率相应下跌。可见，国际收支差额及其大小对汇率有很大的影响。但是，由于国际收支差额对汇率的影响须通过外汇市场上的供求状况变化才能逐步体现出来，需要一个时间过程。因此，国际收支对汇率具有中期的影响作用。

3. 价格水平

一国价格水平的上升，势必影响该国商品在国际市场上的竞争能力，对出口不利，但会促进进口，这样将造成进口增加，出口减少，使国际收支出现逆差，以致外汇市场出现外汇供不应求的现象，进而导致该国货币汇率下降。

由于价格水平的变动须通过国际收支影响外汇供求，再进一步对汇率产生影响，且价格水平的变动本身具有趋势特征，因此，价格水平对汇率具有长期的影响。

4. 中央银行的直接干预

由于汇率变动对一国的进出口贸易和资本流动有着直接的影响，进而影响国内的生产、投资、价格和就业等，所以各国中央银行为了避免汇率波动，尤其是短期的剧烈起伏波动对国内经济造成的影响，往往需要对汇率进行干预。即由中央银行在外汇市场上买卖外汇，当外汇汇率过高时卖出外汇，回笼本币，而在外汇汇率过低时则买进外汇，抛售本币，使汇率变动有利于本国经济。这种干预有三种情况：一是在汇率变动剧烈时使其趋于缓和；二是使汇率稳定在某个水平上；三是使汇率上浮或下浮到某个比较合适的水平。

5. 经济增长状况

若一国的经济增长状况良好是得益于劳动生产率的提高，意味着该国的经济实力和国际竞争力的改善，从而有助于提升其货币的价值基础，促使其货币汇率的上升。如果一国的经济增长是因扩张政策所致，则其收入的增加可能导致进口的增加，价格水平也会相应上升，本币汇率反而可能下跌。

6. 政局变动

当一个国家的政治局势频繁地出现不稳定和变动时，这种政治上的不稳定性往往会引起经济领域的波动和不确定性。这种经济波动可能会导致投资者对该国的信心下降，进而影响到该国货币的汇率。由于市场参与者对未来的预期变得谨慎，他们可能会减少对该国货币的需求，从而导致该国货币汇率下降。

三、外汇市场

(一)外汇市场概念

外汇市场是外币供求双方互相买卖不同货币的交易网络、交易设施及其组织结构和制度规则的总和。外汇市场作为国际金融市场的重要组成部分，国际货币市场的借贷业务、国际资本市场的投资活动，以及国际黄金市场和国际商品市场的交易都需要用到外币，离不开外汇买卖。毫无疑问，外汇市场是国际金融体系中极为重要的一环，其发达程度也是衡量一个国家金融体系成熟与否的主要标志之一。

(二)外汇市场作用

1. 实现购买力的国际转移

国际贸易往来的结果往往需要债务人(如进口商)向债权人(如出口商)进行支付，这种购买力的国际转移是通过外汇市场实现的。例如，一个日本出口商将一批丰田汽车卖给墨西哥进口商，这项交易的报价货币可能有三种选择，即日元、比索和第三国货币(如美元)。一旦双方商定以何种货币成交，交易的一方或双方就需要转移购买力。若以日元成交，则墨西哥进口商就得将购买力从比索转换成日元以便作进口货款的支付；若交易货币是比索，则由日本出口商将获得的比索向其本国货币(日元)转移；若交易是以第三国货币(如美元)来计价结算的，则墨西哥进口商需要将比索兑换成美元，而日本出口商在收到美元货款后最终还得将其兑换成日元。

外汇市场所提供的就是使这种购买力转移的交易得以顺利进行的经济调节机制，它的存在，使得各种潜在的外汇出售者和外汇购买者的愿望能联系起来，使各类国际商业往来的经济合作以及各国在政治、军事、文化、体育、科技等各个领域里的交流成为可能。当市场的价格调节(即汇率变动)使得外汇供给量正好等于外汇需求量时,所有潜在的出售和购买愿望都得到了满足,外汇市场处于均衡状态。

2. 为国际经济交易提供资金融通

外汇市场作为国际金融市场的一个重要组成部分,在买卖外汇的同时也为国际经济交易者提供了资金融通,使国际借贷和国际投资活动能够顺利进行。例如,中国某跨国公司想在意大利设立一家子公司,它可先在外汇市场用人民币兑换一定数额的欧元,然后用其在意大利购买土地,兴建厂房,添置设备并雇佣当地的工人。又如,美国财政部发行的国库券和长短期政府债券中的相当一部分是由外国官方机构和私人企业购买并持有的。而这种证券投资是以不同货币之间可自由兑换为前提的。

此外,外汇市场的存在,使人们能够在一个国家借款筹资,向另一个国家提供贷款或进行投资,从而使得各种形式的套利活动得以进行,各国的利率水平也因此出现趋同现象。但其前提条件是,资金的跨国界运动不受任何限制。而现实情况并非如此。不过,自 20 世纪 50 年代起,几乎不受任何金融管制的离岸金融市场的形成和发展,促进了资金跨国界的自由运动,使得外汇市场的上述联结作用得以进一步发挥。

3. 提供外汇保值和投资的场所

在以外币计价成交的国际经济交易中,交易双方都面临着外汇风险。也正因人们对风险的态度并不相同,有的人选择花费一定的成本来转移风险,有的人则愿意承担风险以期实现预期的利润。外汇市场不仅为套期保值者提供了规避风险的场所,也为投资者提供了获利的机会。

(三)外汇市场的分类

1. 根据组织形态,分为有形外汇市场和无形外汇市场

有形外汇市场,也称具体的外汇市场,主要是指进行外汇交易的各方在有固定交易场所和设施的外汇交易所内,在规定的营业时间里进行交易的市场。比较著名的有瑞士的苏黎世、法国的巴黎、德国的法兰克福、荷兰的阿姆斯特丹、意大利的米兰等。由于这些外汇市场主要集中于欧洲大陆国家,因此也称为“大陆式外汇市场”。

无形外汇市场,也称抽象的外汇市场,外汇市场更多的时候表现为一个无形的市场。这是一个由电话、电报、传真或计算机网络等通信工具将买卖双方连接起来的庞大的外汇交易系统,交易的任何一方通过电信方式就可以进入这个市场进行交易。伦敦和纽约的外汇市场就采取了这一形式,故又称英美式外汇市场。此外,日本东京、中国香港等地的外汇市场也是无形外汇市场。

无形外汇市场的迅速发展,使各国的局部市场发展成全球性的统一的大市场,使有固定交易时间的市场成为一个可以 24 小时不间断进行外汇交易的市场。例如,在北京时间凌晨 5 时,新西兰惠灵顿、澳大利亚悉尼的外汇市场相继开市,8 时日本东京市场开市,10 时中国香港、新加坡开市,下午 3 时法国巴黎、德国法兰克福、英国伦敦又相继开市,晚上 9 时美国纽约市场开市,凌晨 4 时纽约收市时,惠灵顿、悉尼又相继开始新一

天的交易。一天24小时，人们都可以通过无形外汇市场进行交易。由于无形的外汇市场中外汇交易更加便利，并且效率高，所以无形外汇市场迅速发展，即使在欧洲大陆国家，大部分外汇交易也是在无形市场进行的。无形外汇市场无疑是当今外汇市场的主导形式。

2. 根据交割时间，分为即期外汇市场和远期外汇市场

即期外汇市场，指外汇买卖成交后在两个交易日内办理交割的外汇市场。

远期外汇市场，指买卖双方签订交易合同后，不是立刻进行交割，而是约定在将来某一时间按合同规定的汇率和金额进行交割的市场。

3. 根据参与者广度，分为全球性外汇市场和区域性外汇市场

全球性外汇市场是指世界各国居民广泛参与的市场，如伦敦、纽约和中国香港的外汇交易市场。

区域性外汇市场，主要是指市场所在地周边地区居民参与的市场，如阿姆斯特丹和米兰外汇市场。

【加油站】全球主要外汇市场

1. 伦敦外汇市场

伦敦外汇市场因其悠久的历史和最大的历史规模而成为极负盛名的国际外汇市场。在第二次世界大战前，由于英镑是当时最主要的国际货币，大量的外汇业务使得伦敦外汇市场在世界上独占鳌头。在第二次世界大战后，虽然英国开始衰落，但由于其在历史上建立起来的国际金融关系及长期积累起来的业务经验和技术，伦敦仍然是世界上最重要的外汇市场。

目前伦敦外汇市场的外汇交易量仍居国际外汇市场首位，日均外汇交易量达到2.85万亿美元左右，但伦敦外汇市场的交易份额正不断地向美国、新加坡等国家外流。

伦敦外汇市场是一个典型的无形市场，它没有固定的交易场所，只需要通过电话、电传、电报就能完成外汇交易。在伦敦外汇市场上的外汇交易类别有即期外汇交易、远期外汇交易和外汇掉期交易等。在伦敦外汇市场上交易的货币几乎包括所有可兑换货币，规模最大的是英镑兑美元的交易，其次是英镑兑欧元和日元的交易。此外，像美元兑欧元、欧元兑日元、日元兑美元等多边交易，在伦敦外汇市场上也普遍存在。由于伦敦外汇市场所在的时区处于东京和纽约之间，其一天24个小时都能够和这两个主要外汇市场进行交易。

2. 纽约外汇市场

纽约外汇市场的交易量仅次于伦敦外汇市场。在第二次世界大战后，美国的经济实力大增，对外经济关系迅速发展，美元取代英镑，成为世界上最主要的储备货币和清算手段。

纽约外汇市场成了全世界美元交易的清算中心，它不但是美国国内外汇交易中心，也是世界各地外汇结算的枢纽。纽约外汇市场也是一个无形市场，其货币结算均通过纽约地区银行同业清算系统和联邦储备银行支付系统进行。由于美国没有外汇管制，对经营外汇业务没有限制，政府也不指定专门的外汇银行，所以几乎所有的美国银行和金融机构都可以经营外汇业务。

但纽约外汇市场的参加者仍以商业银行为主，包括50余家美国银行和200多家外国银行在纽约的分支机构、代理行及代表处。纽约外汇市场的汇率报价既采用直接标价法，比如美元兑英镑，也采用间接标价法，美元兑欧洲各国货币和其他国家货币，以便在世界范围内进行美元交易。其交易货币主要有欧元、英镑、加拿大元、日元等。

3. 新加坡外汇市场

新加坡外汇市场是目前全球第三大外汇市场，日均交易量仅次于伦敦和纽约。

新加坡外汇市场是一个无形市场，除了保持现代化通信网络外，还直接将纽约清算所银行同业支付系统，和欧洲的环球同业银行金融电讯协会系统连接，因而其货币结算十分方便。

新加坡外汇市场的交易以美元为主，占交易总额的85%左右。该市场中的大部分交易都是即期交易，掉期交易及远期交易合计占交易总额的1/3，汇率均以美元报价。非美元货币间的汇率通过套算求得。新加坡地处欧、亚、非三洲交通要道，时区优越。上午可与香港、东京、悉尼等市场进行交易，下午可与伦敦、苏黎世、法兰克福等欧洲市场进行交易，中午还可同中东的巴林进行交易，晚上可同纽约进行交易。根据交易需要，新加坡外汇市场一天24小时都可同世界各地区进行外汇买卖。

4. 东京外汇市场

随着日本经济的不断发展及经济地位的提高，东京外汇市场的规模不断扩大，早些时候一度成为仅次于伦敦和纽约的第三大国际外汇市场。但由于受到新加坡以及其他亚洲城市的资本冲击，目前的日均交易量位列全球第四。东京外汇市场与伦敦外汇市场和纽约外汇市场相似，也是无形市场，交易者利用电话、电报等通信设施完成交易。

5. 香港外汇市场

1973年香港取消外汇管制后，国际资本大量流入。致使香港外汇市场日趋活跃，并得到迅速发展。作为世界第五大外汇交易中心的香港外汇市场也是无形市场，通过现代化通信设施进行交易，没有固定交易场所。

香港外汇市场由两部分构成，一是港元兑换外币的市场，其中包括美元、日元、欧元、英镑、加拿大元、澳大利亚元等主要货币和东南亚国家的货币，当然也包括人民币。二是美元兑换其他外汇的市场。在香港外汇市场中，港元与其他外币不能直接兑换，必须通过美元套购。美元是所有货币兑换的交易媒介，所有货币都需要先换成美元，再进行折算兑换。

此外，香港外汇市场与伦敦、纽约外汇市场保持密切的联系，欧美外汇市场上有新的外汇业务，很快就会传到香港外汇市场。因此，香港外汇市场上的金融创新品种比较多。

子项目二　外汇投资分析

一、外汇交易

(一)外汇交易概念

外汇交易是指交易双方按约定的价格买入一种货币并且卖出另一种货币的交易。外汇交易的方式有很多种，主要包括外汇即期交易、外汇远期交易、外汇掉期交易、套汇交易以及外汇期货交易和外汇期权交易。

(二)外汇交易流程

外汇交易一般有五个基本的交易程序：询价、报价、成交、确认和交割。在交易程序第一项询价开始前，交易一方须选择交易对手。一般来说，交易方会选择资信良好、报价迅速、买卖价差小、服务水平高的外汇银行作为交易对手，以保证交易成功。其次，交易一方还需自报家门，通过电话或电传与对手交易，让对手知道自己银行的名称、交易代码等，以便对方作决策。通过路透社开发的外汇交易系统与对手交易，本银行的名称会自动显示在对方的终端上，可不必主动标示。下面分别对五步交易程序进行简单介绍

1. 询价

询价就是发起外汇交易的一方询问对方有关货币的买入价和卖出价，但并不一定需要表明自己希望买入还是卖出。除了买卖价格，询价的内容还应包括交易的币种、数量、交易方式、交割时间以及其他可能影响交易价格的因素。按照惯例，交易金额通常以百万美元为单位。

2. 报价

接到询价的银行交易员应迅速作出反应，及时向询价者报出相关货币现汇或期汇的买卖价格。因为交易双方对汇价的大致水平都非常清楚，所以报价时一般只报出最后两位数字。例如，英镑兑美元的即期汇率是1.5342/48，交易员只需报42/48即可。

3. 成交

询价者接到报价后需要在数秒钟内作出成交或放弃交易的表示。如果表示愿意以报价成交，报价者必须以报出价格买卖外汇，不能反悔。如果询价者不满意该报价或者超过时间没有作出反应，则报价者可以撤销报价。外汇交易通信工具的多通道话音记

录仪会把交易对话一字一句记录下来，打印出来的记录即可作为交易的原始凭证或交易合约。

4. 确认

因为询价、报价和成交都是通过电话、电报或电脑网络在非常短的时间内完成的，需要交易双方当事人将交易的所有细节以书面形式确认一遍，以便清算工作的进行和日后查询。

5. 交割

交割是指买卖双方在合同规定的日期一手交钱，一手交货的行为，即将卖出的外汇划入买方账户并收取相应款项的过程。这是外汇交易的最后一个过程，也是最有实质意义的过程。

(三)外汇交易方式

1. 外汇即期交易和外汇远期交易

根据外汇交易的交割时间差别，可以将外汇交易分为外汇即期交易和外汇远期交易。

(1)外汇即期交易

外汇即期交易即现货交易，是指在外汇零售市场上，现货交易成交后必须立即交割，也就是我们常说的"一手交钱一手交货"。比如在银行用人民币兑换1万美元，汇率为6.55，则需要立即支付6.55万元人民币，并在支付后能立刻收到1万美元的现钞或者现汇。

在外汇批发市场的外汇即期交易，是指交易双方以约定的外汇币种、金额、汇率，在成交日后第二个营业日进行交割的外汇交易。银行间外汇市场在两个营业日之内交割的人民币外汇交易也被纳入外汇即期交易。交割日指外汇交易达成后，交易双方履行资金划拨，其货币收款或付款能真正执行生效的日期。一般情况下，交割日与结算日、起息日相同。

【任务7-1】

20××年7月11日，机构A通过外汇交易系统与机构B达成了一笔美元兑人民币即期询价交易。机构A为发起方。约定机构A以USD/CNY＝6.5500的价格向机构B卖出USD 10000000。请分析外汇即期交易要素。

【任务分析】

本次交易涉及的外汇即期交易要素表，如表7-1所示。

表7-1　外汇即期交易要素

发起方	机构A	报价方	机构B
成交日	20××-07-11	交易模式	询价交易
货币对	USD/CNY	价格	6.55
交易货币	USD	对应货币	CNY
交易货币金额	USD 10000000	对应货币金额	CNY 65500000

续表

折合美元金额	USD 10000000		
交易方向	机构 A 卖出 USD 买入 CNY，机构 B 买入 USD 卖出 CNY		
期限	SPOT	起息日	20××-07-13
清算模式和方式	双边全额清算		

(2)外汇远期交易

外汇远期交易，也称期汇交易，是指买卖外汇双方先签订合同，规定买卖外汇的数量，汇率和未来交割外汇的时间，到了规定的交割日期买卖双方再按合同规定办理货币收付的外汇交易。其中常见的远期交易期限有 1 个月、3 个月、6 个月和 1 年，其中 3 个月最为普遍。远期交易很少超过 1 年，因为期限越长，交易的不确定性越大。

外汇远期交易有两种形式：第一种是先卖后买，即卖空或称空头。当投资者预期某种外币的汇率将下跌时，就在外汇市场上以较高的价格预先卖出该种货币的期汇，若该种外币的汇率真的下跌，投资者就可按下跌后的汇率低价补进现汇，交割远期合约，赚取差价利润。第二种先买后卖，即买空或称多头。当投资者预期某种外币的汇率将上升时，就在外汇市场上预先以低价买进该种货币的期汇，若到期时，该种货币的汇率上升，投资者就按上升后的汇率卖出该种货币的现汇来交割远期，从中获利。

由于远期外汇交易按照远期汇率进行交收，因此对于远期汇率的标价目前主要有两种方法，一种是直接标出远期汇率的实际价格，另一种则是报出远期汇率与即期汇率的差价，即远期差价，也称远期汇水。

【任务 7-2】

20××年 7 月 6 日，机构 A 通过外汇交易系统与机构 B 达成了一笔美元兑人民币的 3 个月的远期交易。约定机构 A 卖出 USD 15000000，买入 CNY。机构 A 为发起方，机构 B 报出即期汇率 USD/CNY＝6.3300，3 个月的远期汇率 USD/CNY＝6.3370，即机构 A 以 USD/CNY＝6.3370 的价格向机构 B 卖出 USD 15000000。请分析外汇远期交易要素？

【任务分析】

本次交易涉及的外汇远期交易要素表，如表 7-2 所示。

表 7-2　外汇远期交易要素表

发起方	机构 A	报价方	机构 B
成交日	20××-07-06	远期全价	6.3370
货币对	USD/CNY	折美元金额	USD 15000000
交易货币	USD	交易货币金额	USD 15000000
对应货币	CNY	对应货币金额	CNY 95055000
即期汇率	6.3300	远期点	70.00
交易方向	机构 A 卖出 USD 买入 CNY，机构 B 买入 USD 卖出 CNY		
期限	3M	起息日	20××-09-06
清算模式和方式	双边全额清算		

2. 外汇掉期交易

掉期交易，也称时间套汇，是指同时买进和卖出相同金额的某种外汇但买与卖的交割期限不同的一种外汇交易，进行掉期交易的目的也在于避免汇率变动的风险。掉期交易可分为以下三种形式。

(1)即期对远期

即期对远期，即在买进或卖出一笔现汇的同时，卖出或买进相同金额该种货币的期汇。期汇的交割期限大都为 1 周、1 个月、2 个月、3 个月、6 个月。这是掉期交易中最常见的一种形式。

(2)明日对次日

明日对次日，即在买进或卖出一笔现汇的同时，卖出或买进同种货币的另一笔即期交易，但两笔即期交易交割日不同，一笔是在成交后的第二个营业日(明日)交割，另一笔反向交易是在成交后第三个营业日(次日)交割。这种掉期交易主要用于银行同业的隔夜资金拆借。

(3)远期对远期

远期对远期，指同时买进并卖出两笔相同金额，同种货币、不同交割期限的远期外汇。这种掉期形式多为转口贸易中的中间商所使用。

3. 套汇交易

套汇交易是套利交易在外汇市场上的表现形式之一，是指套汇者利用不同外汇市场、不同货币在汇率上的差异进行低买高卖，从中套取差价利润的一种外汇交易。由于空间的分割，不同的外汇市场对影响汇率的诸多因素的反应速度和反应程度不完全一样。因而在不同的外汇市场上，同种货币的汇率有时可能出现较大差异，这就为套汇提供了条件。套汇交易又可分为直接套汇和间接套汇。

(1)直接套汇

利用两个外汇市场之间某种货币汇率的差异进行的套汇，称为直接套汇，也叫两点套汇或两地套汇。例如，在伦敦市场上，汇率为 GBP 1＝USD 1.9480，同时，纽约外汇市场上汇率为 GBP 1＝USD 1.9500，可见，英镑在纽约市场上的汇率高于伦敦市场上的汇率，套汇者就可在伦敦市场上用 194.8 万美元买入 100 万英镑，同时在纽约市场上卖出 100 万英镑，收入 195 万美元，从而获得 2000 美元的差价。

(2)间接套汇

间接套汇指利用三个不同外汇市场中三种不同货币之间交叉汇率的差异，在同一时点在这三个外汇市场上低买高卖，从中赚取汇率差额的一种套汇交易。若不考虑交易费用，外汇交易是零和博弈，即一方亏损，必然伴随对方盈利，那么必然存在盈利的机会，只要正确选择交易顺序，就可获得套汇收益。若考虑交易费用，当汇率的差异较小，套汇收益也相应较小，若套汇收益不足以抵消交易费用，则两种交易顺序都会给套汇者带来亏损。因此，要进行三个市场三种货币套汇交易，先要判断有无获利机会，再确定交易顺序。

【任务 7-3】

假设在同一时间内，纽约、巴黎、伦敦三个外汇市场的汇率如下：

在纽约市场上：

USD 1＝HKD 7.9440/7.9451

在巴黎市场上：

GBP 1＝HKD 10.9863/10.9873

在伦敦市场上：

GBP 1＝USD 1.4325/1.4335

请问套汇者应该如何进行套汇获利？

【任务分析】

根据这三个外汇市场的外汇行市，套汇者首先在纽约市场上以 1 美元对 7.9440 港元的行市卖出 10 万美元，买进 794400 港元；同时在巴黎市场上以 1 英镑对 10.9873 港元的行市卖出 794400 港元，买进 72302 英镑(794400÷10.9873)；又在伦敦市场上以 1 英镑对 1.4325 美元的行市卖出 72302 英镑，买进 103572 美元(72302×1.4325)。在纽约市场上以 10 万美元进行套汇，最后收回 103572 美元，汇率差额利润为 3572 美元。

为了把握三地之间的套汇机会，可依据下述原则进行判断：将三地外汇市场的汇率均以直接标价法(或间接标价法)表示，然后相乘，如果乘积等于 1 或接近等于 1，说明没有套汇机会，如果乘积不等于 1 且与 1 的偏差较大，说明有套汇机会(用同一标价法表示汇率时，被标值的货币单位皆为 1)。

目前，由于电信技术的不断发展，不同外汇市场上的汇率差异日益缩小，因此，套汇交易的机会已大大减少。

4. 外汇期货交易

(1)外汇期货概念

外汇期货是指交易双方约定在未来特定的时间进行外汇交割，并限定了标准币种、数量、交割月份以及交割地点的标准化合约。外汇期货产生于 1972 年，由芝加哥商业交易所的国际货币市场首创，最初的交易货币包括英镑、德国马克、瑞士法郎、加拿大元和日元等。

(2)外汇期货特征

外汇期货合约及其他所有期货合约的最主要特征是合约的标准化。外汇期货合约的标准化是指合约的交易币种、合约金额、交易时间、交割时间等都有统一的规定，也就是说，每一份外汇期货合约都有大量的与其完全同质化的合约，投资者可以随时以市价在交易所买卖合约。合约的标准化与否是外汇期货合约和外汇远期合约的主要区别，标准化合约并不是为投资者量身定做的，这是期货合约相比于可以自由定制的远期合约的劣势。但是，合约的标准化使得期货合约具有非常强的流动性，买卖和转手十分方便，这是期货合约优于远期合约之处。外汇期货合约通常以“手”作单位，每一手合约就是一个标准化的产品。

5. 外汇期权交易

(1)外汇期权概念

期权是指卖方在收取期权费的条件下,赋予买方一项权利,即买方可以按照合约规定的期限和价格买进或卖出一定资产的权利,而卖方只承担按合约规定卖出或买入一定资产的义务,不享有权利。外汇期权则是指合约中买方的权利是买进或卖出一定数额外汇的权利。远期和期货交易在利用远期和期货进行套期保值的时候,当事人在回避风险的同时,也丧失了盈利的可能。期权的买方在支付期权费之后,即拥有了买进或卖出金融资产的权利,但不承担卖出或买进的义务,由此当事人在锁定风险的同时,也获得了盈利的可能。

(2)外汇期权类型

①根据买入者权利,分为外汇看涨期权和外汇看跌期权。外汇看涨期权是指期权买方支付期权费后从卖方取得的以一定的条件买入一定数量外汇的权利。担心外汇升值的当事人或预期外汇升值的投资者,可通过买入看涨期权来进行套期保值与获利。外汇看跌期权是指期权买方在支付期权费后从卖方取得的以一定的条件卖出一定数量的外汇的权利。担心外汇贬值的当事人或预期外汇贬值的投资者,可通过买入看跌期权来进行套期保值与获利。

②根据可行使期权时间,分为美式期权和欧式期权。美式期权是指买方从合约签订日到合约到期日之间的任何一个工作日都可以行使权利的期权。欧式期权是指买方只能在合约的到期日行使权利的期权。相比于欧式期权,美式期权的买方执行期权的时间更加灵活,因此美式期权的期权费相对较高。

③根据期权交易环境和方式,分为场内期权和场外期权。场内期权,也称交易所期权,和期货一样是一种标准化的期权,即期权的到期日,执行汇率、合约金额,交割地点等都是由交易所规定的,买卖双方能够决定的只有期权费。场外期权,与外汇远期一样,是通过电子通信网络或者交易双方协商在柜台上进行交易的期权。场外期权与场内期权最大的区别就是非标准化,它不是已经设计好的合约,而是买卖双方一起商定的合约,合约金额、协定汇率、合约到期日、期权费等都可以由买卖双方协商制定,所以它是一种"量身定做"的期权。不过为了提高交易效率,场外期权也有标准化的趋势。

二、外汇理财产品

当今外汇理财产品多种多样,一般来说收益类型的不同是理财产品最重要的划分标准之一。根据投资者的风险偏好程度,按照是否具有本金保障以及收益率的确定方式,我国的外汇理财产品通常可以划分为保本固定收益型、保本浮动收益型和不保本浮动收益型三类。

(一)保本固定收益型

外汇理财产品是浮动收益还是固定收益,取决于其所关联的产品。如果挂钩的标的资产是利率相对稳定的资产,如货币市场产品、债券等,那么这款理财的收益在投资期内是几乎确定的,事前能够规避本金损失。同时该理财产品所对应的标的收益率一般也不会低于同期的相同外币的存款利率,这样的外汇理财产品即为保本固定收益型外汇理财产品。这类产品的缺点是银行通常有提前终止权。保本固定收益型外汇理财产品的典型特征是收益体现在存续期的后期,前期收益不高。因此一旦银行行使提前终止权,投资者将被迫接受低收益。当然,这类产品通常没有多大弹性,加之近期世界主要经济体不断降息,导致这类产品的收益空间变得越来越窄。

(二)保本浮动收益型

这类产品能够确保本金收回,但其收益通常与某些市场标的挂钩,随着标的资产的收益波动而波动,这类产品大多是结构性理财产品。结构性理财产品收益的浮动性很强,因为其挂钩的资产具有高浮动性的特征,比如股票、石油等。结构性理财产品又有静态和动态之分。静态的结构性理财产品其条款和结构不随市场变化;动态的结构性理财产品则比较灵活,可随市场变化而调整条款等内容。目前,我国银行的外汇理财产品被强制要求确定最低收益额度,在这个额度之外的收益可以随着挂钩产品的收益而波动。根据挂钩的产品的不同,分为利率挂钩型、商品股票挂钩型、汇率挂钩型。

1. 利率挂钩型

利率挂钩型外汇理财产品与收益水平和市场利率走势有关。根据产品收益的计算方法,这类金融产品可分为区间累积型和正向或负向挂钩型两类。

2. 汇率挂钩型

汇率挂钩型外汇理财产品通常投资两种或两种以上的外汇资产,一般是一种外币定期存款和外汇期权的组合。对于这种含期权的产品银行通常会设计两档收益,一种是当产品在观察期内的挂钩汇率的波动未达到事先设计的触发点,客户便能得到较高的利息收益;但是如果在产品观察期内挂钩汇率一旦超过事先的预期,客户就只能获得较低的收益甚至需要承担损失。另外,汇率挂钩型外汇理财产品也包括与上述结构设计相反的产品。

3. 商品股票挂钩型

商品股票挂钩型外汇理财产品投资的资产多为某种指定商品的价格或一篮子股票指数。目前存在的挂钩商品价格的外汇理财产品主要还是以区间积累型为产品的收益方式。而投资于一篮子股票指数的理财产品与商品挂钩型的不同在于它是事件触发型理财产品,具体操作为,当投资的一篮子股票指数达到设计的触发点位,产品合约到期时投资者就可以获得预计的收益;如果一篮子股票指数在产品持续期内始终未触及临界价格,最终收益就会按照实际点位和计算方法获得。

要注意的是保本收益型的产品在我国一直有比较高的比重,但随着2022年1月1日《关于规范金融机构资产管理业务的指导意见》的正式实施,金融机构不得承诺保本保收益规定的出台,标志着理财产品承诺的保本保收益将正式成为过去。

(三)不保本浮动收益型

不保本浮动收益型产品的特点在于发行银行不会承诺保证本金,但这类产品又有较大可能获得较高的收益,存在一定的不确定性。具体可分为:

1. 资产管理型

发行银行在募得该产品所有资金后将其用于短期的货币市场或者具有较为稳定的债券和票据投资等，在此期间银行只是通过收取相关管理费用赚取收益，而产品的风险由客户自行承担。

2. 期权型

最具代表性的是期权宝与两得宝。期权宝类似于期权交易，由银行客户通过自行判断汇率走势选择看涨或看跌外币并支付相应的期权费用，同时银行还要求使用同等额度的外币存款作为该笔期权交易的担保，最后根据期权期限到期时的实际汇率与预期汇率的比较判定客户的收益情况。两得宝也被称为卖出期权，也是由客户自行判断决定将何种额度的存款在存入时按照与银行协定的汇率出售自己一部分期权，期间客户的收益来源主要包括存款利息以及实际汇率与协定汇率的期权费，期权到期时则由银行决定该笔货币期权业务是否完成实际交易执行。

总体来说，不保本浮动收益型产品要求投资者具备较高的风险偏好性和较为专业的理财投资知识基础，才能够应对投资管理中多种多样的决策和风险，达到套期保值或获利的目的。

【加油站】期权宝和两得宝

1. 产品介绍

期权宝和两得宝是中国银行推出的个人外汇期权业务的两种产品，是为持有外汇的个人客户提供的一项外币理财手段。

期权宝产品的内容是客户根据自己对外汇汇率未来变动方向的判断，向银行支付一定金额的期权费后买入相应面值、期限和执行价格的期权看涨期权或看跌期权。期权到期时如果汇率变动对自己有利，则通过执行期权可获得较高收益；如果汇率变动对自己不利，则可选择不执行期权。

两得宝产品的内容是客户在存入一笔定期存款的同时根据自己的判断向银行卖出一个外汇期权，客户除收入定期存款利息扣除利息税外，还可得到一笔期权费。期权到期时，如果汇率变动对银行不利，则银行不行使期权，客户可获得高于定期存款利息的收益；如果汇率变动对银行有利，则银行行使期权，将客户的定期存款本金按协定汇率折成相对应的挂钩货币。

2. 交易货币以及期限

(1)外汇期权交易的货币为美元、欧元、日元、英镑、澳大利亚元、瑞士法郎和加拿大元。期权宝的面值至少为 1 万美元或等值 1 万美元的其他外币，两得宝的面值至少为 5000 美元或等值 5000 美元的其他外币。

(2)外汇期权交易的标的汇价为欧元兑美元、美元兑日元、澳元兑美元、英镑兑美元、美元兑瑞士法郎、美元兑加拿大元。

(3)客户买入和卖出期权的固定期限为1周、2周、1个月和3个月，另外，客户还可买入最长期限为6个月，最短为1天的灵活期限的期权。具体期限由中国银行当日公布的期权报价中的到期日决定。到期日如为非银行工作日或相关国际市场假期，则根据有关国际市场惯例调整到期日。

3. 交易时间

外汇期权交易的时间为每个营业日北京时间10:00～16:30，国际金融市场休市期间停办。

4. 交易的有关规定

(1)客户叙做外汇期权交易业务，若为期权的卖方，与看涨货币面值等值的同货币存款金额将被冻结。

(2)协定汇率可在中国银行外汇期权交易报价的协定汇率中选择其中的一个。

(3)根据中国银行当时的报价，确定客户期权交易的期权费率。

(4)期权宝客户，可在到期日前将原交易平盘。

5. 参考汇率的确定

(1)参考汇率为标的汇价在到期日北京时间14:00中国银行总行外汇报价系统中的中间价。

(2)参考汇率以中国银行总行的电脑记录为准。

6. 期权的行使

(1)客户卖出期权，中国银行按参考汇率有权决定是否行使期权而无须事先通知客户。

若存款货币为标的汇价中的基础货币，在到期日参考汇率；高于协定汇率，则中国银行行使期权，即中国银行按协定汇率，将客户的存款本金经外汇买卖换成标的汇价中的非基础货币后，存入客户资金账户；低于或等于协定汇率，则中国银行不行使期权，即中国银行将客户的存款本金以存款原币形式存入客户资金账户。

若存款货币为标的汇价中的非基础货币，低于协定汇率则中国银行行使期权，即中国银行按协定汇率将客户的存款本金折成标的汇价中的基础货币后存入客户资金账户；高于或等于协定汇率，则中国银行不行使期权，即中国银行将客户的存款本金以存款原币形式存入客户资金账户。

(2)客户买入期权，客户有权决定是否行使期权，客户行使期权时采用轧差交割方式。所得收益均按当日参考汇率折为美元，中国银行将计算所得的美元收益存入客户资金账户。

7. 期权的平盘

客户买入期权，可以在到期日之前予以平盘；客户卖出期权暂不能平盘。

8. 款项交割

(1)客户卖出期权

①客户在叙做卖出期权交易时须开立定期存单,存款起点金额为5000美元或等值5000美元的其他外币。

②存单的期限为7天、定期1个月或定期3个月,到期日则根据有关存款规定确定。

③客户卖出期权交易完成后,中国银行将立即冻结并保管该存单,同时,客户须授权中国银行在期权交割日支取存款本金及税后利息。

④客户卖出期权可获得按期权费率计算的期权费,期权费均以基础货币现钞支付,最迟于交易日后的第二个工作日存入客户资金账户。

⑤存款本金及定期税后利息在存款到期日至期权交割日之间,按交割日存款货币在中行的挂牌活期利率计息。

⑥在期权交割日,中国银行将客户全部定活期税后利息以存款货币的形式存入客户资金账户。

⑦如客户存款为现汇,无论中国银行是否行使期权,存款本金及税后利息均以现汇支付;如客户存款为现钞,无论中国银行是否行使期权,存款本金及税后利息均以现钞支付。

(2)客户买入期权

①客户买入期权需向中国银行支付按期权费率计算的期权费。

②期权费可以使用基础货币现钞或现汇支付,在期权费支付后,期权交易协议书签字生效。

③交割时采用轧差交割。

三、外汇投资策略

(一)顺势而为,买涨不买跌

在汇率上升阶段,只要不是在汇率上升到顶点的时候才买入,那么就可以享受到外汇汇率上升所带来的价差收益。而在汇率下降的阶段,只有在汇率下降到最低点时买入才能保证没有损失。因此在汇率上升的过程中买入,盈利的机会远比汇率下跌时买入要大得多。

(二)盈利锁仓

外汇市场在短期内受基本面影响极大,盈利锁仓对于中长线投资者来说十分适用。当价位到达了一个看起来有可能见顶或筑底的情况时,通常需要基本面的指引来寻找方向。此时如果不愿意出局观望,最好的办法就是采用盈利锁仓的方式。一般来说,短线投资并不适合这种方式。

(三)移动止损

获利平仓做起来似乎很容易,但是捕捉获利的时机却是一门学问。有经验的投资者,会根据自己对汇率走势的判断,决定平盘的时间。所以在外汇投资过程中,有效地使用移动止损,在保证获利的前提下能获得更多的盈利。

(四)"金字塔"加码

"金字塔"加码即在第一次买入某种货币之后,该货币汇率上升,若此时想加码增加投资,应当遵循"每次加码的数量比上次少"的原则,即"金字塔"式加码,这样能有效控制风险。

(五)处境不明,不沾为宜

若感到外汇市场的走势不够明朗,自己又缺乏投资信心,则以不沾为宜。没有把握不如什么也不做,耐心等待入市的时机。如果已经开盘,而又有"食之无味,弃之可惜"的感觉时,不如平盘离场,切勿过分计较盈亏,冒无把握之风险。

(六)于传言时买入(卖出),于事实时卖出(买入)

外汇市场是一个非常敏感的交易市场,从盈利的目的出发,投资者必须跟着市场走。因此可采用以下策略:在听到好消息时立即买入,一旦消息得到证实便立即卖出;反之,在坏消息传出时立即卖出,一旦消息得到证实再立即买回。

(七)不盲目追求整数点

外汇交易中,有时会为了强争几个点而误事。有的人在建立头寸后,给自己定下一个盈利目标,比如要赚够1000元人民币或10000元人民币等,达到目标才平仓。但有时往往会在等待中错过最好的价位,错失良机。因此,在外汇交易中,不盲目追求整数点才是明智之举。

(八)不在赔钱时加码

在买入或卖出外汇后,遇到市场突然以相反的方向急进时,有些投资者会想加码再做,这是十分危险的。因而,当行情突然扭转,猛跌向下时,投资者应该及时平仓出局。

课后任务

【知识巩固】

一、单选题

1. 人民币兑美元按(　　)计价。

A. 间接标价法　　B. 直接标价法

C. 美元标价法　　D. 应收标价法

2. 下列说法错误的是(　　)。

A. 外汇必须以外币来表示

B. 外汇是一种金融资产

C. 用作外汇的货币不具有充分的可兑性

D. 用作外汇的货币一定具有可兑性

3. 目前世界上最大的外汇交易市场是(　　)外汇市场。

A. 伦敦　　B. 纽约

C. 香港　　D. 新加坡

4. 如果即期汇率 USD/HKD=7.7201/7.7301,远期差价点数是 40/80,那么该远期美元汇率是(　　)。

A. 升水　　B. 贴水

C. 平水　　D. 隔水

5. 在期货外汇交易中,需要缴纳期权费的是(　　)。

A. 银行　　B. 卖方

C. 双方　　D. 买方

二、多选题

1. 外汇的形式主要有(　　)。

A. 以外币表示的有价证券　　B. 外币现金

C. SDR　　D. 以外币表示的支付凭证

2. 下列符合外汇期权的说法是(　　)。

A. 外汇期权是一种选择权

B. 外汇看涨期权也称买权

C. 对于购买外汇期权的一方来说,最大的亏损是期权费

D. 如果买者不行使权力,则可以取回期权费

3. 远期汇率如果采用点数报价法,计算远期汇率时,正确的表述是(　　)。

A. 差价前小后大用加法　　B. 差价前大后小用加法

C. 差价前小后小用减法　　D. 差价前大后小用减法

4. 外汇期货交易的特点包括(　　)。

A. 公开喊价　　B. 每日清算制度

C. 现金交割制度　　D. 合同标准化

5. 即期外汇的交割方式有(　　)。

A. 信汇　　B. 套汇

C. 票汇　　D. 电汇

三、简答题

1. 什么是远期外汇交易？它的作用是什么？

2. 简述即期外汇交易的操作程序。

3. 什么是外汇期货交易？它的特点是什么？

4. 解释外汇期货交易的逐日盯市制度。

5. 外汇期货交易和外汇期权交易有何异同？

【实训一】

1. 实训目标

熟悉外汇投资交易流程,加强对外汇投资的理解。

2. 实训内容

请通过外汇模拟交易平台进行为期一周的外汇模拟交易，并记录每天的外汇买入卖出状况、交易价格，以及最终的盈亏状况。

【实训二】

1. 实训目标

熟悉外汇期货的价格计算，加强对外汇交易流程的了解。

2. 实训内容

已知伦敦外汇市场的外汇牌价为：即期汇率 GBP1＝USD1.5600/1.5620，3 个月远期差价点数为 70/90。

请问：

(1)美元 3 个月远期的汇率是多少？

(2)某商人如卖出 3 个月远期 10000 美元，届时可以换回多少英镑？

项目八　黄金项目

【名　　言】

家有千金之玉不知治，犹之贫也。

——〔西汉〕韩婴《韩诗外传·卷二》

【思维导图】

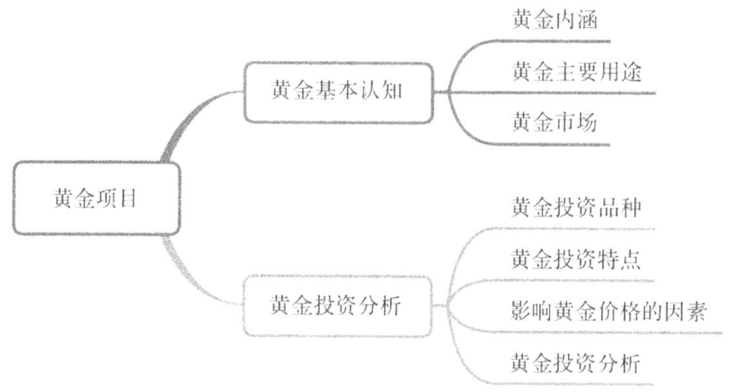

【学习目标】

能力目标	(1)能正确认知黄金； (2)能对黄金投资进行分析。
知识目标	(1)掌握黄金内涵、主要用途，黄金投资特点、黄金投资品种； (2)理解黄金价格的影响因素、黄金投资分析； (3)了解黄金市场的发展。
素质目标	(1)树立多元化投资意识与风险意识； (2)具有团队合作精神； (3)塑造劳动精神，树立社会主义核心价值观。

【情境导入】

张小姐是一个眼光独到的投资“老手”。2021年11月底，她以368元/克买进了1000克纸黄金，2022年4月国际金价涨到了1938美元每盎司左右，她以400元/克的价格卖出800克，在差不多四个月时间里每克纸黄金赚了32元，总共赚了25600元。然而5月份国际金价开始回调，到7月时跌至1745.2美元每盎司，在这个波段里，张小姐也显示出了对黄金投资的敏锐度，当国际金价在1838美元每盎司附近时，果断以

396元/克抛出剩余的200克,赚了5600元。

对于"金饰品",大家可能比较熟悉,那么黄金投资品种具体有哪些呢?

子项目一　黄金基本认知

一、黄金内涵

黄金是一种稀有金属,黄金按性质可分为"生金"和"熟金"两大类。生金又叫"原金""天然金"或"荒金",是人们从矿山或河床边开采出来的未经提炼的黄金。凡经过提炼的黄金称为"熟金"。在熟金中加入其他元素可使其在色泽上出现变化,人们通常把加入了金属银而没有其他金属的熟金称为"清色金",而把被掺入了银和其他金属的黄金称为"混色金"。

金的纯度可以用试金石鉴定,所谓"七青、八黄、九紫、十赤",意思是条痕呈青色,金含量为70%,呈黄色含金量为80%,呈紫色含金量为90%,呈红色,则为纯金。K金是混色金成色的一种表示方式,4.1666%黄金成分为lK。黄金按K金成色高低可以表示为24K、22K、20K和18K等,24K黄金的含金量为99.998%,基本视为纯金,22K黄金的含金量为91.665%,18K黄金的含金量为75%。黄金成色还可以直接用含量百分比表示,通常是将黄金重量分成1000份的表示法,如金件上标注9999的为99.99%,而标注为586的为58.6%。

由于黄金具有极优的延展性和化学稳定性,因此它成为对人类非常有用的一种金属。为便于进行市场交易,黄金被制成各种重量的金条,最主要的重量计量单位为盎司、克、千克(公斤)、吨等,1盎司=31.1035克。

二、黄金主要用途

1. 国际储备

这是由黄金的货币商品属性决定的。由于黄金的优良特性,历史上黄金充当货币的职能,如价值尺度、流通手段、储藏手段、支付手段和世界货币。20世纪70年代,黄金与美元脱钩后,黄金的货币职能有所减弱,但仍保持一定的货币职能。目前许多国家,包括西方主要国家国际储备中,黄金仍居于相当重要的地位。

2. 珠宝装饰

华丽的黄金饰品是一个人的社会地位和财富的象征,国内居民日常所能看到的黄金制品,主要是黄金饰品。黄金饰品更多地为发挥其美学价值而存在,并不是好的理财品种。因为购买黄金饰品本身所支付的附加费用非常高,购买价格与黄金原料的内在价值差异较大,且金银首饰在日常使用中会受到不同程度的磨损,如果将旧金银饰品变现,其价格会打折扣。

3．工业与科学技术

黄金具有极高的抗腐蚀性和稳定性、良好的导电性和导热性。金的原子核具有较大捕获中子的有效截面，对红外线的反射能力接近100%。同时，金的合金具有各种触媒性质。此外，黄金还有良好的工艺性，极易加工成超薄金箔、微米金丝和金粉。黄金也很容易镀到其他金属和陶器及玻璃的表面上，在一定压力下黄金容易被熔焊和锻焊，也可制成超导体与有机金等。正因为有这么多优良性质，黄金有理由被广泛用到更重要的现代高新技术产业中，如电子技术、通信技术、宇航技术、化工技术和医疗技术等。

三、黄金市场

（一）国际黄金市场

目前，世界上大大小小的黄金市场约有40多个，各个市场在不同的地域和范围发挥各自的作用，且通过电话和网络等构成一体，一天24小时不间断地进行黄金交易。

伦敦黄金市场历史非常悠久。1804年，伦敦取代荷兰阿姆斯特丹成为世界黄金交易的中心。1919年，伦敦黄金市场正式成立，每天进行上午和下午两次黄金定价，由五大金行定出当日的黄金市场价格，该价格一直影响纽约和中国香港地区黄金市场的交易。伦敦黄金市场黄金的供应者主要是南非。1982年以前，伦敦黄金市场主要经营黄金现货交易。1982年4月，伦敦期货黄金市场开业。目前，伦敦仍是世界上最大的黄金市场。

苏黎世黄金市场是第二次世界大战后发展起来的国际黄金市场。瑞士特殊的银行体系和辅助性的黄金交易服务体系，为黄金买卖提供了一个既自由又保密的环境。另外，瑞士与南非也有优惠协议，因此获得了大量的南非金，这使得瑞士不仅是世界上新增黄金的最大中转站，也是世界上最大的私人黄金的存储中心。苏黎世黄金市场在国际黄金市场上的地位仅次于伦敦。

纽约和芝加哥黄金市场是20世纪70年代中期发展起来的国际黄金市场，主要原因是1977年后，美元贬值，美国人（主要以法人团体为主）为了套期保值和投资增值获利，使得黄金期货迅速发展起来。目前纽约商品交易所和芝加哥商品交易所是世界最大的两个黄金期货交易中心。两大交易所对黄金现货市场的金价影响很大。以纽约商品交易所为例，该交易所本身不参加期货的买卖，而是提供场所和设施，并制定一些法规，保证交易双方在公平合理的前提下进行交易，对进行现货和期货交易的黄金的重量、成色、形状、价格波动的上下限、交易日期、交易时间等都有极为详尽和复杂的描述。

东京黄金交易市场是20世纪80年代发展起来的。东京黄金交易所成立于1981年4月，1982年开设期货，是日本政府正式批准的唯一的黄金交易市场，其会员绝大多数为日本的公司。1984年，东京黄金交易所与东京橡胶交易所等合并为东京工业品交易所，2004年，黄金期权获准上市。在24小时的黄金交易市场中，东京黄金市场成为伦敦、纽约交易时间外的亚洲时段的重要交易市场。日本市场以日元/克计价，每宗交易合约为1千克，交收纯度为99.99%的金锭，在指定的交割地点交割。

新加坡黄金市场是20世纪60年代末期发展起来的。此前，黄金的交易、进出口都由政府部门进行严格管制。1969年4月，新加坡政府向七家商业银行和一家贸易商颁发营业许可证，同意其进行黄金交易，但交易对象仅限于工业用户、金饰商及其他非个人用户。由于限制多，市场交易规模小。1973年8月新加坡解除黄金交易限制，允许本国和外国在新加坡自由购买、出售和保存黄金，取消黄金进口税，从而加快了新加坡黄金市场的发展。1978年6月，新加坡政府按照国际惯例，全面放宽了外汇管制，使得黄金进出境自由，为国际性黄金期货交易创造了良好的条件。1978年以来，由于国际上黄金需求量的大幅增加，政府在1978年11月正式成立了新加坡黄金交易所，并开始正式进行黄金的现货和期货的交易，成为东南亚成立的第一家国际性黄金期货市场。

总的来说，伦敦黄金市场的交易品种包括现货黄金的买卖、存入、期货、期权等，美国的黄金市场以期货和期权交易为主，苏黎世黄金市场是世界上仅次于伦敦的第二大黄金现货市场，也是最主要的世界金币市场，中国香港的黄金市场中最主要的是香港金银业贸易市场，其黄金主要来自欧洲，销往东南亚、韩国、日本等地。

(二)国内黄金市场

国内黄金市场主要是指上海黄金交易所，它是经国务院批准，由中国人民银行组建，在国家工商行政管理总局登记注册的，不以营利为目的，实行自律性管理的法人。上海黄金交易所成立于2002年10月30日，自此中国黄金市场进入崭新的一页。

上海黄金交易所遵循公开、公平、公正和诚实守信的原则，组织黄金、白银、铂金等贵金属交易，提供黄金、白银、铂金等贵金属交易的场所、设施及相关服务；制定并实施黄金交易所的业务规则，规范交易行为；组织、监督黄金、白银、铂等贵金属交易、清算、交割和配送；设计交易合同，保证交易合同的履行；制定并实施风险管理制度，控制市场风险；生成合理价格，发布市场信息；监管会员交易业务，查处会员违反交易所有关规定的行为；监管指定仓库的黄金、白银、铂金等贵金属业务以及中国人民银行规定的其他职能。

上海黄金交易所实行会员制的组织形式，会员由在境内注册登记、从事黄金业务的金融机构，从事黄金、白银、铂金等贵金属及其制品的生产、冶炼、加工、批发、进出口贸易的企业法人和具有良好资信的单位组成。交易所会员依其业务范围分为金融类会员、综合类会员和自营会员。金融类会员可进行自营和代理业务及批准的其他业务，综合类会员可进行自营和代理业务，自营会员可进行自营业务。

目前，在上海黄金交易所交易的商品，其交易标的必须符合交易所规定的标准。黄金有Au99.95、Au99.99、Au50g、Au100g四个现货实盘交易品种和Au(T+5)、Au(T+D)两个延期交易品种及Au(T+N1)、Au(T+N2)两个中远期交易品种；铂金有Pt99.95现货实盘交易品种和Pt(T+5)现货保证金交易品种。标准黄金、铂金交易通过交易所的集中竞价方式进行，实行价格优先、时间优先撮合成交。非标准品种通过询价等方式进行，实行自主报价、协商成交的方式。会员可自行选择通过现场或远程方式进行交易。交易所主要实行标准化撮合交易方式。交易时间为每周一至五(节假日除外)9:00～15:30、20:00～次日2:30。

【加油站】我国黄金市场的发展

1950年4月，中国人民银行制定下发《金银管理暂行办法草案》，冻结民间金银买卖，明确规定国内的金银买卖统一由中国人民银行经营管理。

1983年6月，国务院发布《金银管理条例》，规定“国家对金银实行统一管理、统购统配的政策”“中华人民共和国境内的机关、部队、团体、学校，国营企业、事业单位，城乡集体经济组织的一切金银的收入和支出，都纳入国家金银收支计划”“境内机构所持的金银，除经中国人民银行许可留用的原材料、设备、器皿、纪念品外，必须全部交售给中国人民银行，不得自行处理、占有”“在中华人民共和国境内，一切单位和个人不得计价使用金银，禁止私相买卖和借贷抵押金银”。

1999年12月，中国首次向社会公开发售1.5吨“千禧金条”。

1999年12月，白银取消统购统销放开交易，上海华通有色金属现货中心批发市场成为中国唯一的白银现货交易市场。白银上市交易品种为白银1号、白银2号、白银3号和粗银。白银的放开被视为黄金市场开放的“预演”。

2000年8月，上海老凤祥型材礼品公司获得中国人民银行上海总部批准，开始经营旧金饰品收兑业务，成为国内首家试点黄金自由兑换业务的商业企业。

2000年10月，国务院发展研究中心课题组发表有关黄金市场开放的研究报告。同年，中国政府将建立黄金交易市场列入《中华人民共和国国民经济和社会发展第十个五年计划纲要》。

2001年1月，上海公开发行“新世纪平安吉祥金牌”。中国金币总公司作出承诺，在政策许可的条件下，适时予以回购，购买者可在指定的商家或商业银行网点自主买卖或选择变现。

2001年4月，中国人民银行行长戴相龙宣布取消黄金“统购统配”的计划管理体制，在上海组建黄金交易所。

2001年6月，央行正式启动黄金价格周报价制度，根据国际市场价格变动对国内金价进行调整。

2001年11月，上海黄金交易所模拟运行。

2002年10月，上海黄金交易所实际交易试运行中，中金黄金股份公司与北京菜市口百货公司以每克83.5元的价格成交了3000克2号金。

2002年10月，上海黄金交易所正式开业，中国黄金市场走向全面开放，成为我国黄金市场开放的新纪元。

2003年4月，人民银行取消了黄金生产、加工、流通审批制，改为工商注册登记制，这标志着黄金商品市场的全面开放。

2003年11月，中国银行的“黄金宝”在上海试点，拉开了商业银行参与黄金市场的序幕。

2003 年 12 月，成都高赛尔公司与招商银行在成都进行战略合作，在国内首次推出了可用于回购的投资型实物金条——高赛尔金条，把沉甸甸的金条引入寻常百姓家。

2004 年 6 月，上海黄金交易所推出"小金条"业务，面向普通投资者。2004 年 12 月，中国银行与紫金矿业集团合作在福建推出了"紫金金条"。2005 年 7 月，工商银行与上海黄金交易所联合推出了个人实物黄金投资业务。

2007 年，中国的黄金产量增长到 270 吨左右，首次超过南非成为黄金生产第一大国。

2008 年，我国商业银行的账户金(又称纸黄金)业务累积成交了 1424 吨，同比增长 2.5 倍，成交金额为 2720 亿元，同比增长近 3 倍。其中，人民币账户金的业务累积成交额达到 1332 吨，成交金额为 2546 亿元。

2009 年，中国黄金的需求达到创纪录的 423 吨，成世界第二大黄金消费国。

2010 年，中国的黄金储备从 2007 年的 600 吨增加到 1054 吨。

2013 年，中国黄金消费量连年增长，成为全球最大黄金消费国。

2014 年，中国已经发展成为全球黄金消费量增长最快的黄金市场。

黄金市场已经成为中国经济发展过程中的一个重要组成部分，黄金市场的快速发展显示出中国黄金市场的勃勃生机与国民经济的欣欣向荣。

子项目二　黄金投资分析

一、黄金投资品种

目前，国际上的黄金投资品种主要有金条、金币、黄金管理账户、黄金凭证、黄金期货和黄金期权等。

(一)金条

1. 规格

金条包括投资性金条、纪念性金条。各国金条的规格有所不同，但按国际惯例，进入市场交易的金条在精炼厂浇铸成型时必须标明其成色和重量，以及精炼厂的名字和编号。例如，高赛尔金条分为 2 盎司、5 盎司和 10 盎司三种规格，每根金条的背面有"中国印钞造币总公司长城金银精炼厂铸造"的字样和编号，还有防伪标识。

2. 铸造包装

一般情况下，投资者往往应购买知名度较高的精炼公司制造的金条，在出售时会省去不少费用和手续。如果是不知名企业生产的，黄金收购商要收取分析费用。国际知名金商出售的金条，包在密封的小袋中。除了内装黄金外，还有可靠的封条证明。在不开封的情况下，再售出金条时就会方便得多。

3. 计量单位

由于各国黄金市场交易的习惯、规则不同，黄金计量单位也有所不同。目前，国际黄金市场比较常用的计量单位是金衡盎司。金衡盎司是专门用于贵金属商品交易的计量单位，与常衡盎司有所不同，1常衡盎司等于28.3495克，而1金衡盎司等于31.1035克。我国以前计量黄金的单位主要是两，现在主要是克，随着经济与国际接轨，我国不少黄金品牌用金衡盎司来计量，高赛尔金条就是其中之一。

4. 价格

投资性金条的价格与纪念性金条的价格有所不同。纪念性金条的发行价格是按照金饰品的定价方式来定价的，除了成本还有税费和利润。而投资性金条的价格是在黄金现货价格的基础上加上一定的加工流通费。因此，纪念性金条比投资性金条的价格要高。

5. 投资渠道

投资渠道包括场内交易、场外交易。场内交易，如上海黄金交易所的会员交易，会员即黄金生产企业、黄金饰品企业、黄金经纪商、黄金代理商、商业银行和机构投资者。场外交易，主要是一些中小企业和个人投资者在商业银行、金行、珠宝行、金银首饰店进行的金条交易。目前，我国的个人黄金投资者主要在场外进行交易。购买金条最好选择回购有保证且价差不大的金条，如招商银行代理买卖的高赛尔金条。

6. 投资优缺点

投资金条的优点是：具有价值衡量和货币功能；易于存储和保管；不需要缴纳佣金和相关费用；流通性强，可以立即兑现，可在世界各地转让，还可以在世界各地得到报价；从长期看，金条具有保值功能，对抵御通货膨胀有一定作用。缺点是：占用一部分现金；在保证黄金实物安全方面有一定风险。因此，投资者在投资时应购买知名企业的金条，要妥善保存有关单据，保证金条外观，包括包装材料和金条本身不受损坏，以便将来出手方便。

【加油站】投资性金条

龙鼎金：是中国建设银行自行设计并拥有自主品牌的实物黄金产品，金条印有“中国建设银行”标识和编号。产品纯度为AU 99.99，包括50克、100克、200克和500克4种规格。

如意金：是中国工商银行自行设计并拥有自主品牌的实物黄金产品。产品纯度为AU 99.99，包括20克、50克、100克、200克、500克和1000克6种规格。

招金进宝：是中国农业银行代理销售发行的金条，主要销售山东招金集团有限公司的标准金条。产品纯度为AU 99.99，包括A类投资性标准金(30克、50克、100克、200克)，以及B、C两类标准礼品金。

高赛尔金条：由招商银行、中国农业银行等代理。产品纯度为AU99.99，以金衡盎司为计量单位，包括2盎司、5盎司和10盎司3种规格。

(二)金币

金币包括投资性金币、纪念性金币。

投资性金币的价值基本与黄金含量一致，价格也基本随国际金价波动。投资性金币一般采用固定图案，无明确的主题，每年只更换年号，售价只是在金价的基础上加较低的升水，其经销机构在销售的同时也依据当时的金价收取较低的手续费进行挂牌回购，方便收藏和投资者变现，又称为“普制金币”，其价格主要受到国际市场上黄金价格涨跌的影响。

纪念性金币是限量发行并具有明确纪念主题和精美图案的精制金币，具有较好的艺术品特征，其职能已经大大超越流通职能。纪念性金币主要为满足集币爱好者收藏，投资增值功能不大，但其具有美观、鉴赏、流通变现和保值功能，所以仍对一些收藏者有吸引力，价格主要由数量、铸造年代、品相三方面因素决定。投资金币的优缺点与投资金条基本一致。

【加油站】熊猫金币

熊猫金币是中国人民银行自1982年开始发行的一款成系列的金币，熊猫金币与南非福格林金币、加拿大枫叶金币、美国鹰洋金币、澳大利亚袋鼠金币并称为世界五大投资金币。

中国人民银行从1982年开始发行熊猫金币，第一年发行的四款熊猫金币没有设置面值，四款币分别为1盎司、1/2盎司、1/4盎司和1/10盎司，从1983年开始，熊猫金币增加了1/20盎司的品种并且还在每枚币上标明面值。熊猫金币市场价格涨跌基本上与同期国际市场上黄金价格涨跌同步，其中1盎司熊猫金币的价格涨跌与贵金属价格涨跌关系最密切。

四十年来，中国熊猫金币以其独特的立意主题、精美的图案设计、精湛的铸造工艺、标准的成色、齐全的规格等在世界币林中独树一帜，成为世界公认的五大投资币之一，屡获国际大奖，赢得了国内外一致赞誉。

1983年中国熊猫1盎司普制金币，获得1985年“世界硬币大奖”最佳金币奖，这是中国熊猫金币发行后首次获奖。美国《新闻周刊》载文称赞“这套金币确实富有魅力，人们已成了它的狂热追求者”。

1986年，中国熊猫1盎司普制金币的背面主景为“熊猫戏竹图”，荣获“中国工艺美术百花奖”金杯奖，这是中国熊猫金币首次获得的国内大奖。

2001年，中国熊猫1盎司普制金币的背面主景为“竹林熊猫图”，荣获2003年“世界硬币大奖”最佳金币奖。在2001年新加坡举办的亚洲货币展上，获得“最受欢迎的钱币”奖。

2009 年，中国熊猫 1 盎司普制金币的背面主景为“双熊猫图”，在《德国钱币杂志》2010 年世界钱币评选中以 18.99％的得票率荣膺桂冠。

2019 版的熊猫金币图案是母子熊猫，小熊猫躺在妈妈的怀里。2020 版熊猫币的图案是 2019 版的延续，图案是一只已经成长为“儿童”的小熊猫，它在很满足、很快乐地玩耍，旁边有美丽的草地和山川，象征着 2020 年人民富足和世界和平。

（三）黄金管理账户

黄金管理账户是由经纪人全权处理投资者的黄金账户，属于风险较大的投资方式，关键在于经纪人的专业知识和操作水平及信誉。一般来讲，提供这种投资的企业具有比较丰富的专业知识。企业对客户的要求比较高，要求的投资额比较大。

投资黄金管理账户的优点是：可利用经纪人的专业知识和投资经验，节省自身的大量时间。缺点是：考察经纪人有一定难度，一旦确定经纪人投资黄金管理账户，在约定的范围内，对经纪人的决策无法控制。并且在实际投资运作中，出现风险和损失，由委托人全权负责，与经纪人无关。

（四）黄金凭证

黄金凭证是国际上比较流行的投资方式，银行和黄金销售商提供的黄金凭证为投资者避免了储存黄金的风险。发行机构的黄金凭证上，注明投资者有随时提取所购买黄金的权利。投资者可按当时的黄金价格，将凭证兑换成现金以收回投资，还可通过背书在市场上流通。投资黄金凭证时要对发行机构支付一定的佣金，与实物黄金的存储费大致相同。

投资黄金凭证的优点是：该凭证具有高度的流通性；无储存风险；在世界各地可以得到黄金保价；对于大机构发行的凭证，在世界主要金融贸易地区均可以提取黄金。缺点是：购买黄金凭证占用了投资者不少资金；提取数量较大的黄金，要提前预约；有些黄金凭证信誉度不高。投资者在投资时要注意，尽可能购买获得当地监管当局认可证书的机构的凭证。

（五）黄金期货

一般而言，黄金期货的购买者和销售者都在合同到期前出售和购回与先前合同相同数量的合约，也就是平仓，无须真正交割实金。每笔交易所得利润或亏损，等于两笔相反方向合约买卖差额，这种买卖方式是人们通常所称的“炒金”。黄金期货合约交易只需 10％左右交易额的定金作为投资成本，具有较强的杠杆性，以少量资金推动大额交易。所以，黄金期货买卖也称“定金交易”。

投资黄金期货的优点是：合约可以在任何交易日变现；投资者可以在任何时间以满意的价位入市；委托指令多样，有即市买卖和限价买卖等；投资者不必为其合约中标的成色担心，也无须承担鉴定费；不必为保存实金而花费精力和费用；以少量定金进行交易；黄金期货标的是批发价格，优于零售和饰金价格；市场集中公平，可套期保值。缺点是：投资风险较大，需要扎实的专业知识对市场走势进行准确判断；市场投机气氛较浓，投资者往往会由于投机心理而不愿脱身，需要付出较多时间和精力。

(六)黄金期权

黄金期权是买卖双方在未来约定的黄金价位,具有买卖一定数量黄金的权利。如果价格走势对期权买卖者有利,则可通过行使其权利而获利;如果价格走势对其不利,则可放弃购买的权利,损失只有当时购买期权时的费用。

黄金期权投资的优点是:有较强的杠杆性,以少量资金进行大额的投资;标准合约的买卖,投资者则不必为储存和黄金成色担心。缺点是:由于黄金期权买卖涉及内容比较多,期权买卖投资战术也比较复杂,不易掌握,需要有扎实的专业知识。

二、黄金投资特点

(一)税收相对优势

投资之前,应该对投资回报率进行分析。投资回报率是投资净收益与原始投资额之间的比率,其中投资净收益是缴纳赋税以后的收益。因此,投资前的赋税计算非常重要,在支付一定比例的税费后,收益的情况也许就不同了。相对于其他投资品种,黄金的赋税较少,主要出现在黄金进口时的报关费用。例如,买卖高赛尔金条除了有少量加工费用之外,没有其他任何费用,而且手续流程非常简单。相比之下,其他投资品种都存在着一些容易让投资者忽略的税收项目。例如,在进行股票转手交易时,须缴纳一定比例的印花税;又如,在进行房产投资时,除了在购买时需要缴纳相应的税费,当房价上涨到一定程度出售获利时,也要缴纳相应的税费,收益会有所减少。

(二)产权转移便利

相对于其他投资品种,黄金的产权转移非常便利。假设要将一块黄金和一套房子送给子女,黄金的转移比较容易,而房子和股票、股权的转让一样,都要办理过户手续。若是遗产,还需律师证明合法继承人的身份,并且缴纳一定的遗产税。由此可以看出黄金在产权转移方面的优越性。在黄金市场开放的国家,人们可以从公开场合购得黄金,还可以像礼物一样进行自由转让,而且黄金市分庞大,有各种形式的黄金买卖。

(三)保持价值久远

一般而言,随着时间的推移,商品会出现物理性质破坏和老化的现象。但由于黄金特殊的属性,其虽然会失去本身的光泽,但是质地不会发生根本变化,对其表面用药水清洗,其还是会恢复其原先的"容貌"。正由于黄金的这种性质,其价值得到了国际公认,所以从古到今都扮演着重要的经济角色。

(四)很难出现庄家

黄金市场基本是全球性的投资市场,现实中还没有实力大到可以操纵金市的庄家。虽然一些做市行为出现在某个市场的开市之初,但是当其他市场开始交易时,这些被不正当拉高的金价就会回落,从而反映黄金的实际供求状况。正是由于黄金市场做市很难,所以为黄金投资者提供了较大的保障。

(五)无时间限制

中国香港金市交易时间是早上 9 点到第二天凌晨 2 点 30 分(冬季是 3 点 30 分),香港金市收市后,伦敦市场又开市了,紧接着还有美国金市,所以投资者 24 小时都可以进行黄金交易，无时间限制。投资者可以随时获利平仓，还可以在价位适合时随时建仓。

三、影响黄金价格的因素

20世纪70年代以前，黄金价格基本上由各国政府或中央银行决定，国际上的黄金价格比较稳定。70年代初期，黄金价格不再与美元直接挂钩，黄金价格逐渐市场化，影响黄金价格变动的因素日益增多，具体来说，可以分为以下几方面。

(一)供给因素

黄金市场的供应来源主要有世界各产金国的新产金、向世界市场售出的黄金、还原重用的黄金，其他一些国家官方机构、国际货币基金组织和私人抛售的黄金。一般来说，黄金的供给来自矿产金、再生金、央行售金和生产商对冲四个部分。

1. 矿产金

矿产金是每年开采的黄金，是黄金供给的主要方式。地球上的黄金分布很不均匀，尽管目前世界上有80多个国家生产黄金，但是各国的黄金产量差异很大。世界黄金协会(world gold council，WGC)数据显示，2020年全球黄金产量达3478.1吨(1.227亿盎司)，第二年小幅下滑，此前黄金产量持续多年增长。除了疾病防控这一特殊因素，勘探预算稳步萎缩也是黄金产量下滑的一大原因。2020年世界产金国前10名依次为：中国、俄罗斯、澳大利亚、美国、加拿大、加纳、巴西、乌兹别克斯坦、墨西哥、印度尼西亚。目前中国是全球最大的黄金生产国和消费国。

2. 再生金

再生金是指黄金饰品等回收后再做成金锭投入黄金市场。一般而言，金价和经济周期都会影响再生金的供应量。单纯的价格因素并不足以引发再生金的变化，因为再生金主要来自旧首饰、报废的电脑零件、电子设备、假牙及其他各式各样的黄金制品，没有紧急需要人们没有必要将这些有实用价值的黄金变现。在经济衰退期，最先受到经济衰退影响、现金出现问题的个人或机构，会将手中的黄金进行套现，形成再生金的供给。同时，对未来经济前景不确定的理性预期，使人们倾向投资在风险小的产品上，有剩余资金的人就更愿意持有黄金。在经济增长期，人们不需要急着将手中的再生金套现；同时，黄金和其他投资工具相比，既不会生息也不会分红，人们对黄金投资的热情会降低，这也会影响再生金的供给。

3. 央行售金

央行售金是指各国中央银行和国际组织销售所持的黄金。由于各国中央银行对持有黄金的态度各不相同，有的中央银行在增加黄金储备，而有些中央银行则采取减少黄金储备的政策伺机出售黄金，所以对国际市场的金价也有很大的影响。20世纪70年代布雷森体系瓦解，黄金与美元脱钩，黄金的货币职能也有所减弱，但仍保持一定的货币职能。央行储备黄金，主要是实施货币政策的一种手段，央行通过黄金收购与抛售，控制货币存量。世界黄金协会数据显示，截至2020年12月，全球官方黄金储备共计

33181.3 吨。

4. 生产商对冲

生产商对冲是指生产商利用现货、期货和期权市场进行保值的活动，对黄金市场也有很大的影响。

(二)需求因素

世界黄金的需求主要来自：各国官方储备、实业用金和投资需求。

1. 各国官方储备

各国官方的黄金储备主要作为国际支付的准备金。一个国家黄金储备的多少与其外债偿付能力有密切关系。为了保持一定的黄金储备比例，各国中央银行及国际金融机构都会参与世界黄金市场的交易活动。

2. 实业用金

黄金的用途十分广泛，在化工、航天、电子、黄金饰品等领域都会用到黄金。黄金用途需求的增减，对黄金价格有很大影响。

3. 投资需求

投资需求也是黄金市场需求来源的重要部分。一方面，人们利用金价波动，入市赚取收益；另一方面，人们在不同条件下，可在黄金与其他投资工具之间选择。例如，当美元贬值、油价上升时，黄金需求量便会有所增加；股市上涨时会吸引大量资金，那么黄金需求可能会相应减少。

(三)其他因素

1. 美元汇率

一般在黄金市场上有“美元涨则金价跌，美元降则金价扬”的规律。美元汇率坚挺，一般说明美国国内经济形势良好，美国国内股票和债券得到投资人的竞相追捧，黄金作为价值储藏手段的功能受到削弱；美元汇率下降则往往与通货膨胀、股市低迷等有关，而这又会刺激对黄金保值和投机性的需求上升。回顾过去，美元对其他货币坚挺时，则国际市场金价下跌；如果美元小幅贬值，则金价就会逐渐回升。

2. 货币政策

当采取宽松的货币政策时，由于利率下降，货币供给增加，加大了通货膨胀的可能，会刺激黄金价格上升。但在 1979 年以后，利率因素对黄金价格的影响日益减弱，例如 2005 年美联储 11 次降息，并没有对金市产生大的影响。

3. 通货膨胀

要了解通货膨胀对黄金价格的影响需要做长期和短期的分析，但更多时候要考虑通货膨胀在短期内的程度。如果每年的通货膨胀率在正常范围内变化，那么其对金价的波动影响并不大。从短期来看，如果物价大幅上升，容易引起人们的恐慌，货币的单位购买力下降，则金价会有明显上升。从长期看，黄金仍不失为对付通货膨胀的重要手段。

4. 国际贸易、财政与外债赤字

如果一个国家的贸易、财政赤字持续增长，就会加速货币贬值，使潜在通货膨胀压力增大，从而刺激金价上升。此外，如果债务国本身出现无法偿债、经济停滞的情况，债权国也会因与债务国之关系破裂，面临金融崩溃的危险。这时，各国政府为维持本国经济不受伤害，会大量储备黄金，则市场黄金供应减少，金价上扬。

5. 国际政局

国际上重大的政治、战争事件都将影响金价。政府为战争或为维持国内经济的平稳而支付费用，大量投资者转向黄金保值投资，这些都会扩大对黄金的需求，刺激金价上扬。例如，第二次世界大战、1976 年泰国政变、1986 年“伊朗门”事件、2001 年“9·11”事件等，都使黄金价格有不同程度的上升。

6. 股市行情与石油价格

一般而言，股市上扬，大家普遍对经济前景看好，资金大量流向股市，黄金价格下降；反之，则黄金价格上涨。此外，石油价格上涨通常意味着通货膨胀会随之而来，黄金价格也会随之上涨。

除了上述影响金价的因素外，国际金融组织的干预活动、国家金融相关政策法规等，也会对黄金价格变动产生重大的影响。

四、黄金投资分析

(一)黄金投资基本分析

黄金投资的基本分析是指从政治、经济、市场的外在和内在因素进行分析，再加上其他投资工具，以确定市场的目前状况，并采取相应策略。

1. 政治局势与政府行为

政治局势动荡，往往会使得物价上涨，令黄金价格得到支撑从而上扬。当政府需要增加外汇时，会沽出所储备的黄金来获得；当政府回收黄金时，也会影响黄金的价格。

2. 黄金供给与需求

黄金生产量的增减、生产成本的高低都会影响黄金的供给，例如 1992 年以来，因为黄金生产成本提高，不少金矿停止生产，导致黄金价格一度被推高。黄金在电子业、牙医业、珠宝业等的生产中如果出现用量变化，则会影响黄金的需求，从而影响黄金的价格。

3. 利率与美元

如果利率提高，存款就会获得较大的收益，而无息的黄金，会造成利空。相反，如果利率下降，对黄金价格较为有利。而美元和黄金是对冲的投资工具，如果美元走势强劲，投资美元会有更大收益，黄金价格会受到影响。相反，在美元处于弱势时，投资者会减少对美元的投资，转而投向金市，从而推动金价的上扬。

4. 通货膨胀

当物价指数上升时，意味着通货膨胀的加剧。虽然黄金作为对付通货膨胀的工具，作用已不如以前，但是高通货膨胀仍然会对黄金价格起刺激作用。

(二)黄金投资技术分析

技术分析是对市场上每日价格的波动，包括每日的开市价、收市价、最高价、最低价、成交量等数字资料，进行技术分析，从而预测未来价格的走向。技术分析是以数学统计为基础的一种客观分析方法，有极强的逻辑性，相对于投资者的主观见解更为客观理性。从理论上讲，在基本分析的基础上，可以运用技术分析来捕捉每个金市的上升浪和下跌浪，低买高卖，以赚取较大的利润。黄金技术分析和股票技术分析有很大的相似之处，因此在这里只做简要介绍。

1. 黄金K线图

黄金K线将金市上每天的开盘价、收盘价、最高价、最低价在一根蜡烛线上表示出来。黄金K线根据计算周期可以分为超短期、短期和中长期K线，其中超短期K线包括1分钟K线、5分钟K线、15分钟K线、70分钟K线、1小时K线、4小时K线，体现金价超短期走势；短期K线包括日K线、周K线，体现金价短期走势；中长期K线包括月K线、季K线、年K线，体现金价中长期走势。黄金K线是黄金行情应用最为广泛的技术分析方法，因为它能够充分显示金价趋势的强弱、买卖双方力量平衡的变化，如果要进行买卖，可以利用K线组合来捕捉买卖信号。

2. 交易量直方图

交易量是在一定时间段内商品或金融工具总的交易行为。通常，交易量用直方条来表示（从零点升起的垂直条），交易量越大，垂直条的高度越大。交易量直方图提供了表示市场中买卖数量情况的方法。当交易量放大时，表示黄金的这一价格得到了市场的认可；相反，如果在某一个价位上的交易量很小，表示市场交易者缺乏交易兴趣，因此存在市场价格发生逆转的可能。在使用交易量图表确定价格趋势时要注意，一般在市场放假之前或主要市场统计数据公布之前，市场交易往往较为清淡。

课后任务

【知识巩固】

一、多选题

1. 黄金主要用途包括（　　）。

A. 国际储备　　B. 珠宝装饰

C. 工业　　D. 科学技术

2. 黄金投资品种主要有（　　）。

A. 投资金条　　B. 投资金币

C. 黄金期货　　D. 黄金期权

3. 金条包括（　　）。

A. 投资性金条　　B. 纪念性金条

C. 投资性金币　　D. 纪念性金币

4. 黄金投资具有（　　）特点。

A. 产权转移的便利　　B. 保持久远的价值

C. 对抗通货膨胀的理想武器　D. 很难出现庄家

5. 一般来说,黄金的供给来自(　　)。

A. 矿产金　　B. 再生金

C. 央行售金　　D. 生产商对冲

6. 世界黄金的需求主要来自(　　)。

A. 官方的储备　　B. 工业

C. 首饰用金　　D. 投资需求

7. 以下(　　)因素影响黄金价格。

A. 汇率　　B. 货币政策

C. 通货膨胀　　D. 国际贸易

8. 可以从(　　)方面进行黄金投资基本分析。

A. 黄金生产量　　B. 黄金需求

C. 通货膨胀　　D. 政治局势

二、简答题

1. 黄金有哪些用途?

2. 简述国际黄金市场。

3. 哪些因素会影响黄金的需求?

【实训一】

1. 实训目标

培养学生通过正确渠道了解黄金投资的意识。

2. 实训内容

登录相关网站,查询当日黄金价格。

【实训二】

1. 实训目标

培养学生正确分析黄金行情的能力。

2. 实训内容

(1)3 人一组,登录相关网站,查询 2019 年以来黄金的价格。

(2)分析黄金价格变化的原因。

项目九　家庭(个人)理财规划项目

【名　言】

善治财者，养其所自来，而取其所有余，故用之不竭，而上下交足也。

——〔宋〕司马光

【思维导图】

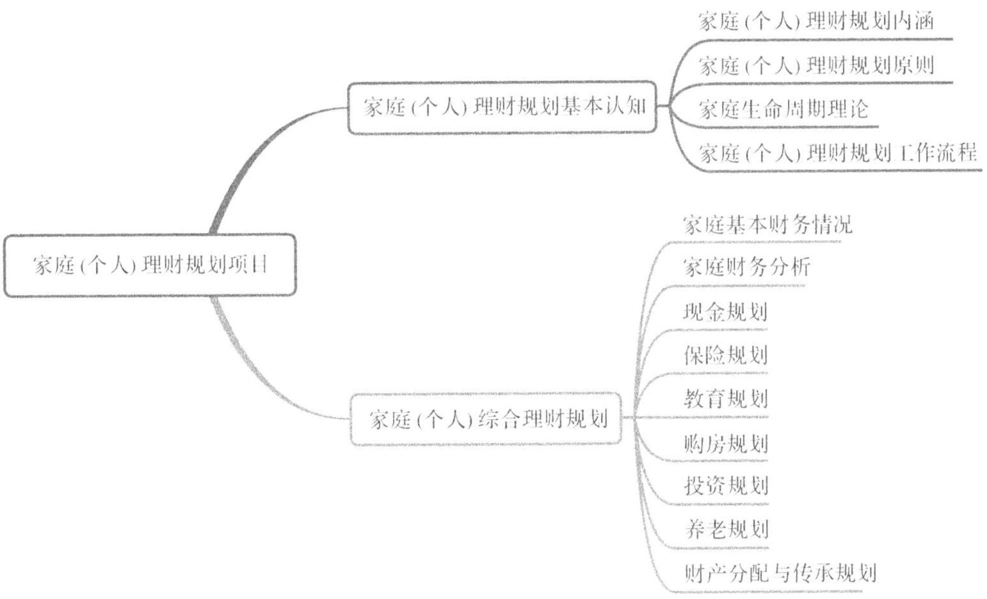

- 家庭(个人)理财规划项目
  - 家庭(个人)理财规划基本认知
    - 家庭(个人)理财规划内涵
    - 家庭(个人)理财规划原则
    - 家庭生命周期理论
    - 家庭(个人)理财规划工作流程
  - 家庭(个人)综合理财规划
    - 家庭基本财务情况
    - 家庭财务分析
    - 现金规划
    - 保险规划
    - 教育规划
    - 购房规划
    - 投资规划
    - 养老规划
    - 财产分配与传承规划

【学习目标】

能力目标	(1)能够正确认知家庭(个人)理财规划； (2)能分析不同家庭的理财需求及目标； (3)能够为不同家庭制订适当的理财规划；
知识目标	(1)了解理财规划理论； (2)掌握理财规划的概念和原则； (3)掌握理财规划的内容和要点。
素质目标	(1)培养理财规划意识与服务意识； (2)培养公正、客观的职业操守； (3)培养完备全面、独立审慎的职业素养； (4)塑造劳动精神，树立社会主义核心价值观。

【情境导入】

甄先生,32岁,生活在杭州,在一家广告公司担任策划经理一职,已婚,与妻子柯女士税后年收入约为38万元,两人育有一个3岁的孩子;计划55岁退休。甄先生一家的日常支出由夫妻二人的收入共同承担,年支出约为15万元。

如果你是甄先生,根据实际情况,如何以全方位的角度和科学的方法合理安排各项资产,实现理财目标呢?

子项目一　家庭(个人)理财规划基本认知

一、家庭(个人)理财规划内涵

家庭(个人)理财规划是指运用科学的方法和特定的程序,制订切合实际、具有可操作性的某一方面或综合性的财务方案。通过家庭(个人)理财规划,可以在不断提高生活品质的同时,即使到年老体弱收入锐减的时候,也能保持自己所设定的生活水平,最终达到财务安全和财务自由的目标。

二、家庭(个人)理财规划原则

(一)提早规划

要尽早地实现财务自由就要提早做好规划和安排。一方面,根据资金的时间价值理论,提早规划,可以利用复利的“钱生钱”功效积累更多财富;另一方面,可以延长准备期,从而减轻各期的经济压力。

(二)整体规划

整体规划原则既包含规划思想的整体性,也包含理财方案的整体性。理财规划并不是单一规划,而是贯穿整个生命周期的规划。

(三)现金保障优先

进行理财规划前应首先考虑和重点安排现金保障,即建立一个能够帮助家庭(个人)在出现失业、大病、灾难等意外事件的情况下也能够安然渡过危机的现金保障系统。其中内容通常包括日常生活覆盖准备和意外现金储备。

(四)风险管理优于追求收益

理财规划首先应考虑的因素是风险,而非收益。理财规划旨在通过财务安排和合理运作来实现个人财富的保值、增值,最终使生活更加舒适、快乐。同时也要根据不同生命周期及风险承受能力制订不同的理财方案。

(五)消费、投资与收入相匹配

理财规划中应该正确处理消费、资本投入与收入之间的矛盾,形成资产的动态平衡,确保在投资达到预期目的的同时保证生活质量的提高。

(六)家庭类型与理财策略相匹配

根据家庭所处的不同阶段,在理财策略上应有所区分和调整。

三、家庭生命周期理论

家庭生命周期是一个家庭形成、发展直至消亡的过程,反映家庭从形成到解体呈循环运动的变化规律。其理论是由美国经济学家莫迪利安尼提出的,他认为,个人在各年龄阶段的消费支出多少,将取决于其终生收入,即整个生命周期的全部收入。因此,消费者现期消费不仅与现期收入有关,而且与消费者以后各期收入的期望值、开始时的资产和个人的年龄大小有关。一般把家庭生命周期划分为形成期、成长期、成熟期和衰老期四个阶段,如表 9-1 所示。

表 9-1　家庭生命周期及特征

家庭生命周期	特征
形成期	从结婚到子女婴儿期
成长期	从子女幼儿期到子女经济独立
成熟期	从子女经济独立到夫妻双方退休
衰老期	从夫妻双方退休到一方过世

(一)形成期

家庭形成期也称筑巢期,这个时期是指从结婚到子女婴儿期,夫妻年龄一般在25～35岁,家庭面临较大经济压力。这就使得作为家庭经济支柱的父亲,将承担更多的社会和家庭责任。及早为家庭制订和执行有效的理财规划非常重要,从整个家庭生命周期来看,这个时期的理财规划最为重要,在以后的各个阶段只要根据家庭情况的变化对这个规划进行相应的调整即可。建议在保持流动性的前提下配置高收益类金融资产。

(二)成长期

家庭成长期也称满巢期,是从子女幼儿期到子女经济独立这段时期,夫妻年龄一般是 30～55 岁。在此阶段,子女教育费用增加,购房、购车贷款仍较高,许多家庭都会明显感受到压力,生活支出、教育支出压力都较大,因此做好理财规划非常重要。同时,该阶段家庭成员收入趋于稳定,家庭风险承受能力进一步提升。这时要对前期所制定的理财规划进行认真检视,进行必要的增减和调整,使其更加适合家庭情况的变化。建议在保持流动性的基础上,适当增加固定收益类资产。

(三)成熟期

家庭成熟期也称离巢期,是指从子女经济独立到夫妻双方退休这段时期,其特征是家庭成员数量随子女独立而减少,夫妻年龄一般在 50～65 岁,事业发展与收入通常均达到高峰期,家庭支出随家庭成员减少而降低,家庭储蓄随收入增加和支出降低而大幅增加,资产达到最高峰。在这一时期应以资产安全为重点,在保持资产稳定的同时,进一步增加固定收益类资产比重。此外,筹措养老金是该阶段的主要目标。

(四)衰老期

家庭衰老期也称空巢期,是指从夫妻双方退休到二人中一人过世这段时期,夫妻年龄一般在65～90岁居多。家庭收入较退休前减少,在支出方面,休闲、医疗费用增加,其他支出减少,但大部分情况下支出大于收入,储蓄逐步减少,消耗退休准备金。这一时期建议进一步提升资产安全性,将80%以上资产投资于储蓄及固定收益类产品,购买长期护理类保险。

【任务9-1】

何先生,今年34岁,已婚,基本信息如下,基于他目前的情况,你有什么理财建议?

> 姓名:何某
>
> 年龄:34岁
>
> 家庭:已婚,有一个4岁的女儿
>
> 收入:夫妻收入共计25万元/年,其中女方收入约占1/3
>
> 支出:15万元/年
>
> 资产:住房价值125万元,汽车价值17.5万元,活期存款8万元,1年期定期存款3万元,基金9万元左右
>
> 负债:现有银行房贷54万元,还款期为2012—2032年,每月还贷款5700元
>
> 家庭保障:夫妻双方均有社会基本保险,女儿有6万元保额的教育险(月缴)

【任务分析】

该家庭处于成长期,现阶段其房贷等理财目标对资金安全性要求较高,所以整体上建议投资中等风险的理财产品,如配置少量股票型和指数型基金,封闭式基金也可以关注。应急准备金为月支出的3～4倍。在已有的社会保险的基础上,需要适当增加一些商业保险。

四、家庭(个人)理财规划工作流程

理财规划的工作流程分为六步,即建立关系、收集信息、分析财务状况、制订理财方案、执行理财方案、后续跟踪,如图9-1所示。

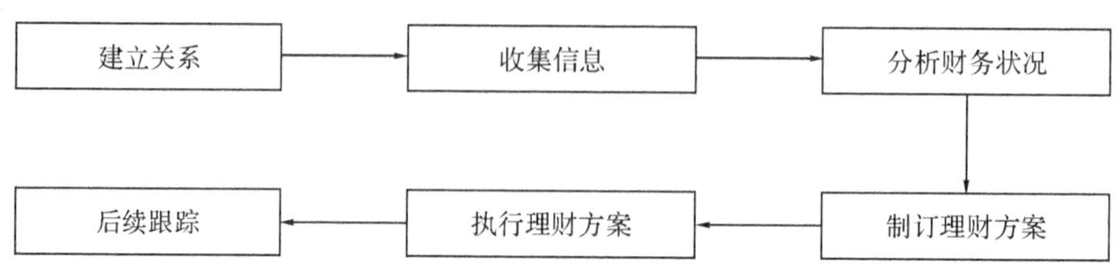

图9-1　理财规划的工作流程

(一)建立关系

能否建立关系将直接决定理财规划业务能否开展。想要开展理财规划,我们首先要做的是了解自身或对方。当然,对自身进行理财规划时并不需要再次建立关系。因此,我们这里所说的是了解对方,建立关系。了解方式可以有很多种,主要包括面谈沟通、电话沟通和互联网沟通等。

1. 面谈沟通

在面谈中有许多方法能增进与对方的相互了解。在面对面接触中,个人的仪表、肢体和沟通言辞对沟通效果和了解都至关重要。需要注意的是:在面见对方前要充分做好准备。除此之外,还应掌握一些关键的沟通技巧,并能在接触中熟练自然地加以运用,包括提问、聆听和肢体语言方面的技巧。

2. 电话沟通

电话沟通是一项重要方式,具有效率高、成本低、计划性强和方便易行等优点。当然,在进行电话沟通时,也要留意相关流程和技巧,要考虑电话拨打频率、电话沟通时点选择以及通话时长等细节,要避免在电话中给对方留下不好的印象。

3. 互联网沟通

随着信息技术和互联网技术的发展,微信、微博、QQ 等社交工具已成为沟通、建立关系的有效工具。

(二)收集信息

进行理财规划时,没有较完整的信息,难以提供综合全面合适的建议。因此,信息不仅要收集,而且要完整。除了必要的财务信息等数据外,例如被规划方的工作背景、家庭情况、生命周期等非财务信息也要做必要的收集。

1. 财务信息

(1)收入与支出

通常现金流量表能反映在过去一段时期内,家庭(个人)的现金收入和支出情况。通过深入了解被规划方的现金流情况,分析实际发生的费用和预算数字、所得收入与花费之间的差异,进而采取必要的调整措施。

(2)资产与负债

资产是家庭(个人)所拥有所有权的财富的总称。负债是指因过去的经济活动而产生的现有责任,这种责任的结算将会引起经济资源的流出。资产与负债反映了家庭(个人)的财务资源状况,通常通过资产负债表体现。资产负债表反映的是某一时点家庭(个人)资产和负债状况的总结。资产与负债的差值即为净资产,净资产可以体现家庭(个人)累积财富的程度,能帮助规划方对财务目标的完成进程进行追踪,对于设定、监控和调整理财规划不可或缺。

(3)其他财务信息。除了以上几种财务信息之外,有时我们还需要了解各类资产的分配比例、投资性资产的回报率等相关的财务信息。

2. 非财务信息

个人非财务信息主要是指与理财规划有关的个人基本情况,虽然此类信息内容较简单，但对于制订理财计划却十分重要。具体包括：

①家庭基本信息，包括联系方式、住址、家庭主要成员等。

②职业生涯发展状况，包括所在行业、职位、职业发展前景等。

③家庭主要成员的情况，如被规划方及其配偶的风险属性、性格特征、受教育程度、投资经验、人生观、财富观、子女的情况等。

④被规划方的期望和目标，例如生活品质要求，以及短期、中期、长期理财目标。

（三）分析财务状况

财务状况分析是达到未来财务目标的基础，在提出具体的理财计划之前必须客观分析其现行的财务状况，以便进行有针对性的修改建议，并进行预测。财务状况分析主要包括家庭（个人）资产负债表分析、收入支出表分析和财务比率分析。

1. 资产负债表分析

资产负债表反映的是总的资产与负债情况，分析的是家庭（个人）资产和负债在某一时点的基本情况。通过资产负债表分析，我们就可以全面了解被规划方的资产负债情况，掌握实际拥有的财富量信息。此外，结合时间序列分析还可找出资产负债情况的发展趋势和特点。因此，资产负债表分析是制订理财方案的基础。

（1）资产情况分析

为真实反映资产情况，必须要对各类资产进行合理定价。与企业资产的定价模式不同，家庭（个人）资产的价值应以当前的市场公允价值为定价依据。

大多金融资产按照流动性高低可分为现金及现金等价物和其他金融资产。现金及现金等价物类金融资产流动性高，收益性相对低，可作为现金规划的工具。其他金融资产类各项目的投资性特质相对明显，还需根据家庭（个人）的风险承受能力进行具体分析。

资产负债表中的资产主要科目分为金融资产和实物资产两大类别，其中金融资产可进一步分为现金及现金等价物与其他金融资产。现金及现金等价物有现金、活期存款、定期存款、其他类型存款和货币市场基金；其他金融资产包括债券、股票、基金、权证、期货、外汇实盘投资、人民币理财产品、保险理财产品、证券理财产品、信托理财产品和其他。实物资产则有自住房、投资房、机动车、家具家电、珠宝和收藏品、其他个人资产。

（2）负债情况分析

负债可分为短期负债（1 年以下，含 1 年）、中期负债（1～5 年，不含 1 年，含 5 年）和长期负债（5 年以上）。短期债务需要在 1 年内偿还，因此对支付能力有较高要求。为保持足够的支付能力，资产的流动性也相应有新要求。若短期负债较多，建议家庭（个人）要提高资产的流动性，避免到期无法支付债务的情况出现；若短期负债较少，建议保持适当流动性即可。

此外，在测算负债时应遵循谨慎性原则。对于尚未确定数额的债务，应帮助被规划方进行评估测算，并尽量选取较大数值。

资产负债表中的负债主要科目有信用卡透支、教育贷款、消费贷款、汽车贷款、房屋贷款、股票质押贷款、股票质押融资和其他负债。

(3)净资产分析

资产总额与负债总额的差值即为净资产，是家庭(个人)真正拥有的财富价值。净资产越大，说明拥有的财富越多，因此如何提高净资产规模是普遍关注的重点问题。一般来说，可以通过工资、薪金增加，或取得投资收益、接受馈赠、继承遗产等途径扩大净资产规模，另外，减税等原因能使部分债务得以免除，由此也能提高净资产。

然而，净资产多并不意味着资产结构完全合理，净资产并不是越多越好。除净资产规模外，净资产占总资产的比例也十分重要。净资产占总资产比例过高，意味着被规划方并没有充分利用财务杠杆支配更多资产，其财务空间仍存在优化空间。

2. 收入支出表分析

收入支出表对某一时期的收入和支出进行归纳汇总，全面反映了一定时期内的收入与支出状况。收入支出表不仅能够说明现金流入和流出的原因，还能够反映偿债能力。通过对收入支出的分析，能够了解各类理财活动引发的现金变动情况，把握家庭(个人)财务状况的变化趋势。

首先，应具体分析各收入支出项目的数额及其在总额中的所占比例。由此，可以充分了解收入支出的整体结构，并根据一般性数据对收支项目是否异常作出判断及调整。

其次，应重点关注对财务状况影响较大的经常性项目。非经常性项目，尽管可能数额较大，但由于未来发生的可能性低，将其影响剔除即可。

此外，无论何种家庭(个人)都应努力保持正向的净现金流量。若净现金流量呈现负值，则表明财务状况欠佳，需通过变现资产或举借债务才能维持日常开支。改善收支状况通常利用开源与节流两种基本方法实现，应根据具体情况制订相应理财方案。

收入支出表由收入、支出和结余构成。其中，收入主要科目有工资和薪金、自雇收入、奖金和佣金、养老金和年金、其他收入；支出主要科目有日常生活支出、房屋支出、汽车支出、商业保险费用、医疗费用和其他支出。结余则是通过总收入减去总支出计算得出。

【任务 9-2】

根据【任务 9-1】中何先生的基本财务情况，请分析何先生家庭的资产、负债、收入和支出。

【任务分析】

根据【任务 9-1】所给信息，何先生家庭的资产、负债、收入、支出情况如下：

资产总额：125＋17.5＋8＋3＋9＝162.5(万元)；

负债总额：54(万元)；

净资产：162.5－54＝108.5(万元)；

年收入：25(万元)；

年支出：15(万元)；

年结余：25－15＝10(万元)。

3. 财务比率分析

在分析家庭(个人)财务状况的过程中经常运用的财务比率通常是通过资产负债表

和收入支出表中相关数据计算得到的。这些比率从不同方面反映了财务状况及相关信息，透过这些比率，可以对被规划方行为方式和心理特征进行分析。常见的财务比率主要有结余比率、投资净资产比率、流动性比例、清偿比率、资产负债率、负债收入比例和即付比率。

(1)结余比率

该指标主要反映家庭(个人)提高其净资产水平的能力，参考值为30%～50%。

$$结余比率=\frac{年结余}{年税后收入}$$

(2)投资净资产比率

该指标反映家庭(个人)通过投资增加财富以实现其财务目标的能力，参考值为50%～70%。

$$投资净资产比率=\frac{投资资产}{净资产}$$

(3)流动性比例

资产的流动性是指资产在未发生价值损失的条件下迅速变现的能力。能迅速变现而不会带来损失的资产，流动性就强。例如现金活期存款、短期债券以及其他短期市场货币工具等都被视为流动性资产，流动性比例反映的就是这一类资产与家庭(个人)每月固定支出的比例。一般而言，参考数值为3～6，即保持流动资产可以满足3～6个月的开支。

$$流动性比例=\frac{流动性资产}{每月支出}$$

(4)清偿比率

该指标参考值为60%～70%。如果偏低，说明债务过多，一旦出现债务到期，收入下降，就会资不抵债；如果偏高，说明没有合理应用应债能力提高个人资产规模，需要进一步优化。

$$清偿比率=\frac{净资产}{总资产}$$

(5)资产负债率

该指标是总负债与总资产的比值，能够反映家庭(个人)的综合偿债能力，参考值为30%～50%。

$$资产负债率=\frac{总负债}{总资产}$$

(6)负债收入比例

该指标是衡量家庭(个人)财务状况是否良好的重要指标，反映某一时期到期偿还债务本息之和与收入的比值，参考值为30%～40%。

$$负债收入比=\frac{当年负债}{当年税后收入}$$

(7)即付比率

即付比率又称现金比率,参考值为60%～70%。偏低则说明债务过多,一旦出现债务到期收入下降,会出现资不抵债的情况;但若偏高,则说明没有合理应用应债能力提高个人资产规模,需要进一步优化。

$$即付比率=\frac{流动资产}{负债总额}$$

【任务9-3】

根据【任务9-1】中何先生的基本财务情况,请分析何先生家庭的各项财务比率。

【任务分析】

根据【任务9-2】的计算结果,何先生家庭的各项财务比率分析如下:

结余比率:(25－15)÷25＝40%,合理;

投资净资产比率:9÷108.5＝8%,偏低;

流动性比例:(8＋3)÷(15÷12)＝ 8.8,偏高;

清偿比率:108.5÷162.5＝67%,偏高;

资产负债率:54÷162.5＝33%,合理;

负债收入比例:(5700×12)÷250000＝27%,偏低;

即付比率:(8＋3)÷54＝20%,偏低。

(四)制订理财方案

在了解家庭(个人)信息和分析评估的基础上,诊断出财务问题后,要在考虑目前和未来宏观经济发展状况的前提下,制订整体理财方案。理财方案一般采用家庭(个人)理财建议书的方式,但需注意初步的理财规划方案可以有几种,最终的理财方案则由双方共同选定。

理财方案既可以是单项理财目标的规划方案,也可以是涵盖家庭(个人)所有主要理财目标的综合理财规划方案,两者的选择主要由被规划方愿意提供的信息和需求决定。概括地说,理财方案一般包含现金规划、保险规划、教育规划、购房规划、投资规划、养老规划和财产分配与传承规划等。因为资源的稀缺性,单项目标理财方案并不是各自独立的,单项目标理财规划是“线性”的,而综合理财方案则更多考虑的是“面”。

(五)执行理财方案

1. 原则

为了确保理财方案的执行效果,在理财方案执行的过程中,应遵循以下三个原则。

(1)了解原则

应以充分了解家庭(个人)真实需求为基础,选择与被规划方情况、财务目标及方案实施要求相一致的金融产品和服务。

(2)诚信原则

应对提供给被规划方的产品和服务进行深入的调查和恰当的评估,在有效的信息基础上形成判断,帮助被规划方选择和确定相应的金融产品和服务。

(3)连续性原则

一方面,应向家庭(个人)提供持续的信息反馈、建议和指导意见,另一方面要为被规划方建立完整的档案,提供一种连续性服务。

2. 注意因素

(1)时间因素

理财方案中的理财规划目标是一个复杂的集合体,既包括家庭(个人)不同方向的财务目标(现金规划、投资规划、保险规划等),也包括时间目标(短期目标、中期目标和长期目标)。为实现这些目标,通常会有许多具体工作安排,这就需要对具体工作按照轻重缓急进行排序,即编制一个具体的时间计划,明确各项工作先后次序,从而提高方案实施效率,节约实施成本。

(2)人员因素

理财方案是一个复杂的整体性方案,多数情况下单靠个人自身难以完成全部方案的实施工作。方案实施计划设计必然需要许多其他领域的专业人士,如保险经纪人、律师和会计师、证券公司的投资顾问、房产中介、移民留学顾问等。有时方案实施过程中甚至还需要家人一同参与。

(3)资金成本因素

财富管理即意味着通过现金规划、投资规划等子计划的实施对家庭(个人)财务资源进行综合管理、优化调整,这就必然涉及资金调用和成本调整。鉴于此,可以事先与对方反复沟通,强调理财方案的整体性,以及每个涉及资金、理财产品选择和执行成本具体决策的理由和目的,以便形成明确的预期。同时,要比较市场变化趋势和面临的不同选择,提高整体方案执行效果。

(六)后续跟踪

理财方案本身也不是一成不变的,因此当理财方案的假设前提或家庭(个人)的财务状况发生重大变化时,理财方案也需随时进行调整,通过不断地调整、修改才能满足被规划方的理财需求。这就需要定期或不定期地对规划方案进行跟踪检视。由于理财规划持续的时间较长,未来的预估不可能完全准确,家庭(个人)的经济条件、理财目标等也会发生变动,因此,理财方案也得随之改变。通常情况下,需要至少每年修正一次。如若所投资的是高风险产品,则需要适当增加频率。定期评估的频率主要取决于以下三个因素。

1. 投资金额和占比

通常而言,资产配置中权益投资占比越大越需要经常对理财方案进行监测与评估,因为权益市场资产价值波动越大,整体投资风险就越大,人们的心理负担也会越大。

2. 个人财务状况变化幅度

如果家庭(个人)处于不同生命周期的交替时期或者家庭财务状况发生巨大改变的时期,就需要经常评估和修改理财方案。反之,若家庭生活和财务状况比较稳定,就可以相应减少评估次数。

3. 风险偏好

有些家庭(个人)偏爱高风险高收益的投资产品,投资积极主动;而有的则属于风险厌恶型投资者,投资谨慎、稳健,注重长期投资。相比较而言,前者就比后者更需要经常评估理财方案。

子项目二　家庭(个人)综合理财规划

一份完整的家庭(个人)综合理财规划方案一般包含现金规划、保险规划、教育规划、购房规划、投资规划、养老规划和财产分配与传承规划等。

一、家庭基本财务情况

本项目以"情境导入"中甄先生的家庭综合理财规划为工作任务,介绍家庭(个人)综合理财规划的具体工作过程。甄先生家庭基本财务情况如下:

甄先生,32 岁,生活在杭州,研究生毕业,在一家广告公司担任策划经理一职,已婚。妻子柯女士 29 岁,本科毕业,外企行政人员。两人育有一名 3 岁的孩子。

甄先生当前每月税后工资为 16130 元,年终奖为 50000 元(税后);妻子柯女士每年的工资为 114000 元(税后),年终奖为 20000 元(税后)。现在居住的房子购买于 2019 年,现价 750000 元,有一辆代步轿车,现价 310000 元。甄先生受朋友影响,在 1 年前以 150000 元购买了 10000 股 A 股票,由于缺少关注,现在股票账户中的金额已经减少了 20%。柯女士 3 年前购买了价值 90000 元的某国债,由于行情不错,至今市值已增加了 15%。现家庭中有现金 5500 元,活期存款 35000 元,两年前购买的 5 年期定期存款 60000 元。

甄先生家庭的支出情况如下:

当前住的房子购买于 2019 年 1 月,至今(2022 年)房子市值已上涨了 25%,采用商业贷款,首付 3 成,贷款利率为 5.5%,贷款期限为 10 年,还款方式为等额本息,从购买当月即开始还款。

全家平均每年的日常生活支出为 50400 元,每月的医疗费用是 700 元,每年的置装费用为 4000 元。每年的汽车费用为 3000 元,甄先生加入了一个台球俱乐部,每年的费用为 6000 元,柯女士报班学习烹饪,每年的学费为 4500 元,由于俩人平时忙于工作,在工作日将儿子送到幼儿托管班,每年的费用为 17000 元。

甄先生家庭除了房贷目前没有其他贷款。甄先生夫妇除了单位缴纳的五险一金外没有购买其他的商业保险。他们为儿子购买了一份保额为 150000 元的少儿商业保险,每年的保费为 5400 元。

二、家庭财务分析

由于家庭的财务信息较为复杂，在计算时可采用较简单的方式，不计存款利息收入，月收支均为年收支的 1/12。

（一）判断家庭生命周期

由以上信息可知，甄先生家庭所处生命周期为成长期，其可支配收入高、支出高、风险承受能力中等。

【加油站】家庭生命周期不同阶段的特征

单身期指从参加工作到结婚这段时期，可支配收入低、支出高、可投资金额少，但由于年轻，抗风险能力高。

家庭形成期指结婚到新生儿诞生这段时期，家庭收入以双薪为主，可支配收入中等、支出高，家庭财力较弱，但抗风险能力中高。

家庭成长期指子女出生到子女完成大学教育这段时期，家庭生活趋于稳定，可支配收入高、支出高，抗风险能力中等。

家庭成熟期指子女参加工作到个人退休前这段时期，家庭已完全稳定，家庭可支配收入高、支出中等，家庭财产积累达到顶峰，但由于年龄增大，抗风险能力中低。

家庭退休期指退休后的这段时期，家庭进入空巢期，收入下降，可支配收入低，支出结构发生变化，医疗费用提高，其他费用下降，支出中等，抗风险能力低。

（二）编制家庭资产负债表

表 9-2　家庭资产负债表

2022 年 12 月 31 日　　　　单位：元

资产		金额	负债	金额
金融资产	现金	5500	住房贷款	278990
	活期存款	35000		
	定期存款	60000		
	债券	103500		
	股票	120000		
实物资产	自住房	750000		
	机动车	310000		
资产总计		1384000	负债总计	278990
净资产			1105010	

其中,需要注意的是,资产中的债券、股票、自住房及机动车均需使用现价;负债中的住房贷款即为未还贷款本金:

$$贷款总额=750000\div1.25\times(1-30\%)=420000\text{ 元}$$

可求得每月还款额为4558.10元。

截至2022年12月,已还款48期,求得还款48期后还剩余未还的本金278990元。

(三)编制家庭收入支出表

表9-3　家庭收入支出表

2022年1月1日—2022年12月31日　　单位:元

年收入	金额	年支出	金额
工资和薪金	307560	日常生活支出	50400
奖金和佣金	70000	房屋支出	54697
		汽车支出	3000
		商业保险费用	5400
		医疗费用	8400
		其他支出	31500
总收入	377560	总支出	153397
结余		224163	

$$工资和薪金=16130\times12+114000=307560(元)$$

$$奖金和佣金=50000+20000=70000(元)$$

$$房屋支出=4558.10\times12=54697(元)$$

对家庭收入支出表进行分析:甄先生夫妇都有稳定的收入,家庭年收入约为38万元。甄先生夫妇薪酬收入的变化对家庭收入的影响相当大,家庭现金流的收入风险将主要来自甄先生夫妇职业发展的稳定性。

(四)财务比率分析

表9-4　家庭财务比率表

项目	数据	参考值
结余比率	59%	30%~50%
投资净资产比率	20%	50%~70%
流动性比例	3.17	3~6
清偿比率	80%	60%~70%
资产负债率	20%	30%~50%
负债收入比例	14%	30%~40%
即付比率	15%	60%~70%

对家庭财务比率表分析可知:

1. 财富累积能力

结余比率=年结余/年税后收入=224163/377560=59%,偏高。即每年的税后收入有59%能够节省下来。一方面说明甄先生家庭控制支出的能力较强,另一方面也说明甄先生家庭累积净资产的能力较强。

投资净资产比率=投资资产/净资产=(103500+120000)/1105010=20%,偏低。

2. 风险抵御能力

流动性比例=流动性资产/每月支出=(5500+35000)/(153397/12)≈3.17,较为合理。

3. 债务清偿能力

清偿比率=净资产/总资产=1105010/1384000≈80%,偏高。该数值表明如有需要,甄先生家庭还可承受一定的负债。

资产负债率=负债总额/总资产=278990/1384000≈20%,偏低。说明甄先生家庭债务负担较轻。

负债收入比=当年负债/当年税后收入=房屋当年还贷金额54697/377560≈14%,偏低。

即付比率=流动资产/负债总额=(5500+35000)/278990≈15%,偏低,且严重低于参考数值,流动资产规模可适当提高。

三、现金规划

现金规划是为个人或家庭短期需求而进行的管理日常现金和现金等价物以及短期融资的一项活动。通过这项管理活动,既能够使所拥有的资产保持一定的流动性,满足个人或家庭支付日常家庭生活费用的需要,又能够使流动性较强的资产保持一定的收益。

(一)现金规划的意义

现金规划的作用在于满足日常现金需要和计划外的现金消费。现金规划的目的在于确保有足够的资金来支付计划中和计划外的消费,并使消费模式处于预算限制之内。可以说,现金规划是个人或家庭理财规划中的重要组成内容之一,也是较核心的部分。

现金规划对个人财务管理来说很有必要,现金规划是否科学合理也将影响到其他规划能否实现。因此,做好现金规划是整个理财规划的基础,一般来说,在现金规划中有这样一个原则,即短期需求可以用手头的现金来满足,而预期的或将来的需求则可以通过各种类型的储蓄或短期投、融资工具来满足。

(二)现金规划需要考虑的基本因素

在现金规划中既要保证家庭(个人)资金的流动性,又要考虑现金的持有成本。

1. 持有现金及现金等价物的机会成本

对于金融资产而言,通常流动性和回报率呈反方向变化。现金及现金等价物具有很高的流动性,高流动性意味着收益率较低。由于机会成本的存在,持有收益率较低的现金及现金等价物就意味着放弃了持有收益率较高的投资品种的机会。因此,要在资本的流动性和收益之间进行权衡。

2. 对金融资产流动性的要求

一般而言,个人或家庭进行现金规划源于对资产流动性的需求,而流动性需求又源于以下三个动机。

①交易动机,即个人或家庭通过现金及现金等价物进行日常交易活动的动机。由于收入和支出在时间上往往不能同步,因而个人或家庭必须有足够的现金及现金等价物来满足日常的生活开支需要。一般来说,个人或家庭的收入水平越高,交易数量越大,其为保证日常开支所需要的货币量也就越大。

②预防动机,是个人或家庭为了预防意外支出而持有现金及现金等价物的动机,如个人为应对可能发生的事故、失业、疾病等意外事件而需要提前预留一定数量的现金及现金等价物。如果说由交易动机产生的现金及现金等价物的需求是由于收入与支出之间缺乏同步性,那么预防动机则归因于未来收入与支出的不确定性。一般来说,个人或家庭对现金及现金等价物的预防需求量主要取决于个人或家庭对意外事件的看法,而且预防需求量和收入也有相当大的关联性。

③投资动机,是个人或家庭为把握投资机会获得较大收益而持有现金及现金等价物的动机。当然,持有的现金及现金等价物总额并不等于各种动机相加,前者往往会小于后者。

(三)应急准备金

每个人或家庭都有可能发生意外,导致收入突然减少,甚至中断,若没有一笔应急准备金可以动用,则极易陷入财务困境。如失业或失能(因意外身心遭受伤害导致无法工作)导致收入中断,则会面临生活费用、购车或购房的月供款、房租等债务压力;或因紧急医疗或意外灾害而导致费用超支。应急准备金能够很好地防止此类状况的出现,保证个人或家庭财务的正常运作。在家庭经济生活中,应急准备金始终扮演一个十分重要的角色。它是家庭经济生活的润滑剂、缓冲器和平衡器。

在本任务中,甄先生认为,虽然目前生活稳定,但还是担心如果出什么意外的话,他的家庭无法抵御风险,因此准备将现金作为抵御风险的工具。

根据对甄先生家庭财务比率表的分析可知,甄先生家庭目前流动性资产为 40500 元,每月支出为 12783 元,家庭流动性比例为 3.17。通过分析甄先生家庭职业及其收入的稳定程度可以判断该家庭需要准备 3～4 倍的应急准备金以支付家庭日常开支和满足家庭的应急要求。因此,甄先生需持有 38349～51132 元现金来保证家庭成员正常生活 3～4 个月。从甄先生家庭现有资产配置来看,该家庭准备的应急准备金规模合理。同时建议甄先生将银行定期存款、银行活期存款也作为现金规划工具。

四、保险规划

保险规划是指为了规避、管理个人面临的人身风险、财产风险和责任风险,所需要制订的规划,并通过办理和购买不同品种、金融、期限的保险来实现对风险的规避和管理。保险规划是非常重要的理财环节。保险规划需要将风险转移原则和量力而行原则结合起来进行考虑，既要分析哪些风险适宜通过保险方式转嫁给保险公司承担，又要分析通过保险方式控制风险的成本。

从收集到的信息可知，甄先生夫妇除了社保外没有其他的风险保障。但是他们希望家庭在面临危机时能够有完备的风险保障，因此需要进行保险规划。

（一）分析优先被保险人

每个人在家庭中的地位是不同的，可以从经济地位、生活费用、健康状况、死亡概率、意外概率等方面对家庭中的所有人进行评估并分析。个人年收入在家庭总收入中占比最大的人即为“优先被保险人”。

本任务中，甄先生 32 岁，个人年收入 243560 元，占家庭年收入的 65%，可确认为优先被保险人。

（二）确定保险金额

在充分考虑家庭（个人）的全面情况，确定保险标的后，需对保险金额进行确定。通常按照“双十”原则确定保险金额和保险费。

【加油站】保险的双十原则

双十原则：保额是个人年收入的 10 倍，保费是个人年收入的 1/10。

保险费率：以 30 岁男性为例，寿险及重大疾病保险每 10 万元保险金额的保费为 3300 元，年龄每增减 1 岁，相应保费增减 100 元；以 30 岁女性为例，寿险及重大疾病保险每 10 万元保险金额的保费为 3000 元，年龄每增减 1 岁，相应保费增减 100 元。

个人普通意外伤害保险每 10 万元保险金额保费为 200 元。

本任务中，甄先生 32 岁，年收入 243560 元，寿险及重大疾病保险每 10 万元保险金额的保费应为 3500 元。

根据双十原则及保险费率两个条件，可通过列二元一次方程，求解保额及保费，具体过程如下：

假设为甄先生购买 x 份寿险及重大疾病保险，y 份意外伤害险。

保额是个人年收入的 10 倍：$100000(x+y)=243560\times10$；

保费是个人年收入的 1/10：$(3300+200)x+200y=243560/10$；

联立方程可求得：$x=5.90$，$y=18.45$；

寿险及重大疾病保险的保额即为：$5.90\times10=59$（万元）；

个人普通意外伤害险的保额为：$18.45\times10=185$（万元）；

寿险及重大疾病保险保费则为：$59\div10\times3500=20650$（元）；

个人普通意外伤害险保费为：$185\div10\times200=3700$（元）。

综上所述，甄先生家庭的优先被保人为甄先生本人，且建议甄先生购买保额为 59 万元的寿险及重疾险和保额为 185 万元的意外伤害险。其中，寿险及重疾险每年保费为 20650 元，个人普通意外伤害险每年保费为 3700 元。

五、教育规划

教育规划,也称教育投资规划,是指为实现预期教育目标所需要的费用而进行的一系列的资金管理活动。早在20世纪60年代,就有经济学家把家庭对子女的培养看作是一种经济行为,即在子女成长初期,家长将财富用于子女的成长培育上,使其能够获得良好的教育。一般情况下,受过良好教育的人,无论在收入或地位上,往往都高于没有受过良好教育的同龄人。

教育规划包括为自身安排的教育规划和为子女安排的教育规划两类。虽然一提到教育规划普遍会被认为是给子女的教育安排,但自身的职业发展和培养也不可忽视,终身职业教育也将是现代教育的潮流和趋势。本项目中的教育规划主要讲述子女教育规划。

(一)教育规划的特点

教育规划与家庭其他理财规划有显著的区别,其主要表现在以下几点。

1. 时间缺乏弹性

从时间上看,子女每到一个教育阶段,都必须接受特定的教育。例如到了一定年龄就要上大学,不像购房规划、退休规划,若财力不足可以延后几年,除去子女幼儿阶段的开销以外,能准备教育金的时间大致为小学到中学(约12年)。因此,子女教育金需提前准备。

2. 费用缺乏弹性

从费用上看,子女无论在哪个教育阶段,都是价格的接受者,费用上几乎无任何议价可能。子女教育的学费相对固定,且费用对每位学生基本都是相同的,不会因家庭富有与否而有差异,如购房时,若财力不足,可以降低买房目标;退休时,若财力不足,可以降低退休后的生活水平。因此,教育规划宜多不宜少。

3. 子女的资质无法事先预测

子女受教育时需要花费多少资金,事前无法掌握。子女出生时很难预知这个子女在独立生活前需要的费用,这与子女的资质、注意力以及学习能力均有关。因此应该依据从宽原则对子女教育金进行规划。

4. 子女教育支出持续时间长、金额大

子女教育资金支出的时间持续较长,典型的教育周期为15年,教育支出上涨率一般高于通货膨胀率,教育规划资产必须具备较好的增值速度。因而教育规划的投资报酬率不宜冒太大风险,也不能过于保守,以5%～8%较为合适。

基于教育规划的以上特点,在进行规划时宁松勿紧、宁多勿少。对一般工薪家庭来说,如果等到需要时才开始筹措,就会比较难,因此应通过细水长流的方式,利用好复利效应,尽早规划。

(二)教育规划的原则

1. 目标合理原则

教育规划目标的设定要合理,需要考虑家庭实际经济情况、风险承受能力,尤其是子女自身的兴趣。父母的期望与子女的兴趣、能力可能会有差距,而且在小学和初中阶段，子女的兴趣爱好并未定型，转换快。成年后，有些子女选择先工作，工作后根据职业需要再参加继续教育，这样就减轻了父母的负担。

在做教育规划时，应采用相对灵活的教育基金积累方式。子女未来是上普通大学还是艺术、医学类院校，是在国内上学还是出国留学，出国留学是上公立大学还是私立大学均是未知的，而且子女的资质及潜能也在不断变化。

2. 基金充足原则

子女教育金随着子女年龄的增长，会变得越来越缺乏弹性，而成为家庭一笔必需的开销。子女教育金不仅仅是学费，还包括住宿费、餐饮费、交通费、服装费、通信费、娱乐费、各类考试培训费等。另外，随着市场经济的进一步发展，学费也有进一步上涨的趋势，所以还要考虑通货膨胀的因素。因此，在准备子女教育金时应尽可能充足，在保证家庭日常开支的基础上，尽可能多地积累教育准备金。

3. 定期定投原则

由于子女上学有一定的年龄规定，且教育费用金额较多，子女教育金的准备具有储蓄的性质，需要家庭采取强制性储蓄措施，如按月存款，虽然单次储蓄的金额并不多，但是长期坚持就能积少成多，为子女积累一笔可观的教育金。

4. 稳健投资原则

在做教育规划时，应慎重选择投资工具，如股票等。若将教育基金投资于高收益的投资产品，会使这部分资金面临很高的风险，有可能遭受损失，从而对未来子女教育产生不利影响。因此，教育基金的投资要坚持稳健投资原则，进行中长线投资，追求资金长期稳定增值。

(三)教育规划的步骤

在本任务中，由于甄先生本科的时候曾以交换生的身份到法国学习一年，受益颇多，他希望儿子也能到法国读大学，感受不同的学习氛围。经过向理财顾问咨询得知，目前到法国留学的学习费用为75000元每年，并且会以每年5%的速度增长(假设入学后学费及生活费增长为0)。他的儿子离上大学还有15年，预计在法国学习4年。甄先生已准备了50000元作为儿子教育费用的投资资金，预期投资收益率为9%。

1. 计算留学费用

已知目前法国留学的学习费用为75000元/年，距离甄先生儿子上大学还有15年，目前的学费增长率为5%。可根据复利终值公式计算得出15年后(图9-2中T2)的法国留学学习费用：

$$F_{T2}=75000\times(1+5\%)^{15}=155920\text{ 元/年}$$

2. 计算教育金总需求

以15年后每年的法国留学费用155920元作为年金，留学期间4年的费用在入学当天的现值即为教育金总需求：

$$P_{T2}(\text{期初年金现值})=550599(\text{元})$$

注意此处，$n=4$，$i=9\%$，$C=155920$。

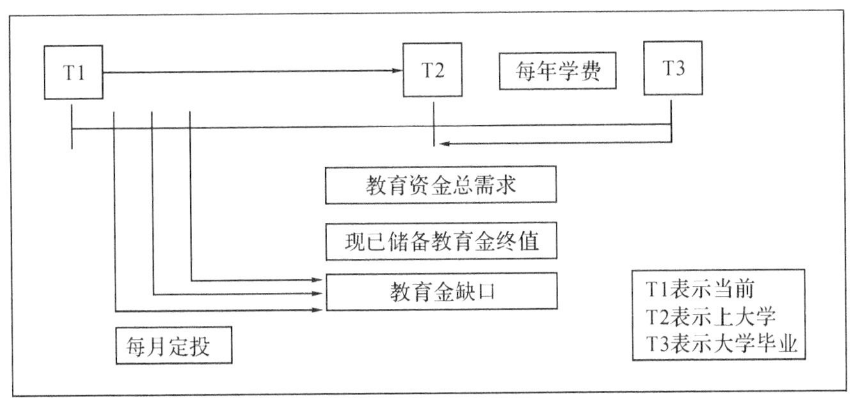

图 9-2 教育规划计算逻辑图

3. 计算现已储备教育金终值

甄先生已准备了 50000 元作为儿子教育费用的投资资金,15 年后的终值为:

$$F_{T2}=50000\times(1+9\%)^{15}=182124(\text{元})$$

4. 计算教育金缺口

教育金缺口=教育资金总需求-准备金终值=550599-182124=368475(元)

5. 计算每月定投额

计算未来 15 年内的每月定投额,实则是计算以教育资金缺口为终值的 T1-T2 期间共 180 个月的每期付款额。可求得:每月需定投资金 974 元。

六、购房规划

购房规划是指对家庭购房支出进行的合理安排,购房规划可以避免家庭因购房而背上沉重的房贷负担,导致整体生活质量下降,也可防范家庭产生债务危机,从而影响理财目标的实现。

【加油站】设定购房目标的原则

家庭购房应注意家庭应该根据自己的实际情况确定购房目标,应考虑好何时购房,购买多大面积的住房,购买价格为多少的住房,采用何种房贷等问题。在考虑这些问题时要注意以下几点。

(1)不要盲目求大。大房子不仅需要的首付款高,而且贷款额也大,此外,物业费用、装修费用和空调费用等也高。

(2)不必一次到位。房屋也应不断更新,且随着时间的推移,个人或家庭的购房能力与需求也会发生变化。

(3)量力而行。房贷月供不宜超过家庭收入的 30%。

(4)要考虑住房环境。例如,有小孩的家庭,要考虑离幼儿园、学校近,老人居住的住房,要考虑离公园、医院近等。

(一)购房贷款方式的选择

1. 住房公积金个人住房贷款

住房公积金是指国家机关、国有企业、城镇集体企业、外商投资企业、城镇私营企业及其他城镇企业、事业单位、民办非企业单位、社会团体及其在职职工按照规定缴存的具有保障性和互助性的一种长期住房储金。住房公积金制度是国家法律规定的重要的住房社会保障制度,具有强制性、互助性、保障性的特点。单位和职工个人必须依法履行缴存住房公积金的义务。职工个人缴存的住房公积金和单位为职工缴存的住房公积金实行专户存储,归职工个人所有。

住房公积金个人住房贷款是以住房公积金为资金来源,向缴存住房公积金的职工发放的定向用于购买、建造、翻建、大修自有住房的专项住房消费贷款。职工购买的自有住房包括商品住房、经济适用房私产住房、集资建造住房、危改还迁住房和公有现住房。

2. 商业性个人住房贷款

商业性个人住房贷款是指自然人因购买商品住房而向银行申请的一种贷款,是银行用其信贷资金所发放的自营性贷款,也称为住房按揭贷款,俗称“按揭”,包括一手房和二手房按揭。商业性个人住房贷款的期限、首付款在各家商业银行有所不同,贷款的利率按照合同与有关规定执行。

3. 个人住房组合贷款

个人住房组合贷款,是指借款人申请的住房公积金贷款不足以支付购房所需资金时,其不足部分由银行提供配套的商业性住房贷款支付的组合贷款。贷款额度、期限和利率分别按照住房公积金个人住房贷款和商业性个人住房贷款的规定执行。

借款申请人须分别向住房公积金管理中心和银行提出书面贷款申请,并提交有关资料。获得住房公积金个人住房贷款额度之后,持住房公积金管理部门出具的住房公积金个人住房贷款委托通知单向银行申请组合贷款。在接到银行同意贷款的通知后,须与贷款银行就住房公积金个人住房贷款和商业性个人住房贷款分别签订借款合同和担保合同;住房公积金管理中心和银行分别在申请人的条件符合时按合同约定发放贷款。

(二)还款方式的选择

银行可为贷款人提供多种还款方式,如等额本息法、等额本金法、等额递增法、等额递减法等,贷款人可根据实际情况选择适合自己的还款方式。下面介绍两种比较常用的方式,即等额本息法和等额本金法。

1. 等额本息法

等额本息法是指在贷款期限内每月以相等的金额平均偿还贷款本金和利息的还款方式。优点是:借款人还款操作相对简单,等额支付月供也方便借款人合理安排每月收支。其缺点是:利息不会随本金数额的归还而减少,银行资金被占用的时间较长,还款总利息较等额本金法高。等额本息法适用于收入处于稳定状态的借款人,是目前绝大多数人采用的方式。

2. 等额本金法

等额本金法是指每月等额偿还贷款本金,贷款利息随本金逐月递减的还款方式。等额本金法的特点是:开始时每月还款额比等额本息法的还款额高,但随着时间的推移,还款负担会逐渐减轻。适用于目前收入较高但预计将来收入会减少的借款人,如面临退休的人群,或还款初期还款能力较强,并希望在还款初期归还较大款项来减少利息支出的借款人。

(三)购房规划的步骤

在本任务中,甄先生计划在3年后购买一套学位房,已知甄先生住房所在区域的学位房均价为21000元/米^2。通过向专业理财经理咨询,贷款后的月供与月税后收入的比值最多不能超过25%。由于是贷款购买的第二套房子,房贷利率要上调至7%,贷款期限为20年,采用等额本息还款法。甄先生计划将全部的活期存款作为购房准备金(假设年投资收益率为9.5%)。

1. 计算可负担首付款

可负担首付款=购房准备金终值+年结余终值

(1)购房准备金终值

本任务中,购房准备金金额等于活期存款金额,即35000元。可求得购房准备金终值为:

$$F=35000\times(1+9.5\%)^3=45953(\text{元})$$

(2)年结余终值

本任务中,年结余为家庭收入支出表中的结余金额,即224163元。根据期末年金终值公式可求得3年年结余的终值为:

$$F=738398(\text{元})$$

(3)可负担首付款

根据公式,可负担首付款为:

$$45953+738398=784351(\text{元})$$

2. 计算可负担房屋贷款额

(1)可负担月供

由于贷款后的月供与月税后收入的比值最多不能超过25%,本任务中月税后收入为:

月税后收入=年税后收入÷12=377560÷12=31463(元)

可负担月供上限=31463×25%=7866(元)

(2)可负担房屋贷款额

计算可负担房屋贷款额,实则是计算在购房时以每月月供为每期付款额的期末年金现值。可求得:

可负担房屋贷款额=1014576(元)

3. 计算可负担购房总价

$$\text{可负担购房总价}=\text{可负担首付款}+\text{可负担房屋贷款额}=784351+1014576=1798927(\text{元})$$

4. 计算等额本息法下的每月还款额

本任务中每月还款额即为可负担的月供上限，即：

$$\text{每月还款额}=7866(\text{元})$$

七、投资规划

投资规划是根据家庭(个人)投资理财目标和风险承受能力，制定合理的资产配置方案，构建投资组合以实现理财目标的过程。

(一)投资、投资规划和理财规划的关系

1. 投资与投资规划的关系

严格地将投资与投资规划分离开来很难，通常，投资更强调创造收益，而投资规划更强调实现目标。前者技术性更强，要对经济环境、行业、具体的投资产品等进行细致的分析，进而构建投资组合以分散风险、获取收益。后者程序性更强，要利用投资过程创造的潜在收益来满足个人的财务目标，投资只不过是工具。投资规划往往是在既定的目标约束下实施投资行为，是对应于生活需要的，有时间和金额的特定要求。

2. 投资规划与理财规划的关系

理财活动包括投资行为，投资是理财的一个组成部分。理财规划一般是综合性规划，而投资规划是理财规划的一个组成部分，更为重要的是，投资是实现其他财务目标的重要手段。如果没有通过投资实现资产增值，个人可能没有足够的财力资源来完成诸如购房、养老等生活目标，因此，投资规划对于整个理财规划有重要的基础性作用。

(二)投资规划的基本原则

1. 事前整体性评估

在做投资规划之前，应先对个人及其家庭作一个整体性评估。评估内容主要包括：

①对个人或家庭风险承担能力进行评估，若发生亏损，个人或家庭在收入、资产及财务负担上能承受何种程度风险。

②应从年龄的角度，评估自己适合承受风险的水平。一般而言，年龄与风险承受能力呈反比关系。

③应结合个人或家庭的财务需求，考虑投资种类与回报。

④应估计投资规划的期限，切忌未到期被迫提前收回投资，这样损失可能较大。

2. 确定投资对象，分配投资组合比例

根据投资的流动性、安全性、变现性的特点和评估结果，设定合适的投资组合。对同类投资工具中报酬率和风险性大小进行比较，分析并选定具体的投资工具，分配好各类别投资工具在投资组合中所占的比例，从而分散投资风险。

3. 时刻把握实施情况

随时关注宏观经济和市场行情的变化,及时调整投资组合。若个人或家庭状况发生大的变化,可以按照以上原则重新规划。

(三)投资规划的步骤

1. 风险偏好和风险承受能力测试

投资有风险,不同风险偏好和承受能力的人,应选择不同的投资产品或投资组合。因此在进行投资规划时,必须测量自己的投资偏好和投资风险承受能力,以更好地建立适合其自身的投资组合。

投资偏好与投资风险承受能力,可以通过专业评估表测量,也可以通过标准化测试问卷的方式来测量。本任务中,甄先生按要求完成了风险承受能力和风险偏好测试题答卷。

风险承受能力测试

1. 您的职业状况:D

A. 失业　B. 自营事业者　C. 佣金收入者　D. 上班族　E. 公教人员

2. 您的家庭负担:C

A. 单薪养三代　B. 单薪有子女　C. 双薪有子女　D. 双薪无子女　E. 未婚

3. 您的置产状况:C

A. 无自宅　B. 房贷支出＞总收入 50%　C. 房贷支出＜总收入 50%

D. 自宅无房贷　E. 投资不动产

4. 您的投资经验:C

A. 无　B. 1 年以内　C. 2～5 年　D. 6～10 年　E. 10 年以上

5. 您的投资知识:A

A. 一片空白　B. 懂一些　C. 自修有心得　D. 财经科系毕业　E. 有专业证照

6. 您的家庭年收入折合人民币为:E

A. 5 万元以下　B. 5 万～10 万元　C. 10 万～20 万元　D. 20 万～30 万元　E. 30 万元以上

7. 在您每年的家庭收入中,可用于投资的比例为:E

A. 小于 10%　B. 10%～25%　C. 25%～40%　D. 40%～55%　E. 大于 55%

8. 您计划的投资期限是多久:C

A. 5 年以上　B. 3～5 年　C. 1～3 年　D. 半年到一年　E. 3 个月

9. 当您作出投资决定时,以下哪一个因素最为重要:E

A. 保本　B. 稳定增长　C. 抗通胀　D. 短期获利　E. 获取高回报

10. 您认为买股指期货会比买股票更容易获取利润:D

A. 不肯定　B. 一定不是　C. 肯定不是　D. 可能是　E. 绝对是

11. 您的年龄:D

A. 66 岁以上　B. 46～65 岁　C. 36～45 岁　D. 26～35 岁　E. 25 岁以下

12. 您可承受的价值波动幅度:B
A. 不能够承受本金损失　B. 能够承受本金 20%以内的亏损
C. 能够承受本金 20%～50%的亏损　D. 能够承受本金 50%～80%的亏损
E. 能够承受本金 80%以上的亏损
13. 您以往的投资以什么产品为主:D
A. 存款　B. 基金　C. 债券　D. 股票　E. 金融衍生品
14. 您的投资目的是:D
A. 资产保值　B. 高于同期存款　C. 高于同期债券　D. 资产稳健增长　E. 资产迅速增长
15. 您的健康状况如何:E
A. 一直都不是很好　B. 有点差,不过目前没什么大问题　C. 现在还行,但有家族病史
D. 还行,没大毛病　E. 非常好
16. 您的主要收入来源是:E
A. 无固定收入　B. 出租、出售房地产　C. 利息、股息、转让证券
D. 生产经营所得　E. 工资、劳务报酬
17. 过去一年时间内,您购买的不同金融产品的数量是:A
A. 5 个以下　B. 6～10 个　C. 11～15 个　D. 16～20 个　E. 21 个以上
18. 您的月均支出约占正常收入的:C
A. 80%以上　B. 60%～80%　C. 40%～60%　D. 20%～40%　E. 0%～20%
19. 您处于哪一期:D
A. 退休期　B. 子女工作期　C. 子女大学期　D. 子女成长期　E. 未育期
20. 您的教育程度:D
A. 高中以下　B. 大专　C. 本科　D. 研究生　E. 研究生以上

风险偏好测试

1. 如果您跟朋友赌足球赛,赢了 300 元,您会:C
A. 买日常用品　B. 买彩票　C. 存到银行　D. 买股票
2. 当股市大涨时,您会:C
A. 毫不关心　B. 庆幸没有投资股市,因为波动太厉害
C. 打电话给您的投资顾问,听听他的意见　D. 早知道就多买一些
3. 您第一次到赌城,您会选择:C
A. 25 分的老虎机　B. 1 元的老虎机　C. 5 元的轮盘　D. 25 元底的 21 点
4. 您认为自己能承受的最大损失为:A
A. 10%以内　B. 10%～30%　C. 30%～50%　D. 50%以上
5. 下列最能描述您的生活方式的是:B
A. 好事多磨　B. 三思而后行　C. 大胆往前走　D. 不入虎穴,焉得虎子
6. 您对于金钱的态度是:C
A. 尽量用别人的钱赚钱　B. 有多少,花多少
C. 有投资,才能赚钱　D. 聚沙成塔

7. 您的好朋友会用下列哪个句子来形容您:C
A. 不愿承受风险　B. 一个小心谨慎的人
C. 经详细分析后,您会愿意承受风险　D. 能够承受很大的风险
8. 假设您参加一个电视节目获奖了,您会选择:B
A. 当场获得 1000 元现金　B. 有 50%的机会赢走 3000 元现金
C. 有 25%的机会赢取 8000 元现金　D. 有 5%的机会赢取 50000 元现金
9. 您在一项博彩游戏中输了 500 元,您准备:C
A. 现在就放弃不玩了　B. 用 250 元翻盘　C. 用 500 元翻盘　D. 用 5000 元以上翻盘
10. 您刚刚存够可以去旅行的钱,但您出发前突然被解雇,您会:C
A. 取消旅行　B. 选择另一个比较普通的旅程
C. 依照原定计划　D. 延长旅行
11. 根据您自己的经验,您对于投资股票或基金安心吗:C
A. 非常不安心　B. 比较不安心　C. 比较安心　D. 非常安心
12. 对于“风险”一词,您第一个感觉是:B
A. 损失　B. 不明朗　C. 机会　D. 兴奋
13. 您继承了 10 万遗产,但您必须把所有遗产用作投资,您会选:C
A. 一些保值的投资产品,如金、银或石油　B. 一个储蓄户口或货币市场基金
C. 一个拥有股票和债券的基金　D. 一个拥有 15 只蓝筹股票的投资组合
14. 以下四个投资选择,您个人比较喜欢:C
A. 情况好会赚取 200,情况差会损失 0 元　B. 情况好会赚取 800,情况差会损失 200 元
C. 情况好会赚取 2600,情况差会损失 800 元　D. 情况好会赚取 4800,情况差会损失 2400 元
15. 您计划的未来的投资避险工具是:B
A. 债券　B. 房地产　C. 股票　D. 期货　E. 无
16. 首要考虑因素您会选择:D
A. 保本保息　B. 对抗通胀保值　C. 年现金收益　D. 长期利得　E. 赚单线差价
17. 您过去的投资绩效为:D
A. 只赔不赚　B. 赚少赔多　C. 损益两平　D. 赚多赔少　E. 只赚不赔
18. 您赔钱时的心理状态为:E
A. 难以成眠　B. 影响情绪大　C. 影响情绪小　D. 照常生活　E. 学习经验
19. 您目前主要投资:D
A. 存贷或货币性资产　B. 债券等固定收益资产　C. 房地产等不动产
D. 股票或基金　E. 期货等高风险资产
20. 因为一些原因您的驾照未来三天都无法使用,您会:A
A. 搭朋友的便车、坐出租车或公共汽车　B. 白天不开,晚上交警少的时候可能开
C. 小心点开车就是了　D. 开玩笑,我一直都是无证驾驶的

评分标准如下:

有 5 个选项的选择题:A 为 1 分,B 为 2 分,C 为 3 分,D 为 4 分,E 为 5 分;

有 4 个选项的选择题:A 为 2 分,B 为 3 分,C 为 4 分,D 为 5 分。

风险承受能力类型和风险偏好类型分别如表 9-5、表 9-6 所示。

表 9-5 风险承受能力类型

得分	风险能力
0～19 分	低能力
20～39 分	中低能力
40～59 分	中能力
60～79 分	中高能力
80～100 分	高能力

表 9-6 风险偏好类型

得分	风险态度
0～19 分	低态度
20～39 分	中低态度
40～59 分	中态度
60～79 分	中高态度
80～100 分	高态度

2. 得出风险评估结果

根据上述测试答卷及评分标准，可得甄先生家庭风险承受能力得分为 72 分，为中高能力；风险偏好得分为 72 分，为中高态度。

基于对表 9-7 风险矩阵分析，可给出如下评估意见：

甄先生家庭的风险承受能力属于中高能力，风险态度属于中高态度。建议的资产配置比例为低风险类资产配置 0%，中风险类配置 30%，高风险类配置 70%。

表 9-7 风险矩阵　　单位：%

	风险能力	低能力	中低能力	中能力	中高能力	高能力
风险态度	工具	0～19 分	20～39 分	40～59 分	60～79 分	80～100 分
低态度 0～19 分	货币	70	50	40	20	10
	债券	30	40	40	50	50
	股票	0	10	20	30	40
中低态度 20～39 分	货币	40	30	20	10	10
	债券	50	50	50	50	40
	股票	10	20	30	40	50
中态度 40～59 分	货币	40	30	10	0	0
	债券	30	30	40	40	30
	股票	30	40	50	60	70
中高态度 60～79 分	货币	20	40	0	0	0
	债券	40	0	40	30	20
	股票	40	50	60	70	80
高态度 80～100 分	货币	0	0	0	0	0
	债券	50	40	30	20	10
	股票	50	60	70	80	90

【加油站】不同类型的风险产品

低风险产品有：现金、活期存款、定期存款、货币基金、货币理财产品。

中风险产品有：债券、债券型基金、投资型房产。

高风险产品有：股票、期权、期货、外汇等。

3. 给出投资理财方案

(1)判断现有投资组合是否合理

甄先生家庭现有投资组合价值及比例如表9-8所示。

表9-8　现有投资组合

资产类别	当前价值/元	比重/%
低风险类	100500	31
中风险类	103500	32
高风险类	120000	37

根据风险评估结果得出，适合甄先生家庭的投资组合为低风险0%、中风险30%、高风险70%，但是甄先生家庭现有的投资组合为低风险31%、中风险32%、高风险37%。因此，现有的投资组合需要进行调整。

(2)调整方案

甄先生家庭现有投资组合总价值为324000元，只需将其进行比例再分配即可完成方案调整。具体比例及投入金额如表9-9所示。

表9-9　调整后投资方案

资产类别	产品比例/%	投入金额/元
低风险类	0	0
中风险类	30	97200
高风险类	70	226800

八、养老规划

养老规划是为保证在将来有一个自立的、有尊严的、高品质的退休生活，而从现在开始要积极实施的规划方案。根据2020年第七次全国人口普查结果，全国60岁及以上人口占18.70%，其中65岁及以上人口占13.5%。十年间，全国60岁及以上人口比重上升了5.44个百分点，65岁及以上人口比重上升4.63个百分点。人口老龄化形势严峻。随着子女工作迁移及城市化进程的加快，老年人正逐渐失去传统家庭的支撑、照顾及保障。

(一)确定退休养老目标

1. 退休年龄的确定

退休年龄越推后,所能积累的养老金越多,退休后所需的养老金越少。随着经济结构的转变和人均寿命的延长,推迟退休年龄的社会趋势越来越明显。

2. 退休生活设计

正所谓"由奢入俭难",人们一般都希望退休后的生活水平不低于当前的生活水平,且综合考虑是否要通过参加老年大学、定期旅游、发展业余爱好、增加医疗护理等方式确保退休养老的生活质量,因此养老规划是在设计退休生活的基础上进行的。

(二)养老规划需要考虑的因素

1. 月生活标准

每月退休生活费用越高,退休金筹备压力越大。但降低退休后每月生活支出不是积极的策略,个人应在其能力范围内,尽量在退休前努力提高资产增值效率来保障退休后的生活品质。

2. 资金收入来源

每月退休生活费用若有固定收入支持,则退休金筹备压力减小。一般每月固定收入包括月退休金、房租收入、资产变卖现金收入等。在进行养老规划时,要通过各种渠道来保障固定收入来源。

3. 通货膨胀的影响

通货膨胀率越高,退休金筹备压力越大。一般来说,养老规划要能"战胜"通货膨胀,否则将没有保障作用。因此在进行养老规划时一定要充分考虑到通货膨胀及其他外界因素的影响。

4. 生存期的长短

退休后生存期越长,所需退休总费用越高,退休金筹备压力也就越大。虽然寿命的长短不是个人所能预料的,但是根据个人的健康状况及家族遗传等各方面因素,结合人口平均寿命,可以得出大致预期。在进行养老规划时,要注意避免因长寿而导致的退休金不足的问题。

5. 需求标准

养老规划仍应以家庭或个人需求为优先考虑因素,在退休前通过省吃俭用来提高储蓄增加资产,以保障退休后的生活品质是消极的方式。应在保证生活质量的前提下,尽早地通过科学合理的规划来保障退休后的生活品质。

(三)养老规划的步骤

本任务中,甄先生为了减轻儿子以后的赡养负担,决定在退休前积累一笔资金。他计划在 55 岁时退休,预期寿命为 75 岁。当前一般退休家庭平均每年的生活费用为 90000 元,并且预计将来会以每年 3%的速度增长(假设退休后生活费不再变化),甄先生希望能达到一般家庭生活水平。假设退休前年投资收益率为 10%,退休后保守投资,收益率和通胀率正好相互抵消。甄先生已经准备了 60000 元的养老金。

1. 计算退休后每年生活费用

已知当前一般退休家庭平均每年的生活费用为 90000 元,且预计将来会以每年 3%的速度增长。当前距离甄先生 55 岁退休还有 23 年,可根据复利终值公式计算得出 23 年后甄先生退休当年的预计生活费用:

$$F_{T2}=90000\times(1+3\%)^{23}=177623(元/年)$$

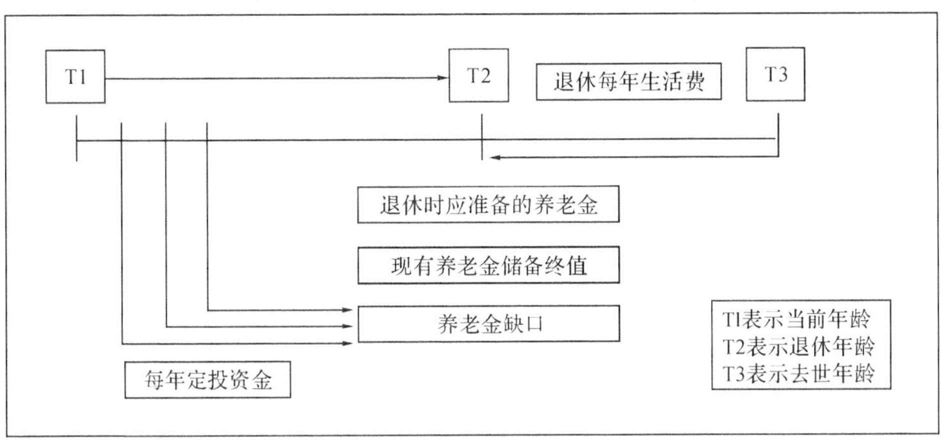

图 9-3 养老规划计算逻辑图

2. 计算退休当年需储备的退休费用

假设退休后生活费不再变化,因此预计退休后每年的生活费用均为 177623 元。甄先生预期寿命为 75 岁,且退休后收益率与通胀率正好相抵消,故退休当年需储备的退休费用即为退休后预计每年的生活费用乘以年数。

$$退休当年需储备的退休费用=177623\times(75-55)=3552460(元)$$

3. 计算现有养老金储备终值

甄先生已准备了 60000 元作为养老金,23 年后的终值为:

$$F_{T2}=60000\times(1+10\%)^{23}=537258(元)$$

4. 计算退休当年养老金缺口

$$养老金缺口=3552460-537258=3015202(元)$$

5. 计算退休前每年定投资金

计算甄先生退休前每年需定投的资金,实则是计算以退休当年养老金缺口为终值的 T1—T2 期间共 23 年的每年付款额。可求得:每年需定投资金 37907 元。

九、财产分配与传承规划

财产分配是指为了将家庭财产在家庭成员之间进行合理分配而制订的财务计划。传承规划是指当事人在其健在的时候通过选择遗产管理工具和制订遗产分配方案,将拥有或控制的各种遗产或负债进行安排,确保在自己去世或丧失行为能力时能够实现家庭财产的代际相传或安全让渡等特定目标。财产分配和传承在理财规划中起至关重要的作用。它不仅对个人及家庭财产起合理合法配置的作用，还能成为家庭及个人规避风险的一种保障机制。

（一）继承人范围及继承顺序

《民法典》第一千一百二十七条规定，遗产按照下列顺序继承：

“（一）第一顺序：配偶、子女、父母。

“（二）第二顺序：兄弟姐妹、祖父母、外祖父母。

“继承开始后，由第一顺序继承人继承，第二顺序继承人不继承；没有第一顺序继承人继承的，由第二顺序继承人继承。”

第一千一百二十九条规定：“丧偶儿媳对公婆，丧偶女婿对岳父岳母，尽了主要赡养义务的，作为第一顺序继承人。”

（二）财产分配与传承规划的步骤

假设甄先生在 70 岁时立了一份遗嘱，并且已经请律师公证，遗嘱内容为，其遗产的 4 成留给儿子，剩余的留给他的妻子。

甄先生家庭的资产情况如下：

现金：6000 元

活期存款：25000 元

股票：300000 元

房产：4000000 元

汽车：900000 元

甄先生家庭的负债情况如下：

住房贷款：550000 元

消费贷款：39000 元

其他负债：7000 元

（资产、负债均为夫妻共同拥有）

具体的财产分配与传承规划步骤如下：

1. 确定继承人

甄先生的配偶及儿子均为第一顺序继承人。

2. 遗产种类与价值计算

需要注意的是，资产及负债均为夫妻共同拥有。遗产种类与价值具体如表 9-10 所示。

表 9-10　遗产种类与价值　　单位：元

资产		负债	
种类	金额	种类	金额
现金及现金等价物	15500	信用卡透支	
股票、债券、基金等投资	150000	创业贷款	
合伙人投资收益		汽车贷款	
其他投资收益		住房贷款	275000
养老金		助学贷款	

续表

资产		负债	
种类	金额	种类	金额
主要房产及其他房产	2000000	消费贷款	19500
收藏品、珠宝和贵重衣物		其他负债	3500
汽车、家具、其他资产	450000	负债总计	298000
资产总计	2615500		
净资产总计	2317500		

3. 遗产分配方案

甄先生可分配遗产净资产为2317500元，根据遗嘱内容，其遗产的4成留给儿子，剩余的留给他的妻子。则可计算得出：

甄先生妻子继承遗产总额＝2317500×60％＝1390500(元)；

甄先生儿子继承遗产总额＝2317500×40％＝927000(元)。

课后任务

【知识巩固】

一、单选题

1. (　　)的核心是建立应急准备金，保障个人和家庭生活质量和状态的稳定性。

A. 保险规划　　B. 现金规划

C. 投资规划　　D. 养老规划

2. 对家庭信息进行整理后，需要对家庭财务现状进行分析，主要分析的内容不包括(　　)。

A. 收入信息　　B. 投资组合信息

C. 支出信息　　D. 资产信息

3. 关于教育投资规划，下列表述中最不恰当的是(　　)。

A. 子女教育规划是指对教育费用需求的定性分析

B. 教育投资规划包括子女教育规划和自身教育规划

C. 自身教育规划指年轻群体自身的进一步进修和学习费用的规划

D. 子女教育规划已经成为家庭理财规划中非常重要的一部分

4. 下列信息中不属于财务信息的是(　　)。

A. 投资偏好　　B. 当前收支情况

C. 财务安排　　D. 预期的收支情况

5. 阮先生今年35岁，妻子32岁，女儿3岁，家庭年收入10万元，年支出6万元，有存款30万元，有购房计划，从家庭生命周期角度分析，阮先生的家庭属于(　　)。

A. 成熟期　　B. 成长期

C. 形成期　　D. 稳定期

6. 收入以薪水为主，支出随子女诞生后增加，属于家庭生命周期的（　　）阶段。

A. 形成期　　B. 衰老期

C. 成长期　　D. 成熟期

7. 退休期属于个人生命期的后半段，（　　）是最大支出。

A. 购房　　B. 子女教育费用

C. 投资　　D. 医疗保健支出

二、多选题

1. 下列选项中属于养老规划内容的有（　　）。

A. 退休后的生活设计　　B. 遗产规划

C. 退休后的收入来源估计　　D. 储蓄投资规划

E. 退休养老成本计算

2. 一般来说，个人或家庭的收入来源有（　　）。

A. 工资薪金　　B. 经营所得

C. 投资所得　　D. 财产转让所得

E. 政府救济

3. 理财规划一般包括（　　）。

A. 教育规划　　B 就业规划

C. 投资规划　　D. 移民规划

E. 养老规划

4. 信息可以分为财务信息和非财务信息，下列属于非财务信息的有（　　）。

A. 收支情况　　B. 投资偏好

C. 年龄　　D. 财务结构

E. 社会地位

5. 家庭生命周期中家庭成熟期段产生的财务状况有（　　）。

A. 收入增加而支出趋于稳定，储蓄稳步增加

B. 子女教育金需求增加，购房、购车贷款仍保持较高需求，成员收入稳定

C. 可积累的资产达到巅峰，要降低投资风险

D. 收入达到巅峰，支出可望降低

E. 房贷余额逐年减少，退休前结清所有大额负债

6. 下列有关家庭生命周期的描述，正确的有（　　）。

A. 形成期是从结婚到子女婴儿期

B. 成长期的特点是成员收入稳定

C. 成熟期时收入达到顶峰

D. 衰老期的收入以理财收入及转移性收入为主

E. 衰老期收入大于支出，储蓄逐步增加

三、简答题

1. 怎样才能知道所能负担得起的房屋总价款及相应的首付款?

2. 简述一份完整的家庭(个人)理财方案需包含的内容。

3. 简述理财规划的流程。

【实训一】

1. 实训目标

熟悉教育规划的流程设计,提供理财建议。

2. 实训内容

王先生夫妇均为医生,王先生每月收入7000元,王太太每月收入5600元。家中有一对刚上初中的双胞胎女儿,目前开销不大,每月约1200元。假设王先生投资回报率为6%,待女儿上大学时的学费为每人每年10000元。

请问:

(1)如何对王先生家庭未来的教育资金需求进行测算?

(2)假设王先生夫妇年储蓄额为39975元,应如何制订教育规划方案?

【实训二】

1. 实训目标

熟悉养老规划的流程设计,提供理财建议。

2. 实训内容

杨先生为了能够安享晚年,决定在退休前积累一笔资金。当前杨先生29岁,他计划在55岁时退休,预期寿命为75岁。当前一般退休家庭平均每年的生活费用为95000元,并且预计将来会以每年3%的速度增长,杨先生希望能达到一般家庭生活水平的1.3倍(退休后的每年生活费用不变)。假定退休前年投资收益率为9%,退休后投资保守,收益率和通胀率正好相互抵消。杨先生已经准备了50000元的养老金。

请问:

(1)如何计算养老费用缺口?

(2)杨先生每年需定投多少元才可达到预期目标?

参考文献

[1] 财政部会计资格评价中心. 财务管理[M]. 北京:中国财政经济出版社,2021.
[2] 陈琼,刘广. 理财规划实务与训练 [M]. 北京:航空工业出版社,2018.
[3] 陈坦,陈玉兰,翟瑞卿. 证券与投资[M]. 镇江:江苏大学出版社,2016.
[4] 戴国强. 货币金融学[M]. 上海:上海财经大学出版社,2017.
[5] G. 维克曼·霍尔曼,杰利·S. 诺森布鲁门. 个人理财计划[M]. 北京:中国财政经济出版社,2003.
[6] 何文炯. 保险学[M]. 杭州:浙江大学出版社,2000.
[7] 胡修. 国际金融[M]. 武汉:武汉大学出版社,2014.
[8] 姜波克. 国际金融新编[M]. 上海:复旦大学出版社,2008.
[9] 李小丽,周德慧. 投资理财概论[M]. 成都:西南财经大学出版社,2010.
[10] 李晓红. 证券投资实务[M]. 北京:高等教育出版社,2019.
[11] 廖旗平. 个人理财[M]. 北京:高等教育出版社,2019.
[12] 林华,许余洁. 中国资产证券化操作手册[M]. 北京:中信出版社,2016.
[13] 刘大赵. 证券投资基金[M]. 大连:东北财经大学出版社,2018.
[14] 龙红亮. 债券投资实战[M]. 北京:机械工业出版社,2021.
[15] 潘静波,裘晓飞. 个人理财[M]. 北京:高等教育出版社,2022.
[16] 戎志平. 国债期货交易实务[M]. 北京:中国财政经济出版社,2017.
[17] 汤振宇,杨玲琪. 固定收益证券分析[M]. 北京:机械工业出版社,2015.
[18] 王国玲. 理财规划与实务[M]. 大连:东北财经大学出版社,2021.
[19] 王秀芳. 投资学[M]. 北京:机械工业出版社,2021.
[20] 魏涛. 投资与理财[M]. 北京:电子工业出版社,2012.
[21] 吴荣. 保险学:理论与实务[M]. 上海:复旦大学出版社,1996.
[22] 吴玮地,孙可娜. 证券投资实训[M]. 北京:机械工业出版社,2020.
[23] 奚君羊. 国际金融学[M]. 上海:上海财经大学出版社,2013.
[24] 徐晓萍. 国际公司金融[M]. 上海:上海财经大学出版社,2012.
[25] 许谨良. 保险学[M]. 上海:上海财经大学出版社,2003.
[26] 杨继玲. 个人理财规划实务[M]. 长春:东北师范大学出版社,2018.
[27] 杨胜刚,姚小义. 外汇理论与交易原理 [M]. 北京:高等教育出版社,2008.
[28] 叶永刚. 衍生金融工具概论[M]. 武汉:武汉大学出版社,2000.
[29] 易纲、张磊. 国际金融[M]. 上海:格致出版社,2008.
[30] 银行业专业人员职业资格考试命题研究组. 个人理财(初级)[M]. 成都:西南

财经大学出版社,2021.
[31] 詹姆斯·里卡兹.黄金投资新时代[M].北京:中信出版社,2017.
[32] 张东祥.中国外汇市场金融工具配置[M].武汉:武汉大学出版社,2002.
[33] 郑艳文,荆国勇.货币金融学[M].北京:中国人民大学出版社,2011.
[34] 郑振龙.金融工程[M].北京:高等教育出版社,2003.
[35] 中国证券投资基金业协会.证券投资基金[M].北京:高等教育出版社,2021.
[36] 中国证券投资基金业协会.证券投资基金[M].北京:高等教育出版社,2017.

附　　表

附表1 复利终值系数表

期数	1%	2%	3%	4%	5%	6%	7%	8%	9%	10%	12%	14%	15%	16%	18%	20%	24%	28%	32%	36%
1	1.0100	1.0200	1.0300	1.0400	1.0500	1.0600	1.0700	1.0800	1.0900	1.1000	1.1200	1.1400	1.1500	1.1600	1.1800	1.2000	1.2400	1.2800	1.3200	1.3600
2	1.0201	1.0404	1.0609	1.0816	1.1025	1.1236	1.1449	1.1664	1.1881	1.2100	1.2544	1.2996	1.3225	1.3456	1.3924	1.4400	1.5376	1.6384	1.7424	1.8496
3	1.0303	1.0612	1.0927	1.1249	1.1576	1.1910	1.2250	1.2597	1.2950	1.3310	1.4049	1.4815	1.5209	1.5609	1.6430	1.7280	1.9066	2.0972	2.3000	2.5155
4	1.0406	1.0824	1.1255	1.1699	1.2155	1.2625	1.3108	1.3605	1.4116	1.4641	1.5735	1.6890	1.7490	1.8106	1.9388	2.0736	2.3642	2.6844	3.0360	3.4210
5	1.0510	1.1041	1.1593	1.2167	1.2763	1.3382	1.4026	1.4693	1.5386	1.6105	1.7623	1.9254	2.0114	2.1003	2.2878	2.4883	2.9316	3.4360	4.0075	4.6526
6	1.0615	1.1262	1.1941	1.2653	1.3401	1.4185	1.5007	1.5869	1.6771	1.7716	1.9738	2.1950	2.3131	2.4364	2.6996	2.9860	3.6352	4.3980	5.2899	6.3275
7	1.0721	1.1487	1.2299	1.3159	1.4071	1.5036	1.6058	1.7138	1.8280	1.9487	2.2107	2.5023	2.6600	2.8262	3.1855	3.5832	4.5077	5.6295	6.9826	8.6054
8	1.0829	1.1717	1.2668	1.3686	1.4775	1.5938	1.7182	1.8509	1.9926	2.1436	2.4760	2.8526	3.0590	3.2784	3.7589	4.2998	5.5895	7.2058	9.2170	11.703
9	1.0937	1.1951	1.3048	1.4233	1.5513	1.6895	1.8385	1.9990	2.1719	2.3579	2.7731	3.2519	3.5179	3.8030	4.4355	5.1598	6.9310	9.2234	12.166	15.917
10	1.1046	1.2190	1.3439	1.4802	1.6289	1.7908	1.9672	2.1589	2.3674	2.5937	3.1058	3.7072	4.0456	4.4114	5.2338	6.1917	8.5944	11.806	16.060	21.647
11	1.1157	1.2434	1.3842	1.5395	1.7103	1.8983	2.1049	2.3316	2.5804	2.8531	3.4785	4.2262	4.6524	5.1173	6.1759	7.4301	10.657	15.112	21.199	29.439
12	1.1268	1.2682	1.4258	1.6010	1.7959	2.0122	2.2522	2.5182	2.8127	3.1384	3.8960	4.8179	5.3503	5.9360	7.2876	8.9161	13.215	19.343	27.983	40.037
13	1.1381	1.2936	1.4685	1.6651	1.8856	2.1329	2.4098	2.7196	3.0658	3.4523	4.3635	5.4924	6.1528	6.8858	8.5994	10.699	16.386	24.759	36.937	54.451
14	1.1495	1.3195	1.5126	1.7317	1.9799	2.2609	2.5785	2.9372	3.3417	3.7975	4.8871	6.2613	7.0757	7.9875	10.147	12.839	20.319	31.691	48.757	74.053
15	1.1610	1.3459	1.5580	1.8009	2.0789	2.3966	2.7590	3.1722	3.6425	4.1772	5.4736	7.1379	8.1371	9.2655	11.974	15.407	25.196	40.565	64.359	100.71
16	1.1726	1.3728	1.6047	1.8730	2.1829	2.5404	2.9522	3.4259	3.9703	4.5950	6.1304	8.1372	9.3576	10.748	14.129	18.488	31.243	51.923	84.954	136.97
17	1.1843	1.4002	1.6528	1.9479	2.2920	2.6928	3.1588	3.7000	4.3276	5.0545	6.8660	9.2765	10.761	12.468	16.672	22.186	38.741	66.461	112.14	186.28
18	1.1961	1.4282	1.7024	2.0258	2.4066	2.8543	3.3799	3.9960	4.7171	5.5599	7.6900	10.575	12.375	14.463	19.673	26.623	48.039	85.071	148.02	253.34
19	1.2081	1.4568	1.7535	2.1068	2.5270	3.0256	3.6165	4.3157	5.1417	6.1159	8.6128	12.056	14.232	16.777	23.214	31.948	59.568	108.89	195.39	344.54
20	1.2202	1.4859	1.8061	2.1911	2.6533	3.2071	3.8697	4.6610	5.6044	6.7275	9.6463	13.743	16.367	19.461	27.393	38.338	73.864	139.38	257.92	468.57
21	1.2324	1.5157	1.8603	2.2788	2.7860	3.3996	4.1406	5.0338	6.1088	7.4002	10.804	15.668	18.822	22.574	32.324	46.005	91.592	178.41	340.45	637.26
22	1.2447	1.5460	1.9161	2.3699	2.9253	3.6035	4.4304	5.4365	6.6586	8.1403	12.100	17.861	21.645	26.186	38.142	55.206	113.57	228.36	449.39	866.67
23	1.2572	1.5769	1.9736	2.4647	3.0715	3.8197	4.7405	5.8715	7.2579	8.9543	13.552	20.362	24.891	30.376	45.008	66.247	140.83	292.30	593.20	1178.7
24	1.2697	1.6084	2.0328	2.5633	3.2251	4.0489	5.0724	6.3412	7.9111	9.8497	15.179	23.212	28.625	35.236	53.109	79.497	174.63	374.14	783.02	1603.0
25	1.2824	1.6406	2.0938	2.6658	3.3864	4.2919	5.4274	6.8485	8.6231	10.835	17.000	26.462	32.919	40.874	62.669	95.396	216.54	478.90	1033.6	2180.1
26	1.2953	1.6734	2.1566	2.7725	3.5557	4.5494	5.8074	7.3964	9.3992	11.918	19.040	30.167	37.857	47.414	73.949	114.48	268.51	613.00	1364.3	2964.9
27	1.3082	1.7069	2.2213	2.8834	3.7335	4.8223	6.2139	7.9881	10.245	13.110	21.325	34.390	43.535	55.000	87.260	137.37	332.95	784.64	1800.9	4032.3
28	1.3213	1.7410	2.2879	2.9987	3.9201	5.1117	6.6488	8.6271	11.167	14.421	23.884	39.204	50.066	63.800	102.97	164.84	412.86	1004.3	2377.2	5483.9
29	1.3345	1.7758	2.3566	3.1187	4.1161	5.4184	7.1143	9.3173	12.172	15.863	26.750	44.693	57.575	74.009	121.50	197.81	511.95	1285.6	3137.9	7458.1
30	1.3478	1.8114	2.4273	3.2434	4.3219	5.7435	7.6123	10.063	13.268	17.449	29.960	50.950	66.212	85.850	143.37	237.38	634.82	1645.5	4142.1	10143
40	1.4889	2.2080	3.2620	4.8010	7.0400	10.286	14.974	21.725	31.409	45.259	93.051	188.88	267.86	378.72	750.38	1469.8	5455.9	19427	66521	*
50	1.6446	2.6916	4.3839	7.1067	11.467	18.420	29.457	46.902	74.358	117.39	289.00	700.23	1083.7	1670.7	3927.4	9100.4	46890	*	*	*
60	1.8167	3.2810	5.8916	10.520	18.679	32.988	57.946	101.26	176.03	304.48	897.60	2595.9	4384.0	7370.2	20555	56348	*	*	*	*

注：*>99999。

附表2 复利现值系数表

期数	1%	2%	3%	4%	5%	6%	7%	8%	9%	10%	12%	14%	15%	16%	18%	20%	24%	28%	32%	36%
1	0.9901	0.9804	0.9709	0.9615	0.9524	0.9434	0.9346	0.9259	0.9174	0.9091	0.8929	0.8772	0.8696	0.8621	0.8475	0.8333	0.8065	0.7813	0.7576	0.7353
2	0.9803	0.9612	0.9426	0.9246	0.9070	0.8900	0.8734	0.8573	0.8417	0.8264	0.7972	0.7695	0.7561	0.7432	0.7182	0.6944	0.6504	0.6104	0.5739	0.5407
3	0.9706	0.9423	0.9151	0.8890	0.8638	0.8396	0.8163	0.7938	0.7722	0.7513	0.7118	0.6750	0.6575	0.6407	0.6086	0.5787	0.5245	0.4768	0.4348	0.3975
4	0.9610	0.9238	0.8885	0.8548	0.8227	0.7921	0.7629	0.7350	0.7084	0.6830	0.6355	0.5921	0.5718	0.5523	0.5158	0.4823	0.4230	0.3725	0.3294	0.2923
5	0.9515	0.9057	0.8626	0.8219	0.7835	0.7473	0.7130	0.6806	0.6499	0.6209	0.5674	0.5194	0.4972	0.4761	0.4371	0.4019	0.3411	0.2910	0.2495	0.2149
6	0.9420	0.8880	0.8375	0.7903	0.7462	0.7050	0.6663	0.6302	0.5963	0.5645	0.5066	0.4556	0.4323	0.4104	0.3704	0.3349	0.2751	0.2274	0.1890	0.1580
7	0.9327	0.8706	0.8131	0.7599	0.7107	0.6651	0.6227	0.5835	0.5470	0.5132	0.4523	0.3996	0.3759	0.3538	0.3139	0.2791	0.2218	0.1776	0.1432	0.1162
8	0.9235	0.8535	0.7894	0.7307	0.6768	0.6274	0.5820	0.5403	0.5019	0.4665	0.4039	0.3506	0.3269	0.3050	0.2660	0.2326	0.1789	0.1388	0.1085	0.0854
9	0.9143	0.8368	0.7664	0.7026	0.6446	0.5919	0.5439	0.5002	0.4604	0.4241	0.3606	0.3075	0.2843	0.2630	0.2255	0.1938	0.1443	0.1084	0.0822	0.0628
10	0.9053	0.8203	0.7441	0.6756	0.6139	0.5584	0.5083	0.4632	0.4224	0.3855	0.3220	0.2697	0.2472	0.2267	0.1911	0.1615	0.1164	0.0847	0.0623	0.0462
11	0.8963	0.8043	0.7224	0.6496	0.5847	0.5268	0.4751	0.4289	0.3875	0.3505	0.2875	0.2366	0.2149	0.1954	0.1619	0.1346	0.0938	0.0662	0.0472	0.0340
12	0.8874	0.7885	0.7014	0.6246	0.5568	0.4970	0.4440	0.3971	0.3555	0.3186	0.2567	0.2076	0.1869	0.1685	0.1372	0.1122	0.0757	0.0517	0.0357	0.0250
13	0.8787	0.7730	0.6810	0.6006	0.5303	0.4688	0.4150	0.3677	0.3262	0.2897	0.2292	0.1821	0.1625	0.1452	0.1163	0.0935	0.0610	0.0404	0.0271	0.0184
14	0.8700	0.7579	0.6611	0.5775	0.5051	0.4423	0.3878	0.3405	0.2992	0.2633	0.2046	0.1597	0.1413	0.1252	0.0985	0.0779	0.0492	0.0316	0.0205	0.0135
15	0.8613	0.7430	0.6419	0.5553	0.4810	0.4173	0.3624	0.3152	0.2745	0.2394	0.1827	0.1401	0.1229	0.1079	0.0835	0.0649	0.0397	0.0247	0.0155	0.0099
16	0.8528	0.7284	0.6232	0.5339	0.4581	0.3936	0.3387	0.2919	0.2519	0.2176	0.1631	0.1229	0.1069	0.0930	0.0708	0.0541	0.0320	0.0193	0.0118	0.0073
17	0.8444	0.7142	0.6050	0.5134	0.4363	0.3714	0.3166	0.2703	0.2311	0.1978	0.1456	0.1078	0.0929	0.0802	0.0600	0.0451	0.0258	0.0150	0.0089	0.0054
18	0.8360	0.7002	0.5874	0.4936	0.4155	0.3503	0.2959	0.2502	0.2120	0.1799	0.1300	0.0946	0.0808	0.0691	0.0508	0.0376	0.0208	0.0118	0.0068	0.0039
19	0.8277	0.6864	0.5703	0.4746	0.3957	0.3305	0.2765	0.2317	0.1945	0.1635	0.1161	0.0829	0.0703	0.0596	0.0431	0.0313	0.0168	0.0092	0.0051	0.0029
20	0.8195	0.6730	0.5537	0.4564	0.3769	0.3118	0.2584	0.2145	0.1784	0.1486	0.1037	0.0728	0.0611	0.0514	0.0365	0.0261	0.0135	0.0072	0.0039	0.0021
21	0.8114	0.6598	0.5375	0.4388	0.3589	0.2942	0.2415	0.1987	0.1637	0.1351	0.0926	0.0638	0.0531	0.0443	0.0309	0.0217	0.0109	0.0056	0.0029	0.0016
22	0.8034	0.6468	0.5219	0.4220	0.3418	0.2775	0.2257	0.1839	0.1502	0.1228	0.0826	0.0560	0.0462	0.0382	0.0262	0.0181	0.0088	0.0044	0.0022	0.0012
23	0.7954	0.6342	0.5067	0.4057	0.3256	0.2618	0.2109	0.1703	0.1378	0.1117	0.0738	0.0491	0.0402	0.0329	0.0222	0.0151	0.0071	0.0034	0.0017	0.0008
24	0.7876	0.6217	0.4919	0.3901	0.3101	0.2470	0.1971	0.1577	0.1264	0.1015	0.0659	0.0431	0.0349	0.0284	0.0188	0.0126	0.0057	0.0027	0.0013	0.0006
25	0.7798	0.6095	0.4776	0.3751	0.2953	0.2330	0.1842	0.1460	0.1160	0.0923	0.0588	0.0378	0.0304	0.0245	0.0160	0.0105	0.0046	0.0021	0.0010	0.0005
26	0.7720	0.5976	0.4637	0.3607	0.2812	0.2198	0.1722	0.1352	0.1064	0.0839	0.0525	0.0331	0.0264	0.0211	0.0135	0.0087	0.0037	0.0016	0.0007	0.0003
27	0.7644	0.5859	0.4502	0.3468	0.2678	0.2074	0.1609	0.1252	0.0976	0.0763	0.0469	0.0291	0.0230	0.0182	0.0115	0.0073	0.0030	0.0013	0.0006	0.0002
28	0.7568	0.5744	0.4371	0.3335	0.2551	0.1956	0.1504	0.1159	0.0895	0.0693	0.0419	0.0255	0.0200	0.0157	0.0097	0.0061	0.0024	0.0010	0.0004	0.0002
29	0.7493	0.5631	0.4243	0.3207	0.2429	0.1846	0.1406	0.1073	0.0822	0.0630	0.0374	0.0224	0.0174	0.0135	0.0082	0.0051	0.0020	0.0008	0.0003	0.0001
30	0.7419	0.5521	0.4120	0.3083	0.2314	0.1741	0.1314	0.0994	0.0754	0.0573	0.0334	0.0196	0.0151	0.0116	0.0070	0.0042	0.0016	0.0006	0.0002	0.0001
35	0.7059	0.5000	0.3554	0.2534	0.1813	0.1301	0.0937	0.0676	0.0490	0.0356	0.0189	0.0102	0.0075	0.0055	0.0030	0.0017	0.0005	0.0002	0.0001	*
40	0.6717	0.4529	0.3066	0.2083	0.1420	0.0972	0.0668	0.0460	0.0318	0.0221	0.0107	0.0053	0.0037	0.0026	0.0013	0.0007	0.0002	0.0001	*	*
45	0.6391	0.4102	0.2644	0.1712	0.1113	0.0727	0.0476	0.0313	0.0207	0.0137	0.0061	0.0027	0.0019	0.0013	0.0006	0.0003	0.0001	*	*	*
50	0.6080	0.3715	0.2281	0.1407	0.0872	0.0543	0.0339	0.0213	0.0134	0.0085	0.0035	0.0014	0.0009	0.0006	0.0003	0.0001	*	*	*	*
55	0.5785	0.3365	0.1968	0.1157	0.0683	0.0406	0.0242	0.0145	0.0087	0.0053	0.0020	0.0007	0.0005	0.0003	0.0001	*	*	*	*	*

注：*<0.0001。

附表3 年金终值系数表

期数	1%	2%	3%	4%	5%	6%	7%	8%	9%	10%	12%	14%	15%	16%	18%	20%	24%	28%	32%	36%
1	1.0000	1.0000	1.0000	1.0000	1.0000	1.0000	1.0000	1.0000	1.0000	1.0000	1.0000	1.0000	1.0000	1.0000	1.0000	1.0000	1.0000	1.0000	1.0000	1.0000
2	2.0100	2.0200	2.0300	2.0400	2.0500	2.0600	2.0700	2.0800	2.0900	2.1000	2.1200	2.1400	2.1500	2.1600	2.1800	2.2000	2.2400	2.2800	2.3200	2.3600
3	3.0301	3.0604	3.0909	3.1216	3.1525	3.1836	3.2149	3.2464	3.2781	3.3100	3.3744	3.4396	3.4725	3.5056	3.5724	3.6400	3.7776	3.9184	4.0624	4.2096
4	4.0604	4.1216	4.1836	4.2465	4.3101	4.3746	4.4399	4.5061	4.5731	4.6410	4.7793	4.9211	4.9934	5.0665	5.2154	5.3680	5.6842	6.0156	6.3624	6.7251
5	5.1010	5.2040	5.3091	5.4163	5.5256	5.6371	5.7507	5.8666	5.9847	6.1051	6.3528	6.6101	6.7424	6.8771	7.1542	7.4416	8.0484	8.6999	9.3983	10.146
6	6.1520	6.3081	6.4684	6.6330	6.8019	6.9753	7.1533	7.3359	7.5233	7.7156	8.1152	8.5355	8.7537	8.9775	9.4420	9.9299	10.980	12.136	13.406	14.799
7	7.2135	7.4343	7.6625	7.8983	8.1420	8.3938	8.6540	8.9228	9.2004	9.4872	10.089	10.730	11.067	11.414	12.142	12.916	14.615	16.534	18.696	21.126
8	8.2857	8.5830	8.8923	9.2142	9.5491	9.8975	10.260	10.637	11.028	11.436	12.300	13.233	13.727	14.240	15.327	16.499	19.123	22.163	25.678	29.732
9	9.3685	9.7546	10.159	10.583	11.027	11.491	11.978	12.488	13.021	13.579	14.776	16.085	16.786	17.519	19.086	20.799	24.712	29.369	34.895	41.435
10	10.4622	10.950	11.464	12.006	12.578	13.181	13.816	14.487	15.193	15.937	17.549	19.337	20.304	21.321	23.521	25.959	31.643	38.593	47.062	57.352
11	11.5668	12.169	12.808	13.486	14.207	14.972	15.784	16.645	17.560	18.531	20.655	23.045	24.349	25.733	28.755	32.150	40.238	50.398	63.122	78.998
12	12.6825	13.412	14.192	15.026	15.917	16.870	17.888	18.977	20.141	21.384	24.133	27.271	29.002	30.850	34.931	39.581	50.895	65.510	84.320	108.44
13	13.8093	14.680	15.618	16.627	17.713	18.882	20.141	21.495	22.953	24.523	28.029	32.089	34.352	36.786	42.219	48.497	64.110	84.853	112.30	148.47
14	14.9474	15.974	17.086	18.292	19.599	21.015	22.550	24.215	26.019	27.975	32.393	37.581	40.505	43.672	50.818	59.196	80.496	109.61	149.24	202.93
15	16.0969	17.293	18.599	20.024	21.579	23.276	25.129	27.152	29.361	31.772	37.280	43.842	47.580	51.660	60.965	72.035	100.82	141.30	198.00	276.98
16	17.2579	18.639	20.157	21.825	23.657	25.673	27.888	30.324	33.003	35.950	42.753	50.980	55.717	60.925	72.939	87.442	126.01	181.87	262.36	377.69
17	18.4304	20.012	21.762	23.698	25.840	28.213	30.840	33.750	36.974	40.545	48.884	59.118	65.075	71.673	87.068	105.93	157.25	233.79	347.31	514.66
18	19.6147	21.412	23.414	25.645	28.132	30.906	33.999	37.450	41.301	45.599	55.750	68.394	75.836	84.141	103.74	128.12	195.99	300.25	459.45	700.94
19	20.8109	22.841	25.117	27.671	30.539	33.760	37.379	41.446	46.018	51.159	63.440	78.969	88.212	98.603	123.41	154.74	244.03	385.32	607.47	954.28
20	22.0190	24.297	26.870	29.778	33.066	36.786	40.995	45.762	51.160	57.275	72.052	91.025	102.44	115.38	146.63	186.69	303.60	494.21	802.86	1298.8
21	23.2392	25.783	28.676	31.969	35.719	39.993	44.865	50.423	56.765	64.002	81.699	104.77	118.81	134.84	174.02	225.03	377.46	633.59	1060.8	1767.4
22	24.4716	27.299	30.537	34.248	38.505	43.392	49.006	55.457	62.873	71.403	92.503	120.44	137.63	157.41	206.34	271.03	469.06	812.00	1401.2	2404.7
23	25.7163	28.845	32.453	36.618	41.430	46.996	53.436	60.893	69.532	79.543	104.60	138.30	159.28	183.60	244.49	326.24	582.63	1040.4	1850.6	3271.3
24	26.9735	30.422	34.426	39.083	44.502	50.816	58.177	66.765	76.790	88.497	118.16	158.66	184.17	213.98	289.49	392.48	723.46	1332.7	2443.8	4450.0
25	28.2432	32.030	36.459	41.646	47.727	54.865	63.249	73.106	84.701	98.347	133.33	181.87	212.79	249.21	342.60	471.98	898.09	1706.8	3226.8	6053.0
26	29.5256	33.671	38.553	44.312	51.113	59.156	68.676	79.954	93.324	109.18	150.33	208.33	245.71	290.09	405.27	567.38	1114.6	2185.7	4260.4	8233.1
27	30.8209	35.344	40.710	47.084	54.669	63.706	74.484	87.351	102.72	121.10	169.37	238.50	283.57	337.50	479.22	681.85	1383.1	2798.7	5624.8	11198
28	32.1291	37.051	42.931	49.968	58.403	68.528	80.698	95.339	112.97	134.21	190.70	272.89	327.10	392.50	566.48	819.22	1716.1	3583.3	7425.7	15230
29	33.4504	38.792	45.219	52.966	62.323	73.640	87.347	103.97	124.14	148.63	214.58	312.09	377.17	456.30	669.45	984.07	2129.0	4587.7	9802.9	20714
30	34.7849	40.568	47.575	56.085	66.439	79.058	94.461	113.28	136.31	164.49	241.33	356.79	434.75	530.31	790.95	1181.88	2640.9	5873.2	12941	28172
40	48.8864	60.402	75.401	95.026	120.80	154.76	199.64	259.06	337.88	442.59	767.09	1342.0	1779.1	2360.8	4163.2	7343.9	22729	69377	*	*
50	64.4632	84.579	112.80	152.67	209.35	290.34	406.53	573.77	815.08	1163.9	2400.0	4994.5	7217.7	10436	21813	45497	*	*	*	*
60	81.6697	114.05	163.05	237.99	353.58	533.13	813.52	1253.2	1944.8	3034.8	7471.6	18535	29220	46058	*	*	*	*	*	*

注：*>99999。

附表4 年金现值系数表

期数	1%	2%	3%	4%	5%	6%	7%	8%	9%	10%	12%	14%	15%	16%	18%	20%	24%	28%	32%
1	0.9901	0.9804	0.9709	0.9615	0.9524	0.9434	0.9346	0.9259	0.9174	0.9091	0.8929	0.8772	0.8696	0.8621	0.8475	0.8333	0.8065	0.7813	0.7576
2	1.9704	1.9416	1.9135	1.8861	1.8594	1.8334	1.8080	1.7833	1.7591	1.7355	1.6901	1.6467	1.6257	1.6052	1.5656	1.5278	1.4568	1.3916	1.3315
3	2.9410	2.8839	2.8286	2.7751	2.7232	2.6730	2.6243	2.5771	2.5313	2.4869	2.4018	2.3216	2.2832	2.2459	2.1743	2.1065	1.9813	1.8684	1.7663
4	3.9020	3.8077	3.7171	3.6299	3.5460	3.4651	3.3872	3.3121	3.2397	3.1699	3.0373	2.9137	2.8550	2.7982	2.6901	2.5887	2.4043	2.2410	2.0957
5	4.8534	4.7135	4.5797	4.4518	4.3295	4.2124	4.1002	3.9927	3.8897	3.7908	3.6048	3.4331	3.3522	3.2743	3.1272	2.9906	2.7454	2.5320	2.3452
6	5.7955	5.6014	5.4172	5.2421	5.0757	4.9173	4.7665	4.6229	4.4859	4.3553	4.1114	3.8887	3.7845	3.6847	3.4976	3.3255	3.0205	2.7594	2.5342
7	6.7282	6.4720	6.2303	6.0021	5.7864	5.5824	5.3893	5.2064	5.0330	4.8684	4.5638	4.2883	4.1604	4.0386	3.8115	3.6046	3.2423	2.9370	2.6775
8	7.6517	7.3255	7.0197	6.7327	6.4632	6.2098	5.9713	5.7466	5.5348	5.3349	4.9676	4.6389	4.4873	4.3436	4.0776	3.8372	3.4212	3.0758	2.7860
9	8.5660	8.1622	7.7861	7.4353	7.1078	6.8017	6.5152	6.2469	5.9952	5.7590	5.3282	4.9464	4.7716	4.6065	4.3030	4.0310	3.5655	3.1842	2.8681
10	9.4713	8.9826	8.5302	8.1109	7.7217	7.3601	7.0236	6.7101	6.4177	6.1446	5.6502	5.2161	5.0188	4.8332	4.4941	4.1925	3.6819	3.2689	2.9304
11	10.3676	9.7868	9.2526	8.7605	8.3064	7.8869	7.4987	7.1390	6.8052	6.4951	5.9377	5.4527	5.2337	5.0286	4.6560	4.3271	3.7757	3.3351	2.9776
12	11.2551	10.5753	9.9540	9.3851	8.8633	8.3838	7.9427	7.5361	7.1607	6.8137	6.1944	5.6603	5.4206	5.1971	4.7932	4.4392	3.8514	3.3868	3.0133
13	12.1337	11.3484	10.6350	9.9856	9.3936	8.8527	8.3577	7.9038	7.4869	7.1034	6.4235	5.8424	5.5831	5.3423	4.9095	4.5327	3.9124	3.4272	3.0404
14	13.0037	12.1062	11.2961	10.5631	9.8986	9.2950	8.7455	8.2442	7.7862	7.3667	6.6282	6.0021	5.7245	5.4675	5.0081	4.6106	3.9616	3.4587	3.0609
15	13.8651	12.8493	11.9379	11.1184	10.3797	9.7122	9.1079	8.5595	8.0607	7.6061	6.8109	6.1422	5.8474	5.5755	5.0916	4.6755	4.0013	3.4834	3.0764
16	14.7179	13.5777	12.5611	11.6523	10.8378	10.1059	9.4466	8.8514	8.3126	7.8237	6.9740	6.2651	5.9542	5.6685	5.1624	4.7296	4.0333	3.5026	3.0882
17	15.5623	14.2919	13.1661	12.1657	11.2741	10.4773	9.7632	9.1216	8.5436	8.0216	7.1196	6.3729	6.0472	5.7487	5.2223	4.7746	4.0591	3.5177	3.0971
18	16.3983	14.9920	13.7535	12.6593	11.6896	10.8276	10.0591	9.3719	8.7556	8.2014	7.2497	6.4674	6.1280	5.8178	5.2732	4.8122	4.0799	3.5294	3.1039
19	17.2260	15.6785	14.3238	13.1339	12.0853	11.1581	10.3356	9.6036	8.9501	8.3649	7.3658	6.5504	6.1982	5.8775	5.3162	4.8435	4.0967	3.5386	3.1090
20	18.0456	16.3514	14.8775	13.5903	12.4622	11.4699	10.5940	9.8181	9.1285	8.5136	7.4694	6.6231	6.2593	5.9288	5.3527	4.8696	4.1103	3.5458	3.1129
21	18.8570	17.0112	15.4150	14.0292	12.8212	11.7641	10.8355	10.0168	9.2922	8.6487	7.5620	6.6870	6.3125	5.9731	5.3837	4.8913	4.1212	3.5514	3.1158
22	19.6604	17.6580	15.9369	14.4511	13.1630	12.0416	11.0612	10.2007	9.4424	8.7715	7.6446	6.7429	6.3587	6.0113	5.4099	4.9094	4.1300	3.5558	3.1180
23	20.4558	18.2922	16.4436	14.8568	13.4886	12.3034	11.2722	10.3711	9.5802	8.8832	7.7184	6.7921	6.3988	6.0442	5.4321	4.9245	4.1371	3.5592	3.1197
24	21.2434	18.9139	16.9355	15.2470	13.7986	12.5504	11.4693	10.5288	9.7066	8.9847	7.7843	6.8351	6.4338	6.0726	5.4509	4.9371	4.1428	3.5619	3.1210
25	22.0232	19.5235	17.4131	15.6221	14.0939	12.7834	11.6536	10.6748	9.8226	9.0770	7.8431	6.8729	6.4641	6.0971	5.4669	4.9476	4.1474	3.5640	3.1220
26	22.7952	20.1210	17.8768	15.9828	14.3752	13.0032	11.8258	10.8100	9.9290	9.1609	7.8957	6.9061	6.4906	6.1182	5.4804	4.9563	4.1511	3.5656	3.1227
27	23.5596	20.7069	18.3270	16.3296	14.6430	13.2105	11.9867	10.9352	10.0266	9.2372	7.9426	6.9352	6.5135	6.1364	5.4919	4.9636	4.1542	3.5669	3.1233
28	24.3164	21.2813	18.7641	16.6631	14.8981	13.4062	12.1371	11.0511	10.1161	9.3066	7.9844	6.9607	6.5335	6.1520	5.5016	4.9697	4.1566	3.5679	3.1237
29	25.0658	21.8444	19.1885	16.9837	15.1411	13.5907	12.2777	11.1584	10.1983	9.3696	8.0218	6.9830	6.5509	6.1656	5.5098	4.9747	4.1585	3.5687	3.1240
30	25.8077	22.3965	19.6004	17.2920	15.3725	13.7648	12.4090	11.2578	10.2737	9.4269	8.0552	7.0027	6.5660	6.1772	5.5168	4.9789	4.1601	3.5693	3.1242
35	29.4086	24.9986	21.4872	18.6646	16.3742	14.4982	12.9477	11.6546	10.5668	9.6442	8.1755	7.0700	6.6166	6.2153	5.5386	4.9915	4.1644	3.5708	3.1248
40	32.8347	27.3555	23.1148	19.7928	17.1591	15.0463	13.3317	11.9246	10.7574	9.7791	8.2438	7.1050	6.6418	6.2335	5.5482	4.9966	4.1659	3.5712	3.1250
45	36.0945	29.4902	24.5187	20.7200	17.7741	15.4558	13.6055	12.1084	10.8812	9.8628	8.2825	7.1232	6.6543	6.2421	5.5523	4.9986	4.1664	3.5714	3.1250
50	39.1961	31.4236	25.7298	21.4822	18.2559	15.7619	13.8007	12.2335	10.9617	9.9148	8.3045	7.1327	6.6605	6.2463	5.5541	4.9995	4.1666	3.5714	3.1250
55	42.1472	33.1748	26.7744	22.1086	18.6335	15.9905	13.9399	12.3186	11.0140	9.9471	8.3170	7.1376	6.6636	6.2482	5.5549	4.9998	4.1666	3.5714	3.1250